TCT
번역영어 연습

Translation Competence Test

조 일 준

예 학 사

이 책은 본인의 졸저 「TCT 번역영어」의 기본 내용을 잘 숙지하고 그 연습문제와 함께 더욱 다양한 문제를 많이 접하도록 함으로써 영문 번역의 깊이 있는 감각과 능력을 향상시키기 위한 훈련용으로 엮은 교재입니다. 아울러 대학(원) 입시를 비롯한 각종 영어 시험 준비를 위해서도 도움이 될 수 있는 보충 연습교재로 활용될 수 있기를 바랍니다. 또한 「TCT 번역영어」와 이 책은 다양한 장르의 영어 원문을 이른바 규범적(prescriptive)이고 서술적인(descriptive) 영문법의 양면성을 활용하여 폭넓은 어학력을 동원함으로써 소재언어(source language)인 영문이 전하고자 하는 뜻과 분위기를 정확하고 빠르게 독해해서 자연스럽고 매력 있는 목표언어(target language)인 우리말로 옮겨낼 수 있는 번역능력의 향상을 목표로 하고 있습니다. 번역능력 향상에는 특별한 지름길이나 왕도가 없습니다. 다양한 소재의 원문을 될 수 있는 한 많이 접하고 자연스러운 우리말 표현을 고민하면서 번역문을 직접 작성한 후에 많은 퇴고의 과정을 거쳐 만족할만한 번역문을 완성해 보는 연습밖에는 없습니다.

하나의 원문에는 여러 가지 문형(文型), 구문(構文)과 표현법칙, 즉 문법 등이 혼재되어 있습니다. 따라서 번역 공부에 굳이 구문 중심이나 품사 중심 등으로 나누어서 연습한다는 것이 큰 의미는 없겠지만 편의상 10개의 Chapter로 나누어 대체로 중요 구문을 중심으로 기출문제를 비롯한 여러 유형의 연습문제를 제시하였습니다. 더욱 다양한 훈련이 되도록 여러 장르의 문제를 Chapter X에 종합 연습편에 실었습니다. 앞으로도 기회가 닿는 대로 여러 장르의 많은 문제를 제시하여 함께 번역연습을 해나갔으면 하는 것이 필자의 바람입니다. 글로벌 문화 전달의 선구자적 사명감을 가지고 자신의 목표를 성취한 자리에 우뚝 서 있는 여러분을 기대하며 그날까지 여러분의 굽히지 않는 건투를 기원하겠습니다.

이 책에서의 번역 예는 어디까지나 여러분의 동료인 어느 번역학습자가 자신의 공부 과정에서 만들어 본 번역문의 하나로 생각하고 이 번역을 참고로 여러분 자신의 번역문과 비교하면서 잘잘못을 따져보고 퇴고하는 과정을 거치면서 실력 향상의 결실을 얻게 되길 기대하겠습니다. 제시된 문제가 전문(全文)이 아닌 발췌문이므로 이상적이고 완벽한 번역문 만들기에는 한계가 많습니다. 이런 점을 이해하고 번역문을 보기에 앞서 원문을 정독하고 완전한 독해를 거친 뒤 직접 번역문을 작성해서 가능하면 많은 퇴고의 과정을 거친 후에 마지막으로 번역과 대조해 보면서 더 좋은 번역문을 완성해 보는 것이 좋을 것입니다. 아무리 간단하고 쉬운 원문이라도 번역은 결코 그리 간단하고 쉽게 이루어지는 작업이 아니란 점을 명심하고 겸허한 자세로 번역 공부에 임해 주시기 바랍니다.

"Practice makes perfect"

2014년 1월
조 일 준

CONTENTS

Chapter

I

명사구문
(Noun Construction)

01

What the foreigner finds most objectionable in American life is its lack of basic comfort. No nation with any sense of material well-being would endure the food they eat, the cramped apartments they live in, the noise, the crowded subways and buses. American life in large cities is a perpetual assault on the sense and the nerves.

외국인이 미국에 살면서 가장 불쾌하게 여기는 것은 미국생활에는 기본적인 쾌적함이란 것이 없다는 것이다. 어떤 나라 사람이라도 어느 정도의 물질적인 행복감이란 것을 알고 있다면 미국인이 먹고 있는 음식물에 대해 참기 어려울 것이고, 그렇게 비좁은 아파트에 사는 것이나 그 소음, 게다가 저토록 혼잡스런 지하철 및 버스 같은 것에 대해서도 참기 어려울 것이다. 미국의 대도시에 살고 있으면 감각도, 신경도 쉴 새 없이 공격받게 된다.

Notes

(a) life is its lack of basic comfort.
→ life is that it lacks basic comfort.

(b) No nation with any sense of material well-being would endure
(무생물주어에 가정(假定)의 뜻이 포함된 경우, 'with any sense to material well-being'이 그 가정의 내용을 나타냄)

(c) American life in large cities is a perpetual assault on the sense and the nerves.
→ If [when] we[you] live in large cities in America, we[you]are perpetually assaulted on the sense and nerves.

Words & Idioms

objectionable : 싫은, 못마땅한, 불쾌한
well-being : 행복(감), 복지
cramped : 비좁은, 답답한
perpetual : 부단(不斷)한, 끊임없는
assault : 공격, 강습

02

In New York State, a child conceived as a result of rape in a New York mental institution sued the state on the grounds that it should have prevented his conception by mentally deficient unmarried parents. In Illinois, an illegitimate child sued his father, claiming the father had placed him at a disadvantage by bringing him into existence an illegitimate child. Although the courts denied all claims, the existence of these lawsuits indicates a new sociological trend : man is beginning to value the quality of human life over the fact of mere existence.

뉴욕 주(州)에 있는 어느 뉴욕 정신병원에서 강간으로 임신되어 출생한 아이가 저능자인 미혼부모가 자기를 임신한 것을 사전에 막아야 했었다는 이유로 주 정부를 고소했다. 일리노이에서는 사생아로 태어난 아이가 자기 아버지를 상대로 소송을 제기했는데 아버지가 자기를 사생아로 태어나게 해서 자신을 불리한 처지에 놓이게 했다고 주장하였다. 비록 법정에서는 모든 주장을 받아들이지 않았지만 이러한 소송이 제기되고 있다는 것은 새로운 사회문제의 경향을 나타내는 것이다. 인간은 단순히 생존하고 있다는 사실보다는 삶의 질을 소중하게 생각하기 시작한 것이다.

Notes

* it should have prevented his conception by mentally deficient unmarried parents.
→ it should have prevented that mentally deficient unmarried parents conceived him.

Words & Idioms

conceive : 임신하다
rape : 성폭행[강간]하다 (outrage)
mental institution : 정신병원 (mental home, mental hospital)
on the grounds that ~ : ~라는 근거[이유]로
conception : 수태(受胎), 임신
mentally deficient : 저능한, 정신적 결함이 있는
an illegitimate child : 사생아(私生兒)
sue : 고소하다, (~을 상대로) 소송을 제기하다
place ~ at a disadvantage : ~를 불리한 입장에 놓이게 하다
bring[call] ~ into existence : ~을 생겨나게 하다
lawsuit : 소송, 고소
sociological : 사회학(상)의, 사회문제의 (sociologic)
value Ⓐ over Ⓑ : Ⓑ보다 Ⓐ를 더 존중하다

03

The absence of clouds above deserts has a double effect. Not only does it mean that no rain can fall, but it also denies the land beneath any shade from the sun during the day, and at night any blanket to help it keep its heat. While the desert during the day is as hot as anywhere on earth, at night it can drop below freezing point.

사막 상공에 구름이 없으면 두 가지 효과가 나타난다. 구름이 없다는 것은 비가 내릴 가능성이 없다는 사실뿐만 아니라 낮 동안 그 아래의 지상에 전혀 그늘이 지지 않고 밤에는 대지의 열기가 빠져나가지 못하게 하는 덮개 역할을 하지 못한다는 것을 의미한다. 낮 동안의 사막은 지구상의 그 어느 지역보다 뜨겁지만 밤이 되면 영하로까지 기온이 떨어질 수 있다.

Notes

* absence of clouds
→ clouds are absent

Words & Idioms

blanket : 전면을 덮는 것, 피복(被覆)
below freezing point : 빙점(氷點) 아래, 영하(零下)
while ~ : (문장 맨 첫머리에 쓰여) ~이긴 하지만, ~에도 불구하고

04

'Please' and 'Thank you' are the small change with which we pay our way as social beings. They are the little courtesies by which we keep the machine of life oiled and running sweetly. We have intercourse on the basis of a friendly co-operation, an easy give-and-take, instead of on the basis of superiors dictating to inferiors. It is very vulgar mind that would wish to command where he can have the service for the asking, and have it with willingness and good feeling instead of resentment.

'플리즈(please)'와 '땡큐(thank you)'는 인간이 사회적 동물로서 남에게 폐를 끼치지 않고 살아가게 하는 거스름돈과 같은 것이다. 이들 인사말은 인생이라는 기계가 기름칠한 듯 순조롭게 잘 돌아가게 하는 작은 예절이다. 윗사람이 아랫사람에게 명령하는 식이 아닌 우호적, 협력적으로 편하게 주고받는 식으로 교제를 하는 것이다. 요청하면 서비스 받을 수 있고, 또 화를 내지 않고도 호의적으로 서비스를 받을 수 있는 경우에도 명령하고 싶어 하는 사람은 천박한 사람이다.

Notes

(a) with willingness → willingly
with good feeling → favorably

(b) 등위접속사 and로 이어진 with의 목적어 willingness와 feeling의 병치

(c) 전치사 'instead of'의 전후에 with의 목적어 'willingness and feeling'과 'resentment'의 병치

Words & Idioms

pay one's[its] way : 빚지지 않고 해나가다, 폐를 끼치지 않다
social being : (철학용어) 사회적 존재
courtesy : (주로 복수형으로) 예의상 하는 말[행동]
on the basis of~ : ~을 기반으로, ~에 근거하여
give-and-take : 공평한 조건에서의 교환, 타협, 협조, 상호양보 ; 의견 교환, (농담 등의) 응수
vulgar : 저속한, 천박한 ; 상스러운, 음탕한
for the asking : 부탁[청구, 요청]만 하면, 거저

05

Our species is the only creative species, and it has only one creative instrument, the individual mind and spirit of a man. Nothing was ever created by two men. There are no good collaborations, whether in music, in art, in poetry, in mathematics, in philosophy. Once the miracle of creation has taken place, the group can build and extend it, but the group never invents anything. The preciousness lies in the lonely mind of a man.

인류는 창조력을 가진 유일한 종(種)이다. 인류가 가지고 있는 창조의 수단은 인간의 독자적인 정신과 용기뿐이다. 두 사람이 무엇을 함께 해서 어떤 사물이 창조된 예는 없다. 음악이든 미술이든, 시(詩), 수학, 철학에서든 효과적인 공동작업이란 것은 없다. 일단 창조라고 하는 기적이 일어나면 집단은 이를 확립하고 확장시킬 수 있지만 결코 어떤 것을 새로이 만들어내지는 못한다. 소중한 것은 인간의 독자적 정신이다.

Notes

(a) 명사구 'the individual mind and spirit of a man'은 앞의 'only one creative instrument'를 설명하는 동격 어구
(b) miracle of creation : 동격의 'of'

Words & Idioms

our[human, the] species : 인류(人類)
creative instrument : 창조의 수단
the individual mind : 독자적인 정신
once ~ : ~하자마자, ~할 때
preciousness : 귀중함, 소중함
lie in[consist in] : 존재하다, 있다

06

We are most familiar with broadcast television because it has been with us since a long time ago in form similar to what exists today. During those years, it has been controlled, for the most part, by the broadcast networks, ABC, NBC, and CBS, who have been the major purveyors of news, information, and entertainment. These giants of broadcasting have actually shaped not only television but our perception of it as well. We have come to look upon the picture tube as a source of entertainment, placing our role in this dynamic medium as the passive viewer.

TV는 오늘날의 그것과 유사한 형태로 오래 전부터 우리와 함께 있어 왔기 때문에 우리는 TV방송과 아주 친숙하다. 그 오랜 기간을 TV는 ABC, NBC, CBS 같은 방송네트워크에 의해 지배되었고, 이들은 주로 뉴스를 비롯하여 정보와 오락물을 제공해왔다. 이들 거대한 방송매체들은 TV의 내용뿐만 아니라 우리의 인지력마저도 결정짓고 말았다. 우리는 이러한 동적인 매체에서 우리의 역할을 수동적인 시청자의 위치에 두고 TV수상기를 하나의 오락 공급원(供給源)으로 지켜보게 되었다.

Notes

(a) who have been the major purveyors of news, information, and entertainment.
→ and they have mainly purveyed news, information, and entertainment.

(b) our perception of it as well
→ we perceive it as well

Words & Idioms

be familiar[well acquainted] with ~ : ~을 익히 알다, ~와 친숙하다
a medium of the masses : 대중 매체(媒體)
for the most part : 대부분은, 대개, 보통
purveyor : 조달(調達)하는 사람, 조달상인, 조달[납품]업자
shape television : TV의 내용을 구상하다[결정짓다]
as well : 또한, 역시
perception : 인식, 지각(知覺)(력), 인지(認知)(력)
look upon[on] : (관여하지 않고) 구경하다, 지켜보다
the picture tube : TV 수상기(受像機)
dynamic : 동적(動的)인

07

Among writers who have left behind them works sufficient to keep their memory alive, one here and there has also had the peculiar power to impress his personality, not only upon his contemporaries, but upon posterity likewise, which accordingly thinks of him with the kind of interest usually reserved solely for the living. The mere sight of sound of his name brings with it a train of attractive association and arouses the same sort of pleasure as we feel at the unexpected reappearance of an old friend.

사후에 사람들의 기억 속에 남을 만한 작품을 남긴 작가 중에는 동시대의 사람들뿐만 아니라 후세에도 자신의 개성을 인상적으로 각인시킬 정도로 특이한 힘을 가진 작가가 간혹 눈에 뜨인다. 따라서 후세 사람들은 대개 살아 있는 작가에게만 가지는 것과 같은 관심으로 그 작가에 대해 생각한다. 그 이름을 발견하거나 듣기만 해도 일련의 아름다운 연상을 하게 되고, 옛 친구를 뜻밖에 다시 만났을 때 느끼는 것과 같은 즐거움을 느낀다.

Notes

(a) sight or sound of his name
→ see or sound his name
(b) reappearance of an old friend
→ an old friend reappeared

Words & Idioms

sufficient to ~ : ~하는 데 충분한
here and there : 여기저기에 (띄엄띄엄 있는)
contemporaries : 현대[동시대]의 사람들
posterity : (집합적) 자손(descendents), 후세, 후대
likewise : ① 똑같이, 마찬가지로 ② 또한, 게다가 또 (moreover, also, too)
accordingly : (접속사적) 따라서, 그러므로, 그래서
a train of ~ : 일련(一連)의 ~
attractive association(s) : 매력적인[아름다운] 연상(聯想)[연관]
arouse : (흥미 · 논쟁 등을) 환기시키다, 야기(惹起)하다
at the unexpected reappearance : 뜻밖에 다시 나타나다[만나다]

08

A trait always noticeable in a successful leader is his ability to persuade others. There are times, of course, when every leader must make a decision and see that it is carried out regardless of what others may think. But whenever men can be persuaded rather than ordered — when they can be made to feel that they have participated in developing the plan — they approach their tasks with understanding and enthusiasm.

성공한 지도자에게서 눈에 띄는 한결같은 특성은 사람들을 설득시킬 수 있는 능력을 가지고 있다는 것이다. 물론 지도자는 결정을 내리고 그 결정된 사항에 대해 다른 사람의 생각은 개의치 않고 실행에 옮겨야 하는 경우도 있다. 그러나 사람들은 언제나 명령을 받을 때보다는 오히려 설득되어질 때, 즉 자신들이 그 계획을 발전시키는데 참여했다고 느낄 때 이해를 하고 열정적으로 자신의 과업에 착수하는 것이다.

Notes

(a) make (a) decision → decide
(b) with understand → understandingly
with enthusiasm → enthusiastically
(c) be persuaded rather than ordered (과거분사의 병치)

Words & Idioms

trait : (성격상의) 특성
noticeable : 뚜렷한, 현저한, 분명한, 눈에 (잘) 띄는
see (to it) that ~ : ~하도록 마음 쓰다, 배려하다, 조치하다, 꼭 ~하게 하다
carry out ~ : ~을 수행[이행]하다, 실행하다
regardless of ~ : ~와 관계없이, ~에 상관없이, ~에 구애받지 않고
be made to (do) : 하게 되다

09

I looked in a book about gulls. There I found that a chick gets food by tapping a red spot under his parent's beak. The tapping makes the mother or father choke up food. The sight of food-and-chick makes the parents want to care for and feed the baby. A chick that does not tap the red spot may die of hunger. Perhaps, I thought, a chick as well as a parent needs the tapping to get started. So I put a drab of lipstick on my thumb and held it above my chick. He struck it hard, opened his mouth and let me feed him.

나는 갈매기에 관한 책을 찾아보았다. 책에서 갈매기 새끼는 어미 새의 부리 아래에 있는 붉은 반점을 톡톡 쪼면 먹이를 받아먹게 된다는 것을 알게 되었다. 톡톡 두드리면 어미 새나 아빠 새가 먹이를 입속에 넣어준다. 먹이와 새끼를 보면 어미 새는 새끼를 돌보고 먹이를 주고 싶은 마음이 된다. 붉은 반점을 톡톡 쪼지 못하는 새끼는 굶어 죽을지도 모른다. 아마도 새끼가 어미 새처럼 먹이를 먹기 시작하기 위해서는 톡톡 두드릴 필요가 있을 것이라고 나는 생각했다. 그래서 엄지손가락에 황갈색 립스틱을 칠해서 새끼 위로 내밀자 새끼는 그 손가락을 세게 쪼면서 입을 벌리고 내게 먹이를 달라는 것이었다.

Notes

(a) The tapping makes the mother or father choke up ~ /
The sight of food-and-chick makes ~ (무생물주어 구문)
(b) a parent needs the tapping to get started (to feed).

Words & Idioms

look in : 들여다보다, (사전을) 찾아보다, 조사하다
choke up : 가득 채우다
chick : 병아리(young chicken)
care for : 돌보다(look after)
get started : (어떤 일을 하기) 시작하다
drab : 황갈색, 다색(茶色), 진흙 색

10

The stage-coaches brought new life to the English towns and villages through which they passed. Their progress helped much to give vitality to the backward life of the ancient countryside. The brought also a touch of gaiety and adventure. The sound of the horn of the approaching stage-coach made all the village maidens' heart beat faster ; the farmer paused from his ploughing and looked up to see the coach go by. Wherever it passed it drew smiles, and hands were waved in greeting. It brought the sense of speed, the breath of liberty ; above all it brought news.

역마차는 가는 곳마다 영국의 도시나 촌락에 새로운 생활을 가져왔다. 역마차가 등장한 덕분에 옛날식대로 뒤처진 생활을 하고 있던 시골은 크게 활기를 띠게 되었다. 또한 역마차는 얼마간의 흥겨움과 모험심도 불러일으켰다. 가까이 다가오는 역마차의 뿔피리 소리를 들으면 마을 처녀들의 가슴은 두근거렸고, 농부는 밭갈이 손을 멈추고 지나가는 역마차를 쳐다보려고 고개를 들었다. 역마차는 어디를 가더라도 사람들을 미소짓게 했고 그들은 반갑게 손을 흔들었다. 역마차는 속도감과 자유의 숨결, 그리고 무엇보다도 새로운 소식을 가져다주었다.

Notes

(a) The sound of the horn of the approaching stage-coach made~
(make, cause, allow 등의 동사와 무생물주어의 연결에 유의)

(b) (they passed) through which they passed the English towns and village

Words & Idioms

stage-coach : 역마차(驛馬車), 합승 마차
a touch of ~ : 소량의 ~, ~기미(색), 낌새, 기척
gaiety : (구식) 흥겨움, 유쾌함
horn : 뿔, 뿔피리
maiden : 처녀, 아가씨
plough : 쟁기, (쟁기로) 갈다, 북두칠성(the Big Dipper)
above all : 특히, 그중에서도, 무엇보다도

11

Bad relationship in everyday life are not only unpleasant ; they are also wasteful. In an unfriendly atmosphere people don't work as well as in a happy one. This is why a lot of study and care is given to human relationships in industry. It has been found, for example, that the teams of people engaged on a big building job work faster and better in a trusting friendly atmosphere. A second example : the rate of mistakes made by typists in an office goes up when something has upset them.

일상생활에서 좋지 못한 인간관계는 유쾌하지 못한 일이기도 하지만 소모적이기도 하다. 우호적이지 못한 분위기에서는 즐거운 분위기에서만큼 사람들은 일을 잘하지 못한다. 이것이 바로 산업 분야에서 인간관계에 대해 많은 연구와 관심을 기울이는 이유이다. 이를테면 대규모 건설현장에서 팀을 이루어 일하는 사람들은 서로 신뢰하고 우호적인 분위기에서 더욱 신속하고 더 능률적으로 작업하게 되는 것으로 알려져 있다. 사무실에서 일하는 타이피스트들의 오타율은 무엇인가가 그들의 기분을 언짢게 했을 경우에 더 높아진다는 또 하나의 사례도 있다.

Notes

(a) Bad relationships are not only unpleasant ; they are also ~
→ Bad relationships are not only unpleasant, but they are also ~

(b) A lot of study and care is given to human relationships in industry.
→ They give a lot of study and care to human relationships in industry.

(c) a happy one
→ a happy atmosphere

Words & Idioms

wasteful : 낭비하는, 낭비적인
unfriendly atmosphere : 비우호적인 분위기
trusting friendly atmosphere : 서로 신뢰하고 우호적인 분위기
upset : 속상하게 만들다[하다], 잘못되게 하다

12

A human being has been defined as a tool-using animal. The earliest evidence of the prehistory of our species shows the tool as part of human life, almost literally a part of a human being, Hammer, shovel, knife are extensions of human arms, specialized attachments permitting the human to do the work more effectively than with their unaided teeth and nails. Tools permit human beings to surpass themselves and to perfect the efforts of their naked hands.

인간은 도구를 사용하는 동물로 정의되어 왔다. 선사시대 인류의 가장 오래된 증거를 보면 도구가 인간생활의 일부, 아니 글자 그대로 인간의 일부라고 해도 좋을 정도라는 것을 알 수 있다. 망치, 삽, 칼은 인간 팔의 연장이고 인간이 맨 이빨이나 손·발톱으로 하는 것보다 훨씬 능률적으로 작업을 가능케 하는 특별한 부속물이다. 도구 덕분에 인간은 능력 이상의 일을 할 수 있고, 맨손으로 만든 노력의 결과물을 완성시킬 수 있는 것이다.

Notes

(a) part of human life / almost literally a part of a human being (동격)
(b) (are) specialized attachment permitting ~
(c) Tools permit human beings ~ (무생물주어 구문)

Words & Idioms

prehistory : 선사시대(先史時代), 초기단계
literally : 문자[말] 그대로, 그야말로, 정말로[완전히]
extension attachment : 부속물
unaided : (사람 / 다른 무엇의) 도움을 받지 않는
surpass oneself : 실력 이상의 힘을 보이다
effort : 노력의 결과, 결실, 역작(力作), 노작(勞作)

13

New York to Paris – it sounds like a dream. And yet – if one could carry fuel enough – if the engine didn't stop – if one just held to the right course long enough, one should arrive in Europe. The flying couldn't be more dangerous or the weather worse than the night mail in winter. With fuel enough, a pilot would never have to land in fog. Probably I must, over the Atlantic and at night, bore through dark and unknown skies, toward a continent I've never seen. The very thought makes me rise to contend again with the moon – sweeping over ocean and continents, looking down on farms and cities, letting the planet turn below.

뉴욕에서 파리까지 – 그것은 꿈 같은 생각이다. 그러나 연료만 충분히 있다면, 엔진이 멈추지 않는다면, 바른 항로(航路)를 충분히 오랫동안 유지할 수만 있다면 유럽까지의 비행도 꿈은 아닐 것이다. 그 비행은 겨울철 야간 우편비행만큼 위험하지도 않고, 날씨도 그렇게 나쁘지 않을 것이다. 연료를 충분히 싣는다면 조종사는 안개 속에서 착륙할 필요도 없을 것이다. 아마도 대서양 너머로 아직 본 적도 없는 대륙을 향해서 밤중에 어두운 미지의 하늘을 헤쳐 나가지 않으면 안 될 것이다. 그런 생각만으로도 하늘을 날아올라 달과 다시 한 번 경주를 해보고 싶어진다. – 대양과 대륙을 단숨에 날아서 아래로 농장들과 도시들을 내려다보고 지구가 눈 아래서 돌아가게 하면서.

Notes

(a) – if one could carry fuel enough (to last for days) –
(b) the weather (couldn't be) worse than ~
(c) the night mail (flying) in winter.
(d) With fuel enough, a pilot would never have to ~
→ If there were fuel enough, a pilot would never have to ~
(e) The very thought makes me rise to contend ~ (무생물주어 구문)
(f) the planet → the earth

Words & Idioms

just : 다만, 단지, 오로지(only)
do not have to ~ : ~하지 않아도 된다, ~할 필요가 없다(need not)
bore through : (를) 헤치고 나아가다, (장애를 무릅쓰고) 힘차게 나아가다
contend : 다투다, 경쟁하다, 싸우다
sweep over ~ : (~위를) 휙 지나가다, 휩쓸다

14

My main purpose was of course, to get to Japan sooner or later. But I wasn't in a great hurry. I had only just finished my final exams at Oxford, after four years of arduous studies. So I felt, without any doctor's advice, that what I needed was a good rest. And what better form of rest was there than a long sea voyage? It occurred to me that this voyage would be a form of education for me, introducing me by gradual steps to my new island home in the Far East. Before reaching Japan I would be able first to see something of the sea, if not the seven seas, and something, too, of the great continent of Asia.

나의 주된 목적은 말할 것도 없이 조만간 일본에 가는 것이었다. 그러나 그렇게 급하게 서둘지는 않았다. 4년에 걸친 힘든 연구를 끝내고 옥스퍼드 대학에서의 마지막 시험을 막 끝낸 참이었다. 그래서 의사의 권유를 기다릴 것도 없이 내게 필요한 것은 바로 충분한 휴식을 취하는 것이라고 생각했다. 장거리 바다 여행보다 더 좋은 휴식이 있겠는가? 이번 항해는 극동에 있는 미지(未知)의 섬나라로 서서히 나를 안내해줄 것으로 나로서는 일종의 교육이 될 것이라는 생각도 떠올랐다. 왜냐하면 일본에 도착하기까지는 일곱 개의 바다 모두는 아니더라도 어느 정도나마 큰 바다와 아시아 대륙에 대해서도 얼마쯤은 처음으로 볼 수 있기 때문이다.

Notes

(a) what I needed was a good rest.
→ It was a good rest that I needed.

(b) introducing me by gradual steps to my new island home ~
→ as it would introduce me by gradual steps to my new island home ~

Words & Idioms

only just ~ : 방금, 지금 막
it occurred to me that ~ : (문득) ~이 생각났다
arduous : 힘든, 곤란한, 불굴(不屈)의
a form of education : 일종의 교육
by gradual steps : 점차로, 서서히, 천천히(gradually)

15

While it is true that there is no law that compels us to say 'please,' there is a social practice much older and more sacred than any law which enjoins us to be civil. And the first requirement of civility is that we should acknowledge a service. 'Please' and 'Thank you' are the small change with which we pay our way as social beings. They are the little courtesies by which we keep the machine of like oiled and running sweetly. We have intercourse on the basis of a friendly co-operation, and easy give-and-take, instead of on the basis of superiors dictating to inferiors. It is very vulgar mind that would wish to command where he can have the service for the asking, and have it with willingness and good feeling instead of resentment.

'플리즈(please)'라고 꼭 말해야 한다는 법은 없는 것이 사실이지만 우리에게 예의 바르게 하라는 어떤 법보다 더 오래되고 더 신성한 사회적 관습이다. 예의 바름의 첫째 조건은 다른 사람의 봉사에 대해 감사의 뜻을 표하는 것이다. '플리즈'나 '땡큐(thank you)'라는 말은 우리가 사회적 존재로서 남에게 폐를 끼치지 않고 생활하는 데 필요한 거스름돈과 같은 것이며, 인생이라는 기계가 기름친 듯이 잘 돌아가게 하는 작은 예절이다. 윗사람이 아랫사람에게 명령하는 식이 아닌 우호적인 협력으로, 마음 편히 주고받는 식으로 우리는 교류한다. 부탁만 하면 서비스를 받을 수 있고 화를 내는 대신에 기꺼이 호의적으로 서비스를 받을 수 있는 경우에도 거리낌 없이 명령하려는 사람은 천박한 사람이다.

Notes

* (He can) have it with willingness and good feeling instead of (with) resentment.
(with willingness → willingly / good feeling → favorably / with resentment → resentfully)

Words & Idioms

While : (양보의 종속절을 이끌어) ~라고는 하나, ~하지만(although)
compel~ : ~을 강제하다, 억지로 ~시키다
social practice : 사회적 관습 / sacred : 신성한, 신성 불가침의
enjoin : 명령하다, (순종 따위를) 요구하다(demand), 강요하다
be civil : 예의 바르다, 정중하다 / civility : (형식적인) 정중함, 공손함, 예의 바름
acknowledge : (친절 · 선물 등에) 사의(謝意)를 표명하다, (인사에) 답례하다
small change : 잔돈, 하찮은 것
pay one's way : (빚지지 않고) 생활하다, 자활하다, 수지가 맞다
courtesy : 정중, (친절한) 말[행위]
on the basis of ~ : ~을 기반으로, ~에 근거하여, ~적(的)으로
social being : 사회적 존재 / vulgar : 저속한, 천박한
give-and-take : 공평한 조건에서의 교환, 타협, 호양(互讓), 협조
for the asking : 부탁만 하면 (아주 쉽게 가질 수 있음을 나타냄)

Chapter

Ⅱ

관계사절
(Relative Clause)

01

The traveler visiting a foreign country sees a new environment for the first time; his curiosity has not yet been dulled by habit; he is ready to marvel at things that the native simply takes for granted. However, lacking the balanced over-all view, he may seize upon the striking, the different, the absurd. What is worse, he may arrive with preoccupations that have come to him through sensational newspapers or biased history books. Thus, we regard the foreign traveler with mixed emotions: hope for understanding, fear of misrepresentation.

외국을 방문하는 여행자는 새로운 환경을 처음으로 접하고 호기심이 아직은 습관으로 둔감해지지 않았기 때문에 그 지방 사람이라면 그저 당연한 것으로 받아들일 것에도 쉽게 감탄하게 된다. 그러나 균형잡힌 견해가 전반적으로 부족하기 때문에 눈에 띄게 두드러져 보이거나 특이한 것, 우습게 보이는 것 등에 여행자는 사로잡힐 수도 있다. 더욱 나쁜 것은 선정적인 신문이나 역사적 사실을 왜곡한 역사책으로부터 얻는 편견을 가질 수도 있다는 것이다. 따라서 우리는 복잡한 감정, 즉 이해해주기를 바라는 마음과 잘못 전해지는 것에 대한 두려운 생각을 가지고 외국 여행자를 바라보는 것이다.

Notes

(a) ~, lacking the balanced over-all view, he may arrive ~
→ ~, as he lacks the balanced over-all view, he may arrive ~

(b) the striking, the different, the absurd
('형용사+things' → 현저한 것, 특이한 것, 불합리한 것)

(c) hope for understanding, fear of misrepresentation와 emotions는 동격

Words & Idioms

curiosity : 호기심, 캐기 좋아하는 마음, 진기함
dull : 둔하게[무디게] 하다, 무디어[둔해]지다
ready to ~ : ~하기 쉬운 (apt to, inclined to)
take ~ for granted : ~을 당연시 하다, ~의 진정한 가치를 모르다, ~이 고마운 줄을 모른다
over-all : 종합적[일반적, 전체적]으로 (보아)
seize upon ~ : ~를 붙잡다, ~에 사로잡히다
what is worse : 설상가상으로, 더욱 나쁜 것은
preoccupation : 선입관, 편견
sensational : 세상을 놀라게 하는, 놀라운, 굉장한, 멋진, 선정적인
biased : 치우친, 편견을 가진
misrepresentation : 오전(誤傳), 허설(虛說), 그릇된 설명

02

Whenever a person who already has enough to live on proposes to engage in some everyday kind of job, such as school-teaching or typing, he or she is told that such conduct takes the bread out of other people's mouths, and is therefore wicked. If this argument were valid, it would only be necessary for us all to be idle in order that we should all have our mouths full of bread. When people who say such things forget is that what a man earns he usually spends, and in spending he gives employment.

이미 먹고 사는 데 부족함이 없는 사람이 학생을 가르친다든지 타이핑 일을 하는 것과 같은 흔히 볼 수 있는 직업에 종사하려 한다면 그럴 때마다 다른 사람의 밥그릇을 빼앗는 것이 되므로 옳지 못하다는 말을 듣게 된다. 만약 이런 논거가 타당한 것이라면 모든 사람이 충분히 먹고 살기 위해서 우리 모두는 아무 일도 하지 않고 놀 필요가 있다는 말이 될 것이다. 이런 주장을 하는 사람들이 망각하고 있는 것은 사람이 일해서 번 돈은 쓰게 마련이고, 그 돈을 쓰게 되면 새로운 고용이 창출된다는 사실이다.

Notes

(a) Whenever → At any time when
(b) such(선행사) as(관계대명사) / as는 like(~와 같은)의 뜻
(c) What → The thing which
(d) in spending → when he spends

Words & Idioms

have enough to live on : 끼니 걱정은 없다, 먹고 사는 데 걱정 없다
propose to ~ : ~하려고 생각하다, ~할 작정이다 (intend to)
everyday : (형용사) 일상적인, 흔해빠진, 매일의
wicked : 짓궂은, 불의(不義)의, 장난기 있는, 못된, 사악한
valid : 유효한, 정당한, 타당한, 근거 있는
give employment : 고용하다, (~ to) 직업을 주다

03

To a Briton a joke, a funny story, or a humorous episode is something born of his climate, an essential part of existence. It is to his daily life what ketchup is to his food, what beer is to his drink. A Briton who does not like beer is to his drink. A Briton who does not like beer as rare as a Briton who can never see a joke. And like British beer, British humor is warm, full and rich, something of a taste of arts. It often does not travel well abroad, since those used to cooler and sharper tastes often find it short of satisfying quality.

영국인에게 농담이나 우스갯소리, 해학적인 에피소드는 영국 특유의 풍토에서 생겨난 것으로써 생활의 본질적인 일부분이 되어 있다. 이러한 것들과 영국인의 일상생활과의 관계는 케첩과 음식물과의 관계, 맥주와 음료와의 관계와 같다. 맥주를 좋아하지 않는 영국인은 농담을 전혀 모르는 영국인과 마찬가지로 찾아보기 어렵다. 그리고 영국의 맥주처럼 영국식 유머에는 다정하고 깊은 맛과 운치가 있어서 어느 정도의 예술적인 정취마저 묻어난다. 영국식 유머는 보다 냉담하고 강렬한 맛에 익숙한 사람들에게는 만족할만한 특성이 부족하다고 생각되기 때문에 외국에서는 그다지 환영받지 못하는 경우가 많다.

Notes

(a) Ⓐ is to Ⓑ what Ⓒ is to Ⓓ → Ⓐ : Ⓑ = Ⓒ : Ⓓ
(Ⓐ의 Ⓑ에 대한 관계 = Ⓒ의 Ⓓ에 대한 관계)
(b) something born of his climate / an essential part of existence (동격)
(c) those (people who are) used to ~
(d) does not travel well abroad :
외국에서는 그다지 받아들이지 않다[호평을 받지 못하다]

Words & Idioms

Briton : 영국인
humorous episode : 우스꽝스러운[익살스러운/재치 있는] 삽화[사건/에피소드]
full and rich : (술 따위가) 감칠맛이 있어 향기가 강하고 맛이 아주 좋음
be something of ~ : 어느 정도(조금은) ~이다
climate : 풍토[기후], 풍조, 분위기
existence : [C] 생활, 생계
sharper tastes : 보다 강렬한[아릿한, 짜릿한] 맛/기호
be short of ~ : ~가 부족하다, ~에 미치지 못하다

04

As to my business, I'm a fruiterer and greengrocer. I should have said fruiterer alone ; it sounds more respectable, but the honest truth is, I do sell vegetables as well. The fact is, I have done pretty well, though I'm not by any means a rich man ; comfortable. that's all. I gave my daughters a good schooling, and what with that and their good looks, they've both made what may be called better marriages than might have been expected. For down in our country, a shop-keeper is one thing, and a gentleman's another.

내 직업으로 말하자면 나는 과일가게와 채소가게를 하고 있다. 과일가게만 한다고 할 걸 그랬나보다. 그렇게 말하는 편이 훨씬 품위 있게 들리기 때문이다. 하지만 솔직히 말해서 채소도 판다. 사실 비록 부자는 아니지만 나는 꽤 잘 사는 편이다. 금전적으로 어려움 없이 사는 정도는 된다. 딸들에게 학교 교육을 잘 시켰고, 딸들의 인물도 반반하고 해서 말하자면 둘 모두 기대 이상으로 좋은 배우자와 결혼을 했다. 우리 시골에서는 장사꾼과 지체 높은 양반의 문제는 별개의 것이기 때문이다.

Notes

(a) ~, and what with that and their good looks, ~
→ ~, and what with a schooling and (what with) their good looks, ~
(b) what may be called → what we call

Words & Idioms

as to (something) : (~에) 관해서는
a fruiterer and greengrocer : 과일장수 겸 채소장수[과일, 채소가게 주인]
not by any means ~ : 결코 ~이 아니다(by no means)
give a good schooling : 훌륭하게 교육시키다
down : (영국) (수도 · 중심지역에서) 지방으로, 시골로
shopkeeper : (영국) 가게주인, 소매상인(小賣商人) (미국) (일반적) 상인
Ⓐ is one thing, Ⓑ is another : Ⓐ와 Ⓑ는 별개의 것이다
gentleman : (일반적) 집안이 좋은 사람, 지위가 높은 사람

05

In a situation like the one we were in, it seemed a waste of energy to use reason to try to determine our fate. Regimes like Hussein's and Gaddafi's, unable to understand the West or how it thinks, are often capable of doing things that are not in their best interest, and do not make any sense to outsiders. They have their own world view, which is highly xenophobic and conspiratorial. To those who hold power, and who would finally determine what became of us, we would always be the enemy.

우리가 처했던 처지와 같은 상황에서는 우리의 운명이 어떻게 결정될 것인가를 찾기 위해 애써 이성을 활용한다는 것은 정력 낭비같이 생각되었다. 후세인과 카다피 정권들은 서방측을 이해하지 못하거나 또는 서방측이 어떻게 생각하는지 이해하지 못함으로써 흔히 자신들에게 가장 불이익이 되는 짓을 할 수도 있다. 따라서 외부 세계에서는 이들 정권이 전혀 이해되지 않는 것이다. 그들은 나름대로의 세계관을 가지고 있는데, 그것은 심각한 외국인 혐오증과 음모적인 관념이다. 권력을 쥐고 있으면서 결국 우리의 운명을 결정할 사람들에게 우리는 항상 적이 될 것이다.

Notes

(a) In a situation like the one we were in, it seemed ~
→ In a situation like the one (that/which) we were in, it seemed ~
(b) ~, (being) unable to understand the West or how it thinks, ~
→ , as they are unable to understand the West or how it thinks, ~

Words & Idioms

reason : 이성(理性), 지성, 판단력, 추진력
determine : 결정짓다, 결정하다, 확정하다
regime : 정권, 정부
in one's best interest : ~에게 가장 이익이 되는
make sense : 의미가 통하다, 이해가 되다
world view : 세계관
xenophobic : 외국(인) 혐오증을 가진, 외국인 공포증의
conspiratorial : 음모(陰謀)의, 공모(共謀)의
become of ~ : (what, whatever를 주어로 하여) ~은 어떻게 되나 (happen to ~)

06

A bird seems to lift and drive itself forward by beating its wings against the air in much the same way as a swimmer propels himself through water by flapping his arms. When men first tried to fly, they built their flying machines on this principle, with mechanical wings that flapped. But the machines never got off the ground. For this is not at all the way birds fly. A bird is actually a living airplane. It flies by the same aerodynamical principles as a plane and uses much of the same mechanical equipment — wings, propellers, steering gear, even slots and flaps for help in taking off and landing.

새는 물속을 헤엄치는 사람이 팔을 퍼덕거려서 앞으로 나아가는 것처럼 공중에서 그 날개를 퍼덕거려 몸을 뜨게 해서 전진시키는 것과 같다. 사람들이 날아보려고 처음 시도했을 때 이러한 원리에 따라 새처럼 푸드덕 푸드덕 움직이는 기계 날개를 가진 비행기계를 만들었다. 그러나 그 기계는 조금도 날아오르지 못했다. 왜냐하면 새가 나는 방법과는 전혀 달랐기 때문이다. 새는 사실상 살아 있는 비행기이다. 새는 비행기와 마찬가지로 공기역학적 원리에 의해 날며, 동일한 기계적 장비의 많은 부분인 날개, 프로펠러, 조종 장치, 심지어 이·착륙 시의 보조 슬롯과 플랩까지도 많이 이용한다.

Notes

* in much the same way as ~
('~와 거의 같은 방법으로' → much : 부사)
uses much of the same ... (as ~)
('~와 마찬가지로 많은 것을' → much : 대명사, uses의 목적어)

Words & Idioms

drive itself forward : 전진하다
propel : 나아가게 하다, 전진시키다, 몰고 가다
flap : (날개를/팔을) 퍼덕거리다, (새가) 날개를 퍼덕거리며 날다,
(항공) (비행기의) 플랩, 부익(副翼 : 보조날개)(이·착륙 시에 사용)
get off the ground : 땅 위로 날아오르다, 이륙하다(take off)
living airplane : 살아 있는 비행기
aerodynamical : 공기[기체] 역학(力學)의, 항공역학의
steering gear : 조종[조타] 장치[기]
slot : (비행기의) 주익(主翼)과 부익(副翼) 사이의 간극(間隙)
(상부 표면의 공기 흐름을 원활히 함)
landing : 착륙(시킴)

07

There are certain structures in plants and animals which no longer serve a useful purpose. These are called vestigial organs. They are the results of thousands of years of change from the time when primitive ancestors made use of these organs, to the present when they serve no function. The python snake has two small leg bones which are vestiges of hind limbs. Horses have splint bones that are remnants of their ancestor, Eohippus. Man, also, has vestigial organs. Ear muscles, the appendix, the third eyelid and the coccyx or tail bones at the end of the spinal column are examples of structures still present, but no longer useful.

식물과 동물에는 더 이상 유용한 목적에 쓰이지 않는 어떤 조직을 가지고 있다. 이런 조직들을 퇴화[흔적] 기관(器官)이라고 한다. 이들은 원시적 단계의 조상들이 이 기관들을 이용했던 때부터 아무런 기능으로도 쓸모 없어진 오늘에 이르기까지 수천 년에 걸쳐 변화해 온 결과물이다. 비단뱀은 뒷다리로부터 퇴화된 두 개의 작은 다리뼈가 있다. 말은 에오히푸스라고 하는 네 발가락을 가진 고대 조상말(祖上馬)의 남은 흔적인 종아리뼈를 가지고 있다. 사람에게도 역시 퇴화된 기관이 있다. 귀의 근육, 맹장, 순막(瞬膜 : 제3의 눈꺼풀), 미골(尾骨), 즉 척추 끝의 꼬리뼈 등은 아직도 남아 있지만 더 이상 쓸모없어진 조직의 예이다.

Notes

* the spinal column are examples of structures (that are) still present, ~

Words & Idioms

vestigial organ : (생물학) 흔적기관(痕迹器官)
primitive ancestor : 원시적 단계의 조상(祖上)
python(snake) : 비단뱀
vestige : 자취, 흔적
splint bone : 비골, 종아리뼈
remnant : 나머지, 유골(遺骨), 흔적
Eohippus : 에오히푸스, 화석말(化石馬)
appendix : 맹장, 충수
coccyx : 꼬리뼈, 미골(尾骨)
spinal column : 척추(脊椎)

08

I read my first long story when I was seven years old. At first I had only a few books in raised print. I read them over and over, until the words were so worn and pressed I could scarcely make them out. Sometimes Miss Sullivan read to me, spelling into my hand little stories and poems that she knew I should understand; but I preferred reading myself to being read to, because I liked to read again and again the things that pleased me. I was about eight years old when I discovered "Little Lord Fauntleroy," which was the first book of any consequence I read understandingly.

나는 일곱 살이 되었을 때 처음으로 긴 이야기책을 읽었다. 처음에 내가 가진 책이라곤 점자로 된 책 몇 권밖에 없었다. 그 책들을 몇 번이나 되풀이해서 읽고 또 읽어서 마침내는 점자가 닳고 닳아 거의 읽을 수 없을 정도가 되었다. 때때로 설리번 선생님은 내가 이해할 수 있을 것으로 생각되는 짧은 이야기나 시를 내 손바닥에 글자를 써가면서 읽어 주셨지만 나는 읽어주는 것보다 내가 직접 그것들을 읽고 싶었다. 왜냐하면 마음에 드는 글들을 되풀이해서 읽고 싶었기 때문이다. 내가 〈소공자〉란 책을 만난 것은 여덟 살이 되었을 무렵으로 그 책은 내가 직접 읽어서 그 중요성이 어느 정도 이해되었던 최초의 책이었다.

Notes

(a) I read them over and over, until the words were so worn ~
→ I read them over and over, and at last the words so worn ~
(b) so worn and pressed (that) I could scarcely make them out.

Words & Idioms

in raided print : 양각(陽刻)으로 인쇄된 → 점자(點字)로 인쇄된
over and over : 반복해서, 여러 번 되풀이 하여
worn : 해진, 낡은
prefer Ⓐ to Ⓑ : Ⓑ보다 Ⓐ가 좋다
Little Lord Fauntleroy : 소공자
consequence : 중요성

09

The pleasures of childhood should in the main be such as the child extracts himself from his environment by means of some effort and inventiveness. Pleasures which are exciting and at the same time involve no physical exertion, such, for example, as the nature of a drug, of which more and more will come to be required. A child develops best when, like a young plant, he is left undisturbed in the same soil. Too much variety of impressions, are not good for the young, and cause them as they grow up to become incapable of enduring fruitful monotony. I do not mean that monotony has any merits of its own; I mean only that certain good things are not possible except where there is a certain degree of monotony.

어린아이들이 가지는 즐거움은 대체로 얼마간의 노력과 독창성에 의해 스스로가 그 환경으로부터 얻게 되는 즐거움이어야 한다. 자극적이면서도 동시에 전혀 육체적인 활동을 요하지 않는 즐거움, 이를테면 극장 관람 같은 것은 극히 드물게 해야 한다. 왜냐하면, 극장 구경으로 느끼게 되는 흥분상태는 마약과 같은 성질이 있어서 그 분량을 점차 늘려가지 않으면 안 되기 때문이다. 어린아이는 어린 나무와 같아서 같은 토양에 그대로 가만히 놓아두면 가장 잘 자란다. 너무 자주 여행을 시킨다든지 지나치게 다양한 감명을 주는 것은 어린아이에게 도움이 되지 않는다. 그로 인해 성장하면서 유익한 단조로움을 참지 못하게 된다. 단조로움이 그 자체로서 어떤 장점이 있다는 것은 아니다. 단지 어느 정도의 단조로움이 있지 않으면 어떤 좋은 것들을 얻지 못하게 될 수도 있다는 말이다.

Notes

(a) The pleasures of childhood should in the main be such as the child extracts ~
(such : pleasures의 대명사로서 선행사, as : 관계대명사)

(b) no physical exertion, such, for example, as the nature of a drug, ~
(such, for example, as → 'such as' = like)
as the nature of a drug, of which more and more will come to ~
→ as the nature of a drug, and more and more of the drug will come to ~

Words & Idioms

in the main : 대부분, 대체로
extract : (즐거움 따위를) 끌어내다[찾아내다, 얻다]
by means of ~ : ~에 의하여
inventiveness : 발명, 독창적임, 창의력이 풍부함
physical exertion : 격렬한 신체 활동[운동]
in the nature of ~ : ~의 성질을 띠고, ~에 근사(近似)한
fruitful : 생산적인, 유익한, 유리한, 효과적인
monotony : (일반적) 단조로움, 천편일률, 지루함

10

We dug in our feet, pressed our bodies against the mountain-side, and assuring our foot-hold at every step moved slowly. My companion was the first to reach the top. We had been on our guard against over-hopefulness, telling each other that we should probably find ourselves faced with a farther ridge beyond, as is so often one's experience in the mountains; so I was relieved to hear my companion's triumphant cry, "We're at the top!" But it was somewhat discouraging to hear him call down almost in the same breath, "But it's worse the other side!"

우리는 발끝으로 흙을 파서 발 디딜 곳을 확보해 가면서 몸을 산비탈에 바짝 붙이고 한걸음 한걸음 천천히 발걸음을 옮겨나갔다. 내 동료가 제일 먼저 정상에 도착하였다. 우리는 '여기가 정상이다'라는 안이한 생각을 갖지 않도록 미리 조심하고 있었다. 산에 오를 때 자주 경험하는 일이지만 정상에 도착해보면 보다 더 높은 봉우리가 저쪽에 버티고 있다는 사실을 깨닫게 되는 경우에 대해 서로 이야기를 나누었다. 그래서 동료가 '정상에 도착했다!'라고 의기양양하게 소리치는 것을 듣고서는 겨우 안도의 한숨을 내쉬었다. 그러나 그 말이 끝나기가 무섭게 '그런데 저쪽 편에 더 험한 산등성이가 있다!'라고 아래를 향하여 소리치는 것을 듣고는 약간 실망하고 말았다.

Notes

(a) the first to reach the top → the first that reached the top
(b) over-hopefulness : '지나친 기대감' → '이로써 정상정복이라는 기대감'
(c) 관계대명사 as의 선행사는 주절 전체
(d) I was relieved to hear my companion's triumphant cry
→ To my relief, I heard my companion's triumphant cry

Words & Idioms

mountainside : 산비탈, 산허리, 산중턱
foot-hold : (등산 때) 발 디딜 곳
be on one's guard : 경계를 늦추지 않다
ridge : 산마루, 산등성이
triumphant : 의기양양한
somewhat : 얼마간, 어느 정도, 약간 (slightly)
in the same breath : (앞에 정반대되는 말을 한 뒤) 바로 연이어서

11

It is difficult for us in these days to conceive the profound and stirring influence on thought and literature of such an alteration as the Renaissance brought about. To men at the end of the fifteenth century there was scarcely a year but brought another bit of received and recognized thinking to the scrap-heap; scarcely a year but some new discovery found itself surpassed and in its turn discarded, or lessened in significance by something still more new.

오늘날에 사는 우리는 문예부흥이 가져온 변화가 사상과 문학에 끼쳤던 깊고 감동적인 영향을 상상하기가 쉽지 않다. 15세기 말엽의 사람들에게는 어느 한 쪽에서 통용되고 인정된 사상(思想)이 폐기물이 되지 않은 해가 거의 없을 정도였다. 새롭게 발견된 어떤 것이 훨씬 더 새로운 발견에 의해 뒤로 밀려나고 이번에는 자기 차례가 되어 도태되고 그 중요도가 줄어들지 않은 해는 거의 없었다.

Notes

(a) there was scarcely a year but brought another bit ~
→ there was scarcely a year that does not brought another bit ~

(b) the scrap-heap; scarcely a year but some new discovery found itself ~
→ the scrap-heap, and there was scarcely a year but some new discovery found itself ~

(c) some new discovery found itself surpassed and in its turn ~
→ some new discovery was surpassed and in its turn ~

Words & Idioms

conceive : (생각 · 계획 등을) 마음속으로 생각하다[품다], 상상하다
stirring : 마음을 뒤흔드는, 신나는, 활발한, 감동적인
the influence on Ⓑ of Ⓐ : Ⓐ가 Ⓑ에 미치는 영향
alteration : 변화, 개조, 변경, 고침
another bit of ~ : 또 하나의, 하나 더
received : (격식) 일반적으로 인정되는, 통용되는
scrap-heap : 고철(쓰레기, 폐물) 더미, (동사) 폐기하다
find oneself surpassed : 뒤처지다, 뒤떨어지다
in one's turn : 차례가 되어
discard : 버리다, 폐기하다, 도태하다
significance : 중대성, 중요성, 의의, 의미
lessen : (크기 · 강도 · 중요도) 줄다, 줄이다

12

I wonder if the mirror isn't the world's worst invention. The optimist looks into a mirror and becomes too optimistic, the pessimist too pessimistic. Thus mirrors increase conceit or destroy confidence. Far better is seeing ourselves as reflected in the expressions on the faces of people we meet during the day. The way you look to others is apt to be nearer to the truth than the way you may look to yourself.

나는 거울이 이 세상에서 가장 나쁜 발명품이 아닐까 생각한다. 낙관주의자는 거울 속을 들여다보고 지나치게 낙관하고, 비관주의자는 지나치게 비관하게 된다. 따라서 거울은 더욱 자만심을 갖게 하기도 하고, 완전히 자신감을 잃게 만들기도 한다. 낮 동안 만나는 사람들의 얼굴 표정에서 우리 자신의 모습을 보는 것이 훨씬 정확하다. 다른 사람에게 어떻게 보이느냐가 자신에게 어떻게 보이느냐는 것보다 진실에 더 가까울 것 같다.

Notes

(a) the pessimist (becomes) too pessimistic.
(b) ourselves as (they are) reflected in the expressions ~

Words & Idioms

I wonder if ~ (부정문) : ~이 아닐까 생각하다
invention : 발명(품), 날조, 지어낸 이야기, 창의력, 독창성
optimist/pessimist : 낙관주의자/비관주의자
conceit : 자만(심), 자부(심)
confidence : 신뢰, 자신(감), 확신
be apt to ~ : ~할 것 같다, ~하는 경향이 있다, ~하기 쉽다

13

The children are cautious ; their reactions are calculated ; their answers are based on what they think the teacher wants to hear, not on what they themselves think. What is it precisely that turns a child from an eager receiver of knowledge to a dull-eyed reciter of facts he will not bother to remember after the class is over? The number of school drop-outs is high and rising. More than that, the number of students who have graduated from high school and even college without a basic education is only too high. Modern civilization, if it is to survive at all, calls exactly for those traits of imagination, creativity and curiosity which the schools seem to drain out of their students at an early age.

아이들은 조심스럽고 그들의 반응은 계산적이다. 자기들 생각에 선생님께서 듣고 싶어 하는 것에 토대를 두고 대답하는 것이지, 자신의 생각을 바탕으로 답변하지는 않는다. 열심히 지식을 습득하려는 아이들을 수업이 끝난 후에는 굳이 기억하려 않는 사실들을 총기(聰氣) 없는 눈빛으로 복창하는 아이들로 변모시키는 것은 과연 무엇이란 말인가? 학교 중퇴자의 숫자가 많고, 계속 늘어나고 있다. 보다 더 심각한 문제는 기초교육도 안 된 상태로 고등학교, 심지어 대학까지 졸업한 학생의 수가 너무 많다는 것이다. 어쨌든 현대 문명을 존속시키기 위해 학교교육에는 어린 나이의 학생들에게서 사라지고 있는 상상력, 창의력, 호기심 등의 특성이 반드시 요구된다.

Notes

(a) on what they think the teacher wants to hear, not what they ~
(what → think와 on의 공통목적어)

(b) What is it precisely that turns ~ of facts (that) he will not ~
('what is it that' → 의문사 what의 강조)

Words & Idioms

cautious reaction : 신중한(조심스러운) 반응
calculated : 계산된, 계획적인
precisely : 바로, 꼭, 정확히, 신중하게
reciter : 읊는 사람, 낭송[암송]자, (미) 복창자(復唱者)
bother to ~ : ~하도록 애쓰다
dull-eyed : 눈이 흐릿한, 눈에 총기가 없는
drop-out : 낙오자, 중퇴자, 탈퇴자
trait : 특성
drain : (물기 따위를) 없애다, 흘러나가다

14

What are some of the factors that have brought about increased interest in music since World War Ⅰ? Most important probably is the invention and manufacture of machines that capture music and that one can listen to for a small price. In a single evening one can hear symphonies, choirs, and soloists, which, if the performers appeared in person, would be costly and require impossible physical arrangements. A phonograph gives the listener the added advantage of being able to repeat a performance again and again.

제1차 세계대전 이래로 사람들이 점차 음악에 흥미를 가지게 된 요인은 무엇일까? 가장 중요한 요인으로는 아마도 적은 비용으로 음악을 담아 그것을 들을 수 있는 기계 발명과 그 제작일 것이다. 교향곡, 성가대의 찬송가, 독창자의 노래를 하룻밤에 다 들을 수 있게 된 것이다. 만약 연주자가 직접 출연하여 공연한다면 많은 비용이 소요될 것이고 물리적으로도 그렇게 하기는 불가능할 것이다. 축음기 덕분에 음악을 듣는 사람에게는 어떤 연주라도 얼마든지 되풀이해서 감상할 수 있는 가외(加外)의 이점이 생기는 것이다.

Notes

(a) machines that capture music and that one can listen to for ~
(하나의 선행사 machines에 두 개의 that 관계사절 병치)
(b) Most important probably is the invention and manufacture ~
(강조를 위한 도치 구문 C+V+S)
(c) In a single evening one can hear symphonies, choirs, and soloists, which, if the performers ~ (which의 선행사는 앞 문장 전체)
(d) impossible physical arrangements : 물리적으로 보아 불가능한 준비[주선]
(e) A phonograph gives the listener ~ (무생물주어 구문)
(f) the added advantage of being able to ~ (동격의 of)

Words & Idioms

bring about ~ : ~을 야기하다, 발생시키다, 초래하다
capture : (필름, 테이프, 화폭 등에) 담다, 담아내다
choir : 합창단, 성가대(聖歌隊), 찬양대
performer : 연주자, 연기자
in person : (다른 사람을 시키지 않고) 직접, 자기 자신이
phonograph : (미) 축음기(蓄音機), 레코드 플레이어[(영) gramophone]

15

This acceleration of change is a concrete force that reaches deep into the personal lives, compels us to act out new roles, and confronts us with the danger of a new and powerfully upsetting disease. This new disease can be called "future shock." The parallel term "culture shock" has already begun to creep into the popular vocabulary. Culture shock is the effect that immersion in a strange culture has on the unprepared visitor. Peace Corps volunteers suffer from it in Borneo or Brazil. Marco Polo probably suffered from it in Cathay. Culture Shock is what happens when a traveler suddenly finds himself in a place where yes may mean no, where a "fixed price" is negotiable, where to be kept waiting in an outer office is no cause for insult, where laughter may signify anger.

이런 변화의 가속화는 우리 개인적인 삶 속에 깊숙이 파고들어 우리에게 새로운 역할을 담당하도록 강요하며, 새롭고 큰 혼란을 야기하는 새로운 질병과 직면하게 하는 실체적인 힘이다. 이 새로운 질병을 '미래에 대한 충격'이라고 일컬어질 수 있다. 이와 유사한 용어로 '문화적 충격'이라는 말이 어느 사이에 이미 대중들이 사용하는 어휘 속에 슬그머니 끼어들기 시작하였다. 문화적 충격은 아무 준비 없이 이질적인 문화권을 접했을 때 그에게 미치는 영향이다. 평화봉사단의 자원(自願) 봉사단원들이 보르네오나 브라질에서 그런 질병으로 고통을 받는다. 마르코 폴로도 중국에서 이 병을 앓았을 것이다. 문화적 충격은 예스(yes), 즉 긍정적인 말이 노(no), 즉 부정적인 말을 의미할 수도 있고, '정가(正價)'가 흥정이 될 수도 있고, 사무실 밖에서 기다리는 것이 모욕의 이유가 되지 않으며, 웃는 것이 노여움을 뜻할 수도 있는 곳에 자신이 처해 있다는 사실을 불현듯 깨달았을 때 발생한다.

Notes

* a place where ~, where a "fixed price" ~, where to be ~, where laughter may ~ (관계부사 where절의 병치)

Words & Idioms

acceleration : 가속(화)
a concrete force : 구체적[실체가 있는] 힘
act out : 실연(實演)하다, 연출하다, 실행에 옮기다
confront Ⓐ with Ⓑ : (Ⓐ를 Ⓑ에) 직면하게 만들다
upsetting : 잘못되게 만드는, 혼란스럽게 하는, 뒤흔들어 놓는
future shock : 미래에 대한 충격
parallel term : 매우 유사한 용어
creep into ~ : 살그머니 ~로 기어들다, 몰래 ~로 다가가다
immersion : (액체 속에) 담금[잠금], 몰두, 몰입
Peace Corps : 평화봉사단
Cathay : (古, 詩) 중국(China)

Chapter

III

부정사·동명사
(Infinitive & Gerund)

01

If it is essential that a teacher know his pupils, he must learn the pattern of their thoughts and emotions. If he does this, he will understand many of the strange things they do and will be able to forget some of the unpardonable action of his students. The teacher, then, must know the young as such. Next, he must know the names and faces of his pupils. One of the worst mistakes made by a well-known teacher was to boast of his inability to recognize pupils. The girls hated it especially, because he would seem very personal in the class when he corrected their mistakes and then ignore them when he met them on the street the next day.

만약 자기 학생에 대해 아는 것이 절대적으로 필요하다면 선생은 학생들의 사고(思考)나 감정의 패턴을 알아야 한다. 만일 그 패턴을 안다면 학생들이 저지르는 여러 이상한 행동을 이해할 것이며, 용서할 수 없는 행위도 어느 정도 무시할 수 있을 것이다. 그래서 선생은 젊은이는 젊은이 그 자체로 이해해야 한다. 다음으로는 자기 학생의 이름과 얼굴을 알고 있어야 한다. 어느 유명한 선생이 저질렀던 가장 큰 실수는 제자들을 누구인지 알아보지 못하는 것을 자랑스럽게 말한 것이었다. 여학생들은 특히 그런 것을 끔찍이 싫어했다. 왜냐하면 선생이 교실에서 자신들의 잘못을 고쳐줄 때에는 매우 친밀한 것처럼 생각되다가도 다음날 길가에서 만났을 때는 자신들을 모르는 체 하기 때문이다.

Notes

(a) If it is essential that a teacher(should) know ~ (가정법 현재)
(b) If he does this, he will ~
→ If he learns the pattern of their thoughts and emotions, he will ~
(c) ~ as such : 그 자체로(서)(in itself), 그 자격으로, 엄격한[본질적] 의미에서
(d) seem very personal : 매우 친한 사이처럼 생각되다

Words & Idioms

essential : 필요불가결한, 극히 중요한
forget : 소홀히 하다, 무시하다, 체념하다
unpardonable : 용서할 수 없는, 변명의 여지가 없는
boast of ~ : ~을 자만하다, 자랑하다, 뽐내다
recognize : (어떤 사람 · 사물을 보거나 듣고 누구 · 무엇인지) 알다, 알아보다

02

He liked to patronize the arts and would take a great deal of trouble to get commissions for some young painter whose talent he admired or an engagement to play at a rich man's house for a violinist who could in no other way get a hearing. But he never let his rich man down. His taste was too good to deceive and civil though he might be to the mediocre he would not lift a finger to help them. His own musical parties, very small and carefully chosen, were a treat.

그는 기꺼이 예술 부문의 후원자가 되었으며, 훌륭한 재능을 가졌다고 생각되는 어느 젊은 화가를 위해서는 그림의 의뢰를 받아오기도 하고, 사람들에게 다른 방법으로는 들려줄 기회를 얻지 못한 바이올리니스트를 위해서는 부유한 사람의 집을 찾아가서 연주계약을 맺어주는 데도 수고를 아끼지 않았다. 그렇더라도 그가 계약을 맺은 부유한 사람을 결코 실망시키는 법이 없었다. 그의 심미안은 보통이 아니어서 속일 수 없었고 평범한 예술가에 대해서 예의 바르게는 대했지만 그들에게 도움을 주기 위해 어떤 노력도 하지 않았다. 자신이 직접 주최하는 음악회의 규모는 매우 작았으나 세심하게 선별하였고 큰 즐거움을 주는 것이었다.

Notes

(a) ~ to get commissions for ~ admired or (to get) an engagement to play ~
(b) who could in no other way get a hearing ~
→ who could not get a hearing if he did in any other way ~
(c) civil though[as] he might be to the medicare ~
→ though he might be civil to the medicare ~

Words & Idioms

patronize : 후원하다, 애용하다, 보호하다
commission : 부탁받은 일, 부탁할 일, 위임, 의뢰
deceive : 속이다, 기만하다, 현혹하다, 사기치다
engagement : (특히 업무상, 공적인) 약속 ; (약속 시간을 정해서 하는) 업무
taste : 취미, 심미안(審美眼)
mediocre : 보통밖에 안 되는, 평범한, 여느
civil : 공손한, 예의바른(urbane, polite)
not lift[raise, stir] a finger : 손가락 하나 까딱 않다, 노력을 전혀 안 하다
treat : 기쁨[만족 · 즐거움]을 주는 것[사람]

03

Probably the most important effect of learning to control fire, though, was the fact that the rhythm of life was changed. Before fire, the human daily cycle coincided with the rising and setting of the Sun — roughly twelve hours of activity and twelve hours of rest. But fire lengthened the day. It allowed the human more time to think and talk about the day's events and to prepare strategies for coping with tomorrow. The campfire afforded the opportunity to exercise the mind in a relaxed atmosphere, away from the routine daily pressures of trying to survive. Learning to control fire, then, contributed significantly to the formation of culture.

그렇지만 불을 다스릴 줄 알게 됨으로써 얻어진 가장 중요한 결과는 아마도 생활리듬이 달라진 사실이었을 것이다. 불이 발견되기 전에는 인간의 일상사가 태양이 뜨고 지는 것에 맞춰서 진행되었다. 즉 대개 12시간 정도는 활동하고, 12시간 정도는 휴식 시간으로 나누어지게 되었다. 그러나 불로 인해 낮시간이 연장되었고, 인간들은 낮 동안 일어난 일에 대해 더욱 오래 생각하고 토론할 수 있고 내일에 대처하기 위한 계획을 준비할 수 있게 되었다. 캠프파이어 덕분에 사람들은 생존을 위한 일상의 압박에서 벗어나 여유롭고 느긋한 분위기에서 정신적 수련을 할 수 있는 기회를 가지게 되었다. 게다가 불을 다스릴 줄 알게 됨으로써 문화 형성에도 크게 이바지할 수 있었다.

Notes

(a) But fire lengthened ~ / It allowed ~ / The campfire afforded ~ / Learning to control fire, contributed ~ (무생물주어 구문)

(b) It allowed ~ time to think and talk about ~ and (more time) to prepare strategies for ~
('to think' 'to prepare' → time의 후치수식 형용사적 용법의 부정사)

(c) The campfire afforded the opportunity to exercise the mind ~
('to exercise' → opportunity의 후치수식 형용사적 용법의 부정사)

Words & Idioms

human daily cycle : 인간의 일상사
coincide with ~ : ~와 동시에 일어나다, 일치하다, 부합하다
roughly : 대략, 거의
strategies for coping with ~ : ~에 대처[극복]하기 위한 정책[전략, 기획]
the routine daily pressure : 일상의 압력[압박]

04

Advertising is one of the biggest and most continuous psychological influences on our lives. It is literally everywhere. Wherever, by day or night, our eyes and ears are open; we are likely to see or hear some invitation to buy something. It is as though we were surrounded by a vast army of salesman, each struggling to win our attention; each with something for us to buy, something we are made to feel that we must buy if we are not to live our lives under handicap; each trying to get the money we have to spend before someone else gets it.

광고는 우리 생활에 더할 나위 없이 크게 그리고 끊임없이 영향을 미치는 것 중의 하나이다. 광고는 문자 그대로 어디에서나 맞닥뜨리게 된다. 밤낮없이 우리가 눈을 뜨고 있고 귀가 막혀 있지 않은 곳이라면 어디서나 무언가를 사도록 권하는 것을 보거나 들을 수 있다. 우리는 마치 수많은 세일즈맨에 둘러싸여 있는 것처럼 그 한 사람 한 사람이, 우리가 살 만한 물건을 가지고 만약 우리가 불편한 생활을 하고 싶지 않다면 구매해야 할 느낌이 들 만한 물건을 가지고 제각기 필사적으로 주의를 끌려고 노력하면서 우리가 가진 돈이 다른 누군가의 손으로 들어가기 전에 그것을 어떻게 해서라도 자기들 손에 넣으려고 애쓰고 있는 것이다.

Notes

(a) each struggling to win our attention;
→ and each were struggling to win our attention;

(b) something (that) we are made to feel that we must buy ~

(c) if we are not to live our lives under handicap;
('are not to live' → 'want to'의 뜻에 가까운 'be to')

(d) the money (that) we have to spend before someone else gets it.

Words & Idioms

continuous : 계속되는, 연(지)속적인
It is as though ~ : 마치 ~인 것 같다
psychological : 심리적인
literally : 문자[말] 그대로
an army of ~ : ~의 큰 무리
handicap : 핸디캡, 불리한 조건, 장애

05

In the first place, television is not only a convenient source of entertainment, but also a comparatively cheap one. For a family of four, for example, it is more convenient as well as cheaper to sit comfortably at home, with practically unlimited entertainment available, than to go out in search of amusement elsewhere. There is no transport to arrange. They do not have to find a baby-sitter. They do not have to pay for expensive seats at the theater, the cinema, the opera, or the ballet, only to discover that the show is a rotten one.

첫째로 텔레비전은 편리할 뿐만 아니라 비교적 값싸게 먹히는 여흥거리이기도 하다. 이를테면 4인 가족의 경우 거의 무한정으로 오락을 즐길 수 있고, 집에 편안히 앉아서 즐기는 편이 다른 곳으로 오락거리를 찾아 나가는 것보다 비용이 덜 들기도 하고 편리하기도 하다. 교통문제에 신경쓸 필요도 없고 베이비시터를 구하지 않아도 된다. 연극, 영화, 오페라, 발레의 비싼 입장료를 지불하고 겨우 안으로 들어가도, 시시한 작품만 구경할 뿐이다[공연(公演)이 형편없었다는 등의 경험을 할 필요도 없다].

Notes

(a) a source of entertainment : 오락원(娛樂源), 여흥의 원천, 기분전환거리

(b) a comparably cheap one
→ 'one' source of entertainment

(c) it is more convenient
→ to sit comfortably at home

(d) with practically unlimited entertainment available, ~
→ as practically unlimited entertainment is available, ~

(e) There is no transport to arrange.
('to arrange' → 후치수식 부정사의 형용사적 용법)

(f) only to ~ : 그 결과는 ~뿐이다

Words & Idioms

comparatively : 비교적
practically : 거의(almost), 사실상
baby-sitter : 베이비시터, 아이 보는 사람, 애보개
rotten : 시시한, 하찮은

06

Insects often show their remarkable skill especially when they help their young survive. The skill, however, doesn't allow for variation. Moreover, the fact that they make no mistakes in their work shows that their skill is, so to speak, blind. That is, the insects are not conscious of what they are doing, nor do they have any idea of what their actions will lead to. Compared with insects, man must properly be called an 'erring animal.' But erring makes it possible to be led to variation and progress. It is not too much to say that it is only by erring that we learn something. Note that wasps don't learn anything, nor is there any need for them to.

곤충들은 흔히 자기 새끼가 살아남도록 도울 때는 특히 놀랄만한 솜씨를 보여준다. 그러나 그런 기술이 여러 가지 있는 것은 아니다. 더욱이 곤충들이 그런 행위를 할 때는 실수하지 않는다는 사실로 보아 그들의 기술이, 말하자면 맹목적임을 알 수 있다. 즉 곤충들은 자기들이 무엇을 하고 있는지 의식하지 못할 뿐더러 그 행위가 어떤 결과를 초래할 것인가에 대해서도 전혀 알지 못한다. 곤충과 비교하여 인간은 '실수하는 동물'이라고 일컫는 편이 적절할 것이다. 그러나 실수를 함으로써 변화와 발전이라는 것을 가져오게 된다. '우리가 무엇을 배우게 되는 것은 오로지 실수를 통해서이다'라고 말해도 지나친 말이 아니다. 말벌은 아무것도 배우는 것이 없으며 또한 배울 필요도 없다는 사실에 주목하라.

Notes

(a) Note that ~ anything, nor is there any need for them to.
→ Note that ~ anything, and there is no need for them to learn.

(b) The skill ~ doesn't allow for ~ / the fact ~ shows that their skill ~ / But erring makes it ~ (무생물주어 구문)

(c) But erring makes it possible to be led to variation and progress (it 가목적어의 진목적어 to ~ progress)

(d) It is only by erring that we ~ (It ~ that 강조 구문)

Words & Idioms

remarkable : 놀라운, 놀랄만한, 주목할 만한
erring : 잘못을 저지른, 실수하는, 잘못되어 있는
be conscious of ~ : ~을 의식하다, 자각하다, 알고 있다
It is not too much to say ~ : ~라고 말하는 것이 과언은 아니다
wasp : (장수)말벌

07

The method of analysis which I have employed makes the reading of the first chapters rather laborious, and it is to be feared that the public, always impatient to come to a conclusion, eager to know the connexion between general principles and the immediate questions that aroused their passions, may be disheartened because they will be unable to move on at once. That is a disadvantage I am powerless to overcome, unless it be by forewarning and forearming those readers who zealously seek the truth. There is no royal road to science, and only those who do not dread the fatiguing climb of its steep paths have a chance of gaining its luminous summit.

내가 지금까지 사용해온 분석 방법으로는 처음 몇 장을 읽기가 상당히 어렵다. 항상 성급하게 결론에 도달하고자 하는 일반대중은 일반적 원리와 자신의 열정을 불러일으킨 직접적인 문제와의 관계에 대해 간절히 알기를 원하지만 단번에 계속 읽어내려갈 수 없기 때문에 낙담할 수도 있다는 것이 우려되는 점이다. 이는 열심히 진리를 탐구하는 독자에게 사전에 주의시키고, 대비시켜 극복하도록 하지 않으면 내 힘으로는 감당하기 어려운 핸디캡이다. 학문에는 왕도(王道)가 없다. 따라서 학문의 험준한 길을 힘들게 올라가는 것을 두려워하지 않는 사람들만이 그 빛나는 정상을 정복할 기회를 가진다.

Notes

(a) , and it is to be feared that ~ (be to+수동형 : 가능의 뜻)
(b) ~, unless it be (overcome) by forewarning and forewarning ~
(c) I am powerless to overcome, ~ → I cannot possibly overcome, ~

Words & Idioms

laborious : 힘든, 어려운, 근면한
be impatient to ~ : 몹시 ~을 하고 싶어 하다
connexion : 관련, 관계 (connection)
be disheartened : 낙담하다, 실망하다
move on ~ : 계속해서 다음에 ~하다
forewarning : 미리 경고하기
forearming : 미리 무장[준비]하기
zealously : 열심히, 열광적으로
fatiguing : 심신을 지치게 하는
royal road : 왕도, 편한 방법, 첩경(捷徑)
luminous : 빛을 내는, 밝은

08

One of the first rules of portrait painting should be to prevent exaggeration or veiling of the truth, but if an exception is to be made, it is better to paint the head slightly smaller than its actual relation to the size of the body. Nothing is more awkward than a portrait in which the size of the head appears too heavy for the size of the neck and shoulders. This little convention has nothing to do with the bad habit of trying to flatter the appearance of the model, for the sake of vanity. It is merely a justifiable attempt to create a better harmony of design.

초상화를 그리는 데 있어서 가장 중요한 규칙 중 하나는 사실, 즉 실물을 과장하거나 감추지 않도록 해야 한다. 만약 예외를 두어야 한다면 머리 부분을 신체의 크기와 실제 균형보다 약간 작게 그리는 것이 좋다. 머리의 크기가 목이나 어깨의 치수에 비해 지나치게 큰 초상화만큼 어색해 보이는 것도 없다. 이런 사소한 관행은 허식 때문에 모델의 외모를 실제보다 아름답게 보이게 하려는 악습과는 관계없는 일이다. 그것은 더 나은 조화를 이루는 예술작품을 새로 만들어낸다는 지극히 타당한 시도에 지나지 않는 것이다.

Notes

(a) if an exception is to be made, it is better to paint ~
→ if an exception must[should] be made, it is better to paint ~

(b) Nothing is more awkward than a portrait in which the size ~
→ A portrait in which the size of the head appears too heavy for the size of the neck and shoulders is the most awkward of all.

(c) the size of appears too heavy for the size of ~
→ the size of appears too heavy in proportion to the size of ~

Words & Idioms

portrait : 초상화
exaggeration : 과장, 과대시
veiling : 베일로 가리기, 감추기
actual : 현실의, 실제의
awkward : 어색한, 서투른, 보기 흉한
convention : (사회 · 예술상의) 관례, 관습, 관행
has nothing to do with ~ : ~와 아무 관계도 없다
flatter : 돋보이게 하다
appearance : 외모
for the sake of ~ : ~를 위하여
vanity : 자만, 허영심
justifiable : 이치에 맞는, 타당한

09

Jane hated the telephone most of all and never spoke over it save when it was absolutely necessary and then only to communicate or to obtain information. The telephone, she said, was the invention of the devil. It permitted people to intrude upon your privacy, to poke into your affairs, to disturb your existence. There was no more reason for people to expect you to answer a telephone call than to expect you to welcome their entering the room while you were in the midst of a bath.

제인은 무엇보다도 전화를 가장 싫어했다. 그래서 꼭 필요할 때 말고는 전화로 말해 본 적이 없다. 전화하는 경우에도 단지 소식을 주고받을 뿐이다. 전화는 악마의 발명품이라고 그녀는 말했다. 전화는 사람들이 남의 사생활을 침해하고 개인의 문제를 꼬치꼬치 캐내고 그 생활을 방해하게 한다는 것이었다. 전화를 건 사람들이 그 전화에 응답하리라고 기대할 이유가 없는 것은 목욕 중인 사람이 다른 사람들이 욕실에 들어오는 것을 환영하리라고 기대할 이유가 없는 것과 마찬가지라는 것이었다.

Notes

(a) It permitted people to intrude ~, (people) to poke into ~, (people) to disturb your existence. (to intrude / to poke / to disturb의 의미상 주어가 문장의 목적어 people [S+V+O+OC])

(b) There was no more ~ than (no reason for people) to expect you ~

Words & Idioms

intrude upon ~ : ~을 침범[해]하다, 방해하다, ~에 개입하다
poke into ~ : ~에 참견하다, 간섭하다, 꼬치꼬치 파고들다[캐다]
disturb : (휴식 · 일 · 생각 중인 사람을) 방해하다, 어지럽히다, 교란하다
existence : 생존, 생활
no more Ⓐ than Ⓑ : Ⓐ가 아닌 것은 Ⓑ가 아닌 것과 마찬가지다

10

Parents are often upset when their children praise the homes of their friends and regard it is a reproach against their own cooking, or cleaning, or furniture, and often are foolish enough to let the adolescents see that they are annoyed. They may even accuse them of disloyalty, or try to find fault with the friends' parents. Such a loss of dignity and descent into childish behavior on the part of the adults deeply shocks the adolescents, and makes them resolve that in future they will not talk to their parents about the places or people they visit. Before very long the parents will be complaining that the child is so secretive and never tells them anything.

부모들은, 자식들이 친구의 가정에 대해 찬사를 늘어놓으면 기분이 나빠지고 그것을 자신들의 요리나 청소, 세간 등에 대한 비난으로 받아들인다. 그래서 어리석게도 그런 자식들에게 그들이 언짢아하는 모습을 보이는 경우가 흔히 있다. 부모는 자식들의 불효에 대해 나무라거나 그 친구들의 부모에 대한 험담을 할지도 모른다. 어른이 그같이 위엄을 잃고 어린아이 같은 행동을 보이면서까지 위엄을 잃는 것을 보고 자식들은 크게 충격을 받고 이후로는 부모에게 자신들이 방문한 집이나 사람들에 대해 아무 말도 하지 않으리라고 결심하게 된다. 머지않아 부모는 아이들이 매우 비밀스러워지고 아무것도 말해주지 않는 것에 대해 불만을 터뜨리게 될 것이다.

Notes

(a) are foolish enough to ~
(~할 정도로[만큼] (몹시) 어리석다, (매우) 어리석게도 ~하다)

(b) the parents will be complaining ~
(미래진행형 → 일[사항]이 순리대로 진행되어 가는 것을 강조한 표현)

Words & Idioms

reproach : 비난하다, 나무라다
adolescent : 청소년, 청년, 젊은이
annoy : 화가 나다, 불쾌하다, 짜증나다
accuse Ⓐ of Ⓑ : Ⓐ를 Ⓑ라는 이유로 비난[비판]하다
disloyalty : 불충(한 행위), 불성실, 배신
find fault with ~ : ~의 흠을 찾다, ~을 나무라다, ~을 비난[탓]하다
dignity : 존엄(성), 위엄, 품위
descent : 전락, 몰락, 하락
secretive : 숨기는, 입 다물고 있는, 터놓지 않는, 비밀스러운

11

The environmental crisis is the result of success — success in cutting down the mortality of infants(which has given us the population explosion), success in raising farm output sufficiently to prevent mass famine (which had given us contamination by pesticides and chemical fertilizers), success in getting people out of the noisome tenements of the 19th-century city and into the greenery and privacy of the single-family home in the suburbs (which has given us urban sprawl and traffic jams). The environmental crisis, in other words, is largely the result of doing too much of the right sort of thing. To overcome the problems that success always creates, one must build on it. But where to start?

환경의 위기는 성공의 결과로 조성된 것이다. 유아사망률을 감소시키는 데는 성공하였으나 그로 인해 폭발적인 인구증가를 초래하게 되었고, 대량 기아를 피할 수 있을 정도로 농가의 생산량을 증가시키는 데는 성공하였으나 그로 인해 살충제와 화학비료에 의한 오염을 초래하였으며, 19세기 도시의 역겨운 공동주택으로부터 교외의 녹지대와 사생활이 보장되는 단독주택으로 옮기는 데는 성공하였으나 그로 인해 도시의 무분별한 확장과 교통의 혼잡을 초래하였다는 것이다. 즉 환경의 위기는 대체로 옳은 일을 지나치게 많이 해서 초래된 결과이다. 성공이 만들어내는 여러 문제를 극복하기 위해 우리는 항상 그 성공이란 것에 의존해야 하는 것이다. 그러나 어디서부터 시작해야 할 것인가?

Notes

(a) in raising farm output sufficiently to prevent mass famine ~
→ in raising farm output enough to prevent mass famine ~

(b) But where (is one) to start?

Words & Idioms

cut down : 줄이다, 삭감하다
mortality : 사망률, 사망자 수
population explosion : 폭발적인 인구증가
farm output : 농업 산출액[생산고]
mass famine : 대량 기아(大量 飢餓) / contamination : 오염, 오탁
pesticide : 살충제 / chemical fertilizer : 화학비료
get Ⓐ out of Ⓑ : Ⓑ로부터 Ⓐ를 내보내다
noisome : (극도로) 역겨운, 고약한
tenement : (특히 도시 빈민지역 내의) 공동[다세대] 주택
greenery : 푸른 나무, 녹색 나뭇잎[화초], 온실
urban sprawl : 도시 스프롤현상 → 도시개발이 주변 미개발지역으로 확산되는 현상
build on ~ : ~을 기반으로 하다, ~에 의지[의존]하다

12

All these European colonies in America contained the elements, if not the development, of a complete democracy. It may be said that on leaving the mother country the emigrants had, in general, no notion of superiority of one over another. The happy and powerful do not go into exile, and there are no surer guarantees of equality among men than poverty and misfortune.

아메리카에 있는 이들 유럽의 식민지 모두가 완전한 민주주의의 발달된 모습을 보이지는 못했다 하더라도 민주주의의 요소는 갖추고 있었다. 모국을 떠난 이민자들은 일반적으로 인간에게 우열이 있다는 생각은 조금도 갖지 않았다고 할 수 있다. 왜냐하면 행복하고 권력을 가진 자들이 국외에서 떠도는 신세가 될 리가 없고, 빈곤과 불운만큼 확실히 인간 사이에 평등이 보증되는 것도 없기 때문이다.

Notes

(a) ~, (even) if (they did) not (contain) the development, ~
→ ~, though they did not contain the development, ~

(b) It may be said that on leaving the mother country ~
→ It may be that when they(= emigrants) left the mother country ~

(c) The happy and powerful → Happy and Powerful people

Words & Idioms

colony : 식민지, 식민지 이민단
complete democracy : 완전한 민주주의
emigrant : (자국으로부터 국외로 나가는) 이민(移民), cf. immigrant
in general : 일반적으로, 대개, 대체로
superiority : 우월성(優越性), 우세 ↔ inferiority
go[be sent] into exile : 추방당하다, 떠도는 신세가 되다, 유형에 처하다
no surer Ⓐ than Ⓑ : Ⓑ 이상으로 확실히 Ⓐ한 것은 없다 → Ⓑ는 확실히 Ⓐ하다
guarantee : (비유적) 보증이 되는 것

13

Who could go into a big factory without reflecting how much human intelligence is embodied both in its machine and its organization? Who can go down to a shipyard when a liner is ready for launching and see the men in the yard busy with the final preparations, looking like ants beside this vast creation towering above on its slips, without admiration for the pygmy humans that yet are able to build and control something so enormous and complicated? This is the miraculous achievement of beings who five thousand years ago were the savage inhabitants of caves and woods.

큰 공장에 들어가면 누구라도 얼마나 많은 인간의 지혜가 그곳에 있는 기계와 그 조직 속에 유형화되어 있는지를 생각해 보지 않을 수 없다. 정기항로 여객선의 진수식 준비가 되었을 때 조선소의 진수대(進水臺) 위로 높이 솟아 있는 이 거대한 창조물 옆에서 마치 개미떼처럼 보이는 사람들이 마지막 준비를 위해 바삐 돌아가는 것을 보면 보잘것없는 인간이면서도 그처럼 거대하고 복잡한 물체를 건조해서 통제할 수 있다는 사실에 대해 누구나 찬탄하지 않을 수 없다. 바로 이런 것이 5천 년 전에는 동굴이나 숲 속에서 생활하던 미개인이었던 인간이 이룩한 불가사의한 업적인 것이다.

Notes

(a) Who could go into a big factory without reflecting how ~
→ No one could go into a big factory without reflecting how~
(b) Who can go down to a shipyard ~, without admiration for ~
→ No one can go down to a shipyard ~, without admiration for ~
* 수사(修辭) 의문문의 처리

Words & Idioms

no[never] Ⓐ without ~ing : Ⓐ하면 반드시 ~하다
reflect : 곰곰이 생각해 보다, 숙고하다, 반성하다, 회고하다
intelligence : 지성, 이지, 지혜, 지능, 이해력, 사고력, 총명
embody : (사상 · 감정 따위를) 구체화하다, 유형화하다, 구현하다
shipyard : 조선소(造船所)
launching : (새 배의) 진수식(進水式)
towering : 높이 솟은(lofty), 크고 높은
pygmy : 난쟁이, 보잘 것 없는 사람[물건]
complicated : 복잡한, 까다로운, 번거로운
miraculous : 기적적인, 불가사의한, 신기한, 놀랄만한
savage : 야만적인, 야만인, 미개인
inhabitant : 거주자, 서식동물

14

From the parents' point of view it may be less painful to accept the unwanted behaviour of one's children when it can be seen as part of a vast movement by a whole generation rather than as a personal reproach and contempt to particular parents. Those with rebellious children can sympathize with each other about the rotten state of the world, society, and the younger generation, without necessarily feeling that they have failed in the raising of their children. If this leads to fewer parents acting hysterically at the first signs of independence from their children and to fewer parents giving up all attempt to communicate with them, it might be somewhat easier for the children to grow up morally.

부모의 관점에서는 자식의 바람직하지 못한 행동이 어느 특정한 부모에 대한 비난이나 경멸이라기보다는 전체 젊은 세대에 널리 만연된 성향의 일부로 생각하여 그런 행위를 받아들이는 것이 덜 괴로울 수 있다. 반항적인 자식을 둔 부모들은 이 세상과 사회, 세상의 타락상에 서로 공감할 것이며, 자식을 잘 양육하지 못했다는 자책감을 반드시 느낄 필요는 없다. 만약 이러한 것이 자식들이 독립하고자 하는 첫 신호에 예민하게 반응하는 부모의 수를 줄이고, 자식들과 대화해보려는 어떠한 시도도 하지 않는 부모의 수를 줄인다면 자식들의 정신적 성장이 다소 쉬워질 수도 있다.

Notes

* without necessarily feeling that they have failed in the raising of their children.
→ without necessarily feeling that they have failed to raise their children.

Words & Idioms

separate Ⓐ from Ⓑ : Ⓐ와 Ⓑ를 분리하다, 떼어놓다
from Ⓐ's point of view : Ⓐ의 관점[견해, 견지]에서 보면
movement : (세상/사태/시대) 동향, 경향(tendency)
reproach : 비난하다, 나무라다
rebellious : 반항적인, 거부하는
hysterically : 히스테리적인, 병적으로 흥분한, 신경질적으로

15

It is no use being a writer if one has nothing to do with the world in which one is living. The pen can be used for different purposes: for instance, either in support of prevailing tendencies or in opposition to them. But to be effective for any purpose in the writer's own day, the written word must reach the minds and touch the feelings of the writer's contemporaries. If a writer cannot do that, he might as well stow his manuscripts away in a safe, in the hope that, someday, there may be a generation for whom his words will come alive.

작가라고 하는 사람이 자신이 살고 있는 세계와 전혀 관계없다고 한다면 작가라는 것이 아무런 도움도 되지 않는다. 문필(文筆)은 여러 목적으로 이용될 수 있다. 이를테면 지배적인 추세를 지지하는 입장이거나 그에 반대 입장에 있거나 그 어느 쪽에도 이용할 수 있다. 그러나 작가 자신이 살고 있는 시대의 어떤 목적을 위해 효과를 나타내려면 작가의 글이 그와 동시대 사람들의 마음에 전달되어 감동을 주어야 한다. 만일 작가가 이를 할 수 없으면 그 작가는 언젠가 자기가 쓴 글이 되살아날 세대가 나타날 때를 기대하면서 자신의 원고를 금고에 넣어두는 편이 좋을 것이다.

Notes

(a) It is no use being a writer
→ There is no use in being a writer

(b) If a writer cannot do that, he might ~
→ If a writer cannot reach the minds and touch the feelings of his contemporaries, he might ~

(c) he might as well stow his manuscripts away in a safe, ~
→ he might as well stow his manuscripts away in a safe (as publish them), ~

Words & Idioms

has nothing to do with ~ : ~와 관계가 없다
The pen : 문필(文筆), 펜[글]의 힘
in support of ~ : ~을 지지[옹호]하여
prevailing : 지배적인, 일반적인, 유행하는, 만연한
contemporary : (어떤 사람과) 동년배(同年輩), 동시대인(同時代人)
might as well Ⓐ (as Ⓑ) : (Ⓑ하느니) 차라리 Ⓐ하는 편이 낫다
stow : 집어넣다, (가득) 채워 넣다
manuscript : 원고(原稿)
in the hope that ~ : ~을 기대하면서

16

Economic affairs enter into the life of every one of us, the most important economic activity in the life of the ordinary man being the way he earns his living. People earn their living in all sorts of different ways — by manual work, by brainwork, in factories, in offices, and on farms, in dull ways, in interesting ways — but the thing which is common to all ways of earning one's living is the doing of work for which one is paid, doing work and being paid for doing it.

보통 사람의 생활에서 가장 중요한 경제적 활동은 그 사람의 생계를 꾸려가는 중요한 수단이므로 경제 문제는 각자의 생활과 밀접한 관계가 있다. 사람들은 여러 방법, 예를 들면 공장이나 사무실, 농장 등에서 단조로운 방법이나 관심 있는 방법으로 육체적 · 정신적 노동으로 생계를 영위하고 있다. 그러나 생계를 유지하는 방법으로 모두에 공통적인 것은 대가를 받는 일을 한다는 것, 즉 일을 해서 그 대가로 급료를 받는다는 것이다.

Notes

* ~, the most important economic activity in the life of the ordinary man being the way he earns his living.

→ ~, as the most important economic activity in the life of the ordinary man is the way he earns his living.

Words & Idioms

enter into ~ : ~과 관계하다, (문제에) 개입하다, ~에 끼어들다
earn one's living : 생계를 꾸려가다, 밥벌이하다
manual work : 몸[손]으로 하는 일, 육체노동
brain work : 정신[두뇌]노동

17

On taking off the thick brown paper which enveloped it, behold! There was a paint-box, with a great many cakes of paint, and brushes of various sizes. It was the gift of good Mr. Pennington. There were likewise several squares of canvas such as artists use for painting pictures upon, and, in addition to all these treasures, some beautiful engravings of landscapes. These were the first pictures that Ben had ever seen except those of his own drawing.

그것을 싸고 있는 두툼한 갈색 종이를 벗기자, 아니, 이게 뭔가! 엄청나게 많은 그림물감과 크기가 다른 각종 화필(畵筆)이 들어 있는 그림물감 상자가 나왔다. 그것은 인정 많은 페닝턴 씨의 선물이었다. 또 거기에 화가들이 그림을 그릴 때 쓰는 것과 같은 캔버스가 몇 장 들어 있었다. 그리고 이 모든 귀한 것들과 함께 몇 장의 아름다운 풍경 판화도 들어 있었다. 이 그림들은 벤이 자신이 그린 그림 이외에 본 최초의 그림들이었다.

Notes

(a) On taking off the thick brown paper which enveloped it, behold!
→ When he took off the thick brown paper which enveloped it, behold!

(b) those of his own drawing
→ those which he had drawn for himself

Words & Idioms

take ~ off : (~을) 벗기다, 벗다
behold! : (삽입 감탄사) 보라!(look!), 놀랍게도! 참!
paint-box : 그림물감 상자[통]
a cake of paint : 그림물감 한 개
a square of canvas : (정방형의) 캔버스 한 장
likewise : (격식) (~도) 또한(also), 게다가(moreover)
in addition to ~ : ~에 더하여, ~일뿐 아니라(besides)
engraving : 판화(版畵)
landscape : 풍경, 경치, 조망, 전망

18

Impressive though the achievements of Western technological science are, there is no denying that they have been bought at a price, which includes increased nervous strain and destruction of the Earth's natural riches. In the interests of progress, productivity, and the accumulation of wealth, we have exploited our fellow human beings, nature, and the environment for centuries. We are only just waking up to the fact that the exploited can kick back in unexpected ways. Our reaction to the kickback tends to escalate the problem because we always think in terms of more of the same. Our answer to the evils of technology is more and better technology. If rivers are becoming polluted, the solution is, we reason today, to develop stronger, and therefore costlier, anti-pollutants.

서구의 과학기술이 이룩한 업적이 놀랍기는 하지만 그 성과가 신경과로를 증대시키고 지구의 천연자원을 파괴한 대가로 얻어진 것임을 부인할 수 없다. 진보와 생산성, 그리고 부의 축적을 위해 우리는 지난 수세기 동안 우리의 동료인 인간을 비롯해 자연과 환경을 착취해왔다. 우리는 이처럼 착취당해 오던 것들이 예상치 못한 방식으로 보복해 올 수 있다는 것을 이제야 겨우 자각하게 된 것이다. 항상 기존의 방식과 동일한 입장에서 생각하기 때문에 이와 같은 보복에 대한 우리의 대응은 문제를 더 확대시키는 경향이 있다. 과학기술의 해악에 대한 우리의 해답은 양질의 더 많은 기술이다. 만약 강이 오염되고 있다면 그 해결책으로 현재보다 강력하고 고가의 오염방지제를 개발하는 것이라고 오늘날 우리는 판단해버린다.

Notes

(a) Impressive though the achievements of Western technological science are, there is no denying that they have been bought ~
→ Though the achievements of Western technological science are impressive, there is no denying that they have been bought ~

(b) There is no denying that they have been bought at a price, ~
→ It is impossible to deny that they have been bought at a price, ~
→ We cannot deny that they have been bought at a price, ~

Words & Idioms

impressive : (사물, 사물이) 인상적인, 감명[인상] 깊은, 놀라운, 감동적인
there is no ~ing : ~는 할 수 없다
at a price : 상당한 가격으로, 상당한 대가를 치르고, 희생[값]을 치르고
nerve strain : 신경과로, 심기고조(心氣高調) / productivity : 생산성
the accumulation of wealth : 부(富)의 축적 / exploit : 착취하다, 활용하다
wake up to ~ : ~을 깨닫게[의식하게] 되다, ~을 알아차리다
kick back : 복수하다(retaliate), 반동하다(recoil), 돌아오다, 돌려주다
escalate : 확대[고조]하다, 점증(漸增)하다, 높이다 / in terms of ~ : ~의 견지[입장]에서
more of the same : 동일한 것을 더 많이[강하게] 함
reason : (논리적 근거에 의해) 판단하다, 추론[추리]하다 / anti-pollutant : 오염 방지[제거]제

19

'India is a land of contrasts.' 'The old pushing against the new.' So runs the advertisement of every tourists agency! The one thing no average Western visitor ever fails to say, on returning from an Eastern country, is that it offers a continual series of these contrasts between old and new. Actually, I doubt whether the East is any different from the West in this respect. The time has gone by when civilization advanced with a slow enough tread for each new step to be comprehended before the next was taken.

'인도는 새것과 옛것이 대비되는 나라이다' '옛것이 새것을 밀어내고 있다' 여행사들은 한결같이 이런 식으로 광고하고 있다. 서구의 일반 여행객들은 동방의 한 나라로부터 귀국할 때 반드시 하는 말은 이 나라는 새것과 옛것들이 끊임없이 일련의 대비를 보이고 있는 곳이란 것이다. 사실 나는 이러한 점에서 동양이 서양과 어떤 점이 다른지 의구심을 가지고 있다. 새로운 진행 하나하나가 이해되고 나서야 비로소 다음 진행 과정이 시작될 정도로 발걸음을 서서히 옮기면서 진보된 문명시대는 벌써 오래 전에 사라져 버리고 말았다.

Notes

(a) no average Western visitor ever fails to say, ~ (이중부정)

(b) on returning from an Eastern country,
→ when[as soon as] an average Western visitor return from an Eastern country,

(c) a slow enough tread for each new step to be comprehended before the next was taken.
→ such a slow tread that each new step could be comprehend before the next was taken.

Words & Idioms

contrast : 대조(對照), 대비
run : (이야기 · 주장 등의 내용이) (~라고) 되어[나와] 있다. 말하고 있다
tourist agency : 여행업자
a continual series of ~ : 일련의 ~
in this respect : 이러한 (관)점에서
tread : 발걸음, 걸음걸이, 보행
comprehend : (완전히) 이해하다, 파악하다, 깨닫다

20

The question of whether to travel on your own or with a companion is a difficult one. If you are on your own you can go exactly where you like, and you are forced into greater contact with the people around you. But it can be lonely, when there is no one to turn to for support at those moments of depression that strike all travellers from time to time. On the other hand, if you are travelling with a companion you do have someone else's wishes to take into account; also, two people travelling together tend to form a little capsule that screens them off from the outside world. Travelling together for a long time can strain your relationship with your companion, too, so bear in mind before you decide who to go with.

혼자서 여행할 것인가 아니면 동반자와 함께 여행할 것인가의 문제는 그리 간단하지 않다. 혼자서 여행하는 경우 어디라도 자신이 가고 싶은 곳을 갈 수 있지만 아무래도 주위 사람들과 접촉이 많을 수밖에 없다. 그러나 때로는 여행자가 갑자기 우울한 감정에 빠져들 때가 있는데 그때는 의지할 사람이 없는 나 홀로 여행이 외로울 수 있다. 한편, 길동무와 함께 여행하는 경우 그 원하는 사항도 고려해야 하고, 게다가 둘이 함께 여행하는 경우에 자칫 외부 세계로부터 두 사람을 격리시켜버리는 작은 캡슐이 형성되기 쉽다. 또한 장기간 여행을 함께 하고 있으면 동반자와의 관계가 틀어지는 결과도 초래할 수 있으므로 이러한 점을 충분히 명심하여 함께 여행할 사람을 결정해야 한다.

Notes

(a) be forced into greater contact with ~
(어쩔 수 없이 ~와의 접촉이 많을 수밖에 없다)

(b) But it can be lonely, ~
→ But travelling on your own can be lonely, ~

(c) when there is no one to turn to for support at those ~
→ when there is no one to depend on for support at those ~

Words & Idioms

turn to ~ : ~에 의지하다
depression : 의기소침(意氣銷沈), 침울, 우울
take ~ into account : (~을) 참작하다, 고려하다
tend to ~ : ~하는 경향이 있다
screen off from ~ : ~에서 격리[분리 · 차단]하다
strain : 뒤틀리다, 틀어지다
bear in mind : 명심하다, 기억하다

Chapter

Ⅳ

분사구문
(Participle Construction)

01

I have known some careless boys and girls (indeed, I have known it happen to careful people as well) who, having washed their hands and wiped them with a towel, have thrown the towel over the side of the basin, and before long it has drawn all the water out of the basin and carried it to the floor, because it happened to be thrown over the side in such a way as to suck a way as to suck out the water.

나는 다음과 같은 짓을 저지른 조심성 없는 몇몇 소년과 소녀들을 알고 있다. 사실 그런 일은 주의 깊은 어른들에게도 일어나는 일지만 말이다. 그 아이들은 손을 씻고 수건으로 닦은 후에 그 수건을 세면대 옆에 아무렇게나 던져놓는 것이었다. 얼마 지나지 않아 그 수건은 세면대의 물을 모두 빨아들이게 되고 바닥까지 물을 흘러내리게 했다. 왜냐하면 물을 빨아들이도록 수건이 마침 세면대 옆에 던져져 있었기 때문이다.

Notes

(a) who, having washed their hands and wiped ~
→ who, after they washed their hands and wiped ~
(b) before long it has drawn all the water out of ~
→ soon the towel has drawn all the water out of ~

Words & Idioms

careless : 부주의한, 조심성이 없는, 경솔한
as well : 또한, 역시
basin : 세면대, 대야
before long : 오래잖아, 머지않아, 곧(soon) cf. long before: 훨씬 이전에
happen to ~ : 우연히[어쩌다가, 마침] ~하다
in such a way to ~ : ~하는[하기 위한] 방법으로, ~하도록
suck : 빨아들이다

02

Protectionists assume that keeping out 'cheap' foreign textiles would allow U.S. producers to raise prices. But higher prices would reduce sales, raise living costs and production costs, and generally make the U.S. poor. The price increases would't stick in a weakened economy, but imports would decline anyway. Their exports to the U.S. cut, foreigners would have fewer dollars with which to buy U.S. goods or pay debts.

보호무역론자들은 '싸구려' 외국섬유류의 수입을 억제하면 미국 내의 생산업자들이 섬유류 가격을 인상하게 될 것으로 생각하고 있다. 그러나 가격이 더 오르면 판매가 감소되고 생활비와 생산비의 상승을 가져와 전반적으로 미국의 경제가 좋지 않게 될 것이다. 가격 상승은 허약해진 경제 여건에서 장기간 지속되지는 않겠지만 결국 수입은 감소될 것이고, 외국인들로서는 대미(對美)수출이 감소되면 미국 상품을 사거나 부채를 청산할 달러가 한층 더 부족해질 것이다.

Notes

* Their exports to the U.S. (being) cut, foreigners would have ~
→ If there exports to the U.S. were cut, foreigners would have ~

Words & Idioms

protectionist : 보호무역론자(保護貿易論者)
keep out : [제품 등을] 배척하다, 들어오지 못하게 하다
textile : 섬유직물(류)
stick : 고수(固守)하다, 고집[집착]하다, 떠나지 않다, 끝까지 버티다

03

Canadians, Australians, New Zealanders have the same preeminence over the English that the Scotch have long been observed to have. Bred under harder conditions, so that natural selection has greater play, they are better adapted to the struggle for life than are the races of the older civilization. They look upon existence with a less analytic eye, their grosser instincts are more powerful : less civilized than we, less concerned with the graces of life, they are more robust. Their morality, their view of life is directed (unconsciously, of course) to the good of the race rather than to the benefit of the individual ; they produce fewer men of mark, but on the other hand their race-character is stronger and more distinctive.

캐나다 사람, 오스트레일리아 사람, 뉴질랜드 사람은 마치 스코틀랜드 사람이 잉글랜드 사람에 대해서 가지고 있는 것으로 오랫동안 전해져온 것과 동일한 성향의 우월성을 잉글랜드 사람에 대해서 가지고 있다. 그들은 더 어려운 환경에서 낳고 자란 탓으로 자연도태가 더 큰 역할을 하여 더 오랜 문명을 가진 민족들보다 한층 더 생존경쟁에 적합하게 된 것이다. 삶을 그다지 분석적인 시각으로 보지 않는 비교적 그들의 거친 본능은 더욱 우세하다. 우리만큼 발달한 문명을 갖지 못하고 우리만큼 삶을 우아하게 사는데 관심이 적은 그들은 더더욱 다부지다. 물론 무의식적이지만 그들의 도덕성이나 인생관은 개인의 이익보다는 오히려 민족의 이익을 지향하고 있다. 뛰어난 인물을 배출해내는 경우는 적은 반면에 하나의 민족으로서 그들이 가진 성격은 더 한층 강인하고 특별한 면이 있다.

Notes

(a) Bred under harder conditions, so that natural ~
→ As they are bred under harder conditions, so that natural ~

(b) : less civilized than we, less concerned with the graces of life, they are more robust. → : as they are less civilized than we, and as less concerned with the grace the graces of life, they are more robust.

(c) more robust (than we) / fewer men of mark (than we) / stronger and more distinctive (than we)

Words & Idioms

preeminence : 발군(拔群), 탁월, 걸출
bred : breed(낳다, 기르다) (breed-bred-bred)
natural selection : 자연도태(自然淘汰), 자연선택
existence : 생존, 삶, 생활(life) / analytic eye : 분석적 시각[안목]
gross : 막돼먹은, 거친(coarse, crass), (감각이) 둔한(dull)
robust : 강건한, 튼튼한, 건장한 / distinctive : 독특한, 특유의

04

More than 7million Americans live in mobile homes or house trailers. Mobile homes are living quarters built with wheels. They can be moved, but generally they are brought to a site that is intended to be more or less permanent. The wheels being removed, the home is fastened to the ground. Because they cost much less than conventional homes, mobile homes are especially popular among young couples and elderly retired couples. Usually, the mobile home itself is paid for in installments, and the site is rented. Some experts predict that by 1983 about 20million Americans will be living in mobile homes.

700만 이상의 미국인이 이동주택, 즉 하우스트레일러에 살고 있다. 이동주택은 차바퀴가 달린 거처(居處)이다. 이들은 이동시킬 수 있지만 대개 상설용으로 설치된 부지(敷地)로 옮겨진다. 차바퀴는 제거되고 집은 지면에 고정된다. 이동주택은 재래식 주택보다 가격이 훨씬 저렴하기 때문에 특히 젊은 부부나 은퇴한 노부부에게 인기가 높다. 일반적으로 이동주택 자체는 할부로 집값이 지불되고 부지는 임차된다. 1983년까지 약 2,000만의 미국인들이 이동주택에서 생활하게 될 것이라고 예상하는 전문가들도 있다.

Notes

(a) mobile homes or house trailers.
(이동주택, 즉 하우스트레일러 : 이동가옥으로 사용되는 트레일러)

(b) The wheels being removed, the home is fastened to ~
→ When the wheels are removed, the home is fastened to ~

Words & Idioms

living quarters : (선박 · 야영지 등의) 숙박 장소, 거처, 숙소
intended to be permanent : 상설용(常設用)으로 설치된
conventional home : 재래식 주택

05

I take it that in the lower animals misery can result from two causes only — restraint and disease : consequently, that animals in a state of nature are not miserable. They are not hindered nor held back. Whether the animals is migrating, or burying himself in his hibernating nest or den ; or flying from some rapacious enemy, which he may not be able to escape ; or feeding, or sleeping, or fighting, or courting, or incubating, however many days or weeks this process may last — in all things he is obeying the impulse that is strongest in him at the time — he is doing what he wants to do, the one thing that makes him happy. As to disease, it is so rare in wild animals, or in large majority of cases so quickly proves fatal, that, compared with what we call disease in our own species, it is practically non-existent.

하등동물의 불행은 두 가지 원인, 즉 속박과 질병으로 인해 생기고 따라서 자연상태에 있는 동물이 불행하지 않다는 것이 내 생각이다. 자연상태로 있는 동물들은 방해나 억제를 받지 않는다. 동물이 이동하거나, 동면하는 장소나 굴속에 들어가 있거나, 또는 도저히 피하지 못할 포식자(捕食者)로부터 도망치고 있거나, 잠을 자고 있거나 싸우거나, 사랑을 구하고 있거나 알을 품고 있는 등의 과정들이 비록 며칠, 몇 주일이 걸리더라도 동물은 그때그때의 가장 강력한 충동에 따라 이 모든 행위를 한다. 동물은 자기가 하고 싶은 짓, 자기를 즐겁게 해주는 무언가를 하기 마련이다. 질병에 관해 말하자면 야생동물에게 병이란 매우 드물거나 대개의 경우 빨리 죽음에 이르게 되므로 인간에 비해 질병이란 것이 거의 존재하지 않는 것이나 다름없다.

Notes

* so quickly proves fatal, that, compared with what we call disease in our species, it is practically nonexistent.

→ so quickly proves fatal, that, if it is[being] compared with what we call disease in our species, it is practically nonexistent.

Words & Idioms

take it (that) ~ : ~라고 믿다, 생각하다, 이해[양해]하다, 상정[추정]하다
misery : 고통, 불행, 비참, 어려움 / restraint : 규제, 통제, 제지, 구속, 속박, 억제
hinder : 방해하다, 막다, 저해하다 / hold back : 저지하다, 억제하다, 제지하다
migrate : 이주하다, 이동하다 / bury oneself ~ : (~에) 몰두하다, 빠지다[in]
hibernate : 동면(冬眠)하다, 피한(避寒)하다 / den : (야생동물이 사는) 굴, 은신처
rapacious : (동물이) 다른 동물을 잡아먹는(predatory), 포식(捕食)하는, 육식의
court : 구애(求愛)하다, 비위를 맞추다 / incubate : (알을) 품다[까다]
obey in pulse : 충동에 따르다 / in large majority of cases : 보통, 대개
what we call : 이른바, 소위
practically : 사실상, 거의, 실제로, 실질적으로, 실용적으로, 현실적으로

06

I cannot explain the peculiar sympathy she had with my pleasures and desires. Perhaps it was the result of long association with the blind. Added to this she had a wonderful faculty for description. She introduced dry technicalities of science little by little, making every subject so real that I could not help remembering what she taught. We read and studied out of doors, preferring the sunlit woods to the house. All my early lessons have in them the breath of the woods — the fine odour of pine needles, blended with the perfume of wild grapes. Seated in the gracious shade of a wild tulip tree, I learned to think that everything has a lesson and suggestion.

내가 즐거워하는 것이나 바라는 것에 대해 그녀가 이상할 정도로 공감해주는 것에 대해 어떻게 설명할 수는 없다. 아마도 오랜 시간 맹인과 가까이 지내온 결과이리라. 이 뿐만 아니라 그녀는 놀라울 정도의 묘사력을 가지고 있었다. 그녀는 무미건조한 과학의 전문용어를 조금씩 소개해주고 어떠한 주제에 대해서도 매우 실재적(實在的)으로 설명해주었기 때문에 그녀가 가르쳐준 것은 기억하지 않을 수 없었다. 우리는 집보다도 햇볕이 잘 드는 숲에 있기를 좋아했으므로 야외에서 책을 읽거나 공부를 했다. 초창기 나의 학습 모두에는 머루 향기와 어우러진 근사한 솔잎 향기가 나는 숲의 은은한 향내가 풍기고 있다. 야생 튤립나무의 은혜롭기 그지없는 그늘에 앉아 있으면 모든 사물이 어떤 교훈과 시사(示唆)를 던져준다는 사실을 생각하게 되었다.

Notes

(a) ~, making every subject so real that I could not help ~
→ ~, and she made every subject so real that I could not help ~

(b) ~, preferring the sunlit woods to the house.
→ ~, as we preferred the sunlit woods to the house.

(c) Seated in the gracious shade of a wild tulip tree, I learned to ~
→ When I was[Being] seated in the gracious shade of a wild tulip tree, I learned to ~

Words & Idioms

the peculiar sympathy : 이상할[특이할] 정도까지의 공감
association : 교제, 친밀(한 관계)
added to this : 이에 덧붙여, 그 뿐이랴(in addition to this)
faculty : (기관 · 정신의) 능력, 기능(function), 재능
description : 기술(記述), 묘사, 서술(account) / technicality : 전문어, 학술어
little by little : 조금씩, 천천히, 서서히 / out of door : 야외에서
prefer Ⓐ to Ⓑ : Ⓑ보다도 (오히려) Ⓐ를 좋아하다[선택하다]
sunlit : 햇빛에 쬐인, 햇빛이 드는, 희망에 찬 / blend with : (~와) 섞이다
gracious : 친절한, 인자하신, 자비로우신 / suggestion : 암시, 시사(示唆), 연상
learn to ~ : 생각하게 되다, 알게 되다

07

Cats have the credit of being more worldly wise than dogs — of looking more after their own interests and being less blindly devoted to those of their friends. And we men and women are naturally shocked at such selfishness. Cats certainly do love a family that has a carpet in the kitchen more than a family that has not. But, taken all together, cats are libelled. Make a friend of one, and she will stick to you through thick and thin. I had a cat once that used to sit up for me when I was late home, and meet me in the passage.

고양이는 개에 비하여 세상 물정에 좀 더 밝다. 즉 개보다는 자신의 이익을 더 챙기면서 개만큼 맹목적으로 친구들의 이익에 열을 올리지 않는다는 평이 있다. 우리 인간이 이런 이기적인 태도에 대해 놀라움을 느끼는 것은 당연한 일이다. 고양이는 주방에 양탄자가 깔려 있지 않은 가정보다는 양탄자가 있는 곳을 더 좋아한다. 그러나 모든 점에서 미루어 볼 때 고양이는 억울하게 그 명예를 훼손당하고 있다는 것이다. 고양이와 친구가 되어주면 무슨 일이 있어도 사람에게 충성을 바칠 것이다. 나는 한때 고양이 한 마리를 길렀는데 내가 늦게 귀가할 때면 자지 않고 기다리고 있다가 복도에서 나를 맞아주곤 하였다.

Notes

(a) Cats have the credit of being more worldly wise ~
→ People give cats the credit of being more worldly wise ~

(b) But, taken all together, cats are libelled.
→ But, if they are taken all together, cats are libelled.

Words & Idioms

credit : 신용, 명성, 평판, 명예, 칭찬
worldly wise : 세상 물정에 밝은, 처세에 능한
look after : 보살피다, 돌보다, ~을 지켜보다
blindly devote : 맹목적으로 헌신하다[바치다, 몰두하다]
taken all together : 모든 것을 종합해서 생각해 보면, 대체로
libel : 명예훼손, 중상, 중상(모략)하다, 비방하다
stick to : 굳게 지키다, (방침을) 고수하다
through thick and thin : 만난(萬難)을 무릅쓰고, 물불을 가리지 않고, 좋을 때나 안 좋을 때나 [어떤 고난이 있어도]

08

Now for the last two days, the rains on this lower course of the river had been unceasing, so that with their heads bent down the old men talked of sixty years ago, when the same sort of weather in the autumn brought on the great floods, which swept away the bridge and reduced the town to great misery. But the younger generations, having seen several small floods, shook their heads and thought lightly of these gloomy memories and prophecies.

그런데 지난 이틀간 강의 하류인 이 지역에는 비가 끊임없이 쏟아졌었다. 그래서 노인들은 고개를 숙인 채 60년 전에 일어났던 이야기를 하였다. 때는 가을 무렵으로 지금과 같은 날씨였었다. 큰 홍수가 나서 다리는 떠내려가고 마을은 엄청나게 비참한 상태가 되었던 것이다. 그러나 젊은이들은 몇 차례의 작은 홍수를 겪었던 탓으로 그 정도로 심한 사태는 벌어지지 않을 것이라고 고개를 가로저으면서 노인들의 그와 같은 우울한 추억이나 예언을 대수롭지 않게 생각하였다.

Notes

(a) with their heads bent down : (부대상황 구문 : 'with+목적어+과거분사')

(b) But the younger generation, having seen several small floods, shook their heads and thought lightly of ~
→ But the younger generation, as they had seen several small floods, shook their heads and thought lightly of ~

Words & Idioms

unceasing : 끊임없는, 쉴 새 없는, 부단한
bring on ~ : ~일으키다, 초래하다
sweep away ~ : ~을 휩쓸다, 일소하다
reduce : ~을 (좋지 않은 상태로) 떨어뜨리다(lower), ~이 되게[하게] 만들다
shake one's head : 고개를 가로젓다 (부정(否定), 실망, 비난의 경우)
gloomy : 우울한, 어두운
prophecy : 예언(능력)

09

I did my best to overcome my faults — careless dressing, over-eagerness, a certain offensive air of being too good for what was being offered. I became tidy, polite, humble. But the outcome of the interviews was still the same. So I decided to try arrogance. I went into the interview room with my hair deliberately unbrushed, my shoe races untied, the zipper on my trousers left half-way down. I sneered at the well-dressed, expressionless opponent across the desk, and told him what was wrong with his firm.

나는 내 결점인 조심성 없는 옷매무새라든지 지나친 열의(熱意), 주어진 일에 대해 너무 잘난 척하는 약간의 무례한 태도 등을 극복해 보려고 최선을 다했다. 나는 단정하고 예의 바르고 겸손해졌다. 그러나 면접의 결과는 여전히 마찬가지였다. 그래서 건방진 태도를 취해보기로 작정했다. 일부러 머리도 빗지 않고 구두끈도 매지 않았으며, 바지의 지퍼도 반쯤 올리지 않은 채로 면접실로 들어갔다. 탁자 건너편에 잘 차려입고 아무 표정도 없이 앉아 있는 면접관에게 냉소를 띄우며 회사에 무슨 좋지 않은 일이라도 생겼는지 하고 말을 걸었다.

Notes

* I went into the interview room with my hair deliberately unbrushed, my shoe-laces untied, the zipper on my trousers left half-way down.
(with hair[shoe-laces / zipper] unbrushed[untied / left] : 부대상황 구문)

Words & Idioms

careless dressing : 부주의한 옷 입기[의상(衣裳)]
over-eagerness : 과도한 열심[열망, 열의]
offensive air : 모욕적인[불쾌한, 공격적인] 태도
tidy : (모양새가) 깔끔한, 잘 정돈된
outcome : 결과, 성과, 소산
arrogance : 거만, 오만, 불손
deliberately : 고의로, 일부러, 신중히, 유유자적하며
left half-way down : 반쯤 올리지[잠그지] 않은 채
sneer : 냉소[조소]하다
opponent : 상대(방)

10

Many Americans hind silence uncomfortable. They will talk on to fill any questions if it extends for more than a moment. Students study with their radios turned on ; housewives leave televisions on for the "companionships" of sound even though they may be working in some other room. If you are silent for long periods, they will do their best to "draw you out" or will ask if you feel all right or if there is anything they can do to help you. One aspect of silence can be confusing, however : if Americans disagree with that you are saying, many of them will remain quiet. This may not indicate agreement ; often it only means that they consider it impolite to argue further.

미국 사람 중에는 침묵을 기분 좋지 않게 느끼는 사람들이 많다. 그들은 말이 없는 상태가 잠시라도 계속되면 이를 벌충하기 위해 계속 말을 한다. 학생은 라디오를 틀어놓은 채로 공부하고, 주부는 다른 방에서 일하고 있으면서도 소리와의 '교제'를 가지려고 텔레비전을 켜놓고 있다. 만약 당신이 오랫동안 침묵하고 있으면 그들은 최선을 다해 당신이 무슨 말이라도 하도록 애를 쓰거나 혹시 기분이 좋지 않은가, 아니면 무슨 도울 일이라도 있는지를 묻곤 한다. 그러나 침묵에는 매우 혼란스러운 면이 있다. 왜냐하면 미국 사람들은 만일 당신의 말에 대해 동의하지 않을 경우에는 아무 말도 없이 잠자코 있는 사람이 많기 때문이다. 잠자코 있다고 해서 꼭 동의한다는 것을 의미하는 것은 아니고 단지 그 이상 논의하는 것이 실례라는 생각을 의미하는 경우가 적지 않다.

Notes

(a) Students study with their radios turned on ; (부대상황 구문)
(b) they will do their best to "draw you out" ~
→ they will do their best to make you break your silence ~

Words & Idioms

companionship : 교우관계, 교제(交際)
aspect : (문제 등의) 면(面), 방면
confusing : 혼란시키는, 당황케 하는
indicate : (~을) 의미하다, 표시하다, 나타내다
impolite : 무례한, 버릇없는, 실례되는 (ill-mannered)

11

The most beautiful thing we can experience is the mysterious. It is the source of all true art and science. He to whom this emotion is a stranger, who can no longer pause to wonder and stand rapt in awe, is as good as dead; his eyes are closed. This insight into the mystery of life, coupled though it be with fear, has also given rise to religion. To know that what is impenetrable to us really exists, manifesting itself as the highest wisdom and the most radiant beauty which our dull faculties can comprehend only in their most primitive forms — this knowledge, this feeling, is at the centre of true religiousness. In this sense, and in this sense only, I belong in the ranks of devoutly religious men.

우리가 경험할 수 있는 가장 아름다운 것은 신비감이다. 신비감이야말로 모든 참다운 예술과 과학의 원천이다. 이런 감정을 별로 느껴보지 못하는 사람, 잠시 멈춰서 경이로움을 느끼고, 경외심으로 황홀감에 사로잡히는 일을 더 이상 할 수 없는 사람은 죽은 거나 마찬가지이다. 그런 사람의 눈은 감겨 있기 때문이다. 이와 같이 외경의 마음과 더불어 인생의 신비를 들여다보는 통찰력이 또한 종교를 낳게 한다. 우리가 이해할 수 없는 것이 존재한다는 것, 우리의 우둔한 능력을 가지고서는 가장 원시적인 형태로 밖에 헤아릴 수 없는 최고의 지혜와 가장 눈부신 아름다움으로 시현(示現)된다는 사실을 안다는 것 — 이러한 지식, 이러한 감정이 참다운 신앙심의 핵심이다. 이러한 의미에서, 오로지 이러한 의미에 있어서만 나는 신앙심이 깊은 사람들의 대열에 속한다.

Notes

(a) He to whom this emotion is a stranger, who can no longer ~
→ He who is a stranger to this emotion, who can no longer ~

(b) ~ of life, coupled though it be with fear, has also given ~
→ ~ of life, although it may be linked with fear, has also given ~

(c) what is impenetrable to us really exists, manifesting itself ~
→ what is impenetrable to us really exists, and manifests[shows] itself ~

Words & Idioms

be a stranger to ~ : ~에 익숙하지 않다, ~을 별로 겪어보지 못하다, ~을 모르다(be unacquainted with ~)
the mysterious : 신비감(神秘感) / stand rapt in awe : 경외감 속에 황홀해지다
as good as ~ : ~과 같은, ~과 다름없는 / insight : 통찰력, 식견, 이해
coupled with ~ : ~와 더불어, 겹쳐, 관련한(mixed with)
give rise to : (불러) 일으키다, 낳다(produce)
impenetrable : 불가해(不可解)한, 헤아릴 수 없는
manifest itself : 나타나다 (shows itself) / radiant : 눈부신, 빛나는
religiousness : 종교적임, 독실함, 종교심(religious attitude)
ranks : 대열(隊列) / devoutly : 독실하게, 경건하게, 믿음 깊이

12

Abandoning thoughts of college, Cooke helped his family by selling encyclopedias. As he peddled his books, Cooke learned about the power of the words. He saw a world made up of people selling themselves — ideas, causes, business deals — and realized that words, precisely used, were the greatest salesman. Using them brilliantly, he sold a lot of encyclopedias, then soap, then an idea for a chain of newspapers and radio stations.

쿡은 대학 진학의 생각을 접고 백과사전을 팔아서 가족을 도왔다. 그는 서적 외판원을 하면서 말의 위력을 알게 되었다. 이 세상이 자기를 파는 사람들, 다시 말해서 자신의 생각이나 명분, 사업거래 따위를 파는 사람들로 구성되어 있는 것을 보았고, 말이란 것이 정확하게만 사용되면 가장 위대한 세일즈맨이 된다는 것을 깨달았다. 재치 넘치는 말을 구사함으로써 그는 많은 양의 백과사전을 판매하였고, 그 다음으로는 신문사와 라디오 방송국 네트워크에 아이디어를 판매하였다.

Notes

(a) Abandoning thoughts of college, Cooke helped his family by ~
→ After he abandoned thoughts of college, he helped his family by ~

(b) — and realized that words, precisely used, were the greatest ~
→ He realized that words, if they were precisely used, were the greatest ~

(c) Using them brilliantly, he sold a lot of encyclopedias, then ~
→ By using them brilliantly, he sold a lot of encyclopedias, then ~

Words & Idioms

peddle : 행상하다, 소매하다
made up of ~ : ~로 구성된
a business deal : 사업거래
cause : (정치 · 사회적 운동) 조직, 대의명분, 이상(理想), 주장
precisely : 바로, 정확히(exactly)
brilliantly : 훌륭히, 재기가 넘쳐
a chain of : 연쇄, 일련(一連), (방송의) 네트워크

13

Why we were born? That's a very interesting question, and I'm not sure I can answer it myself. But I know what my brother, the climber, thinks. When we take, he said to me once, the life of the individual, with its tiny circumscribed area in space and time, and measure it against the geological epochs, the gigantic movements of history and the immensity of the universe, we are forced, I think, to the conclusion that, taking the large view, the life of the individual has no real existence or importance apart from the great whole; that he is here indeed but to serve for his brief moment his community, his race, his planets, his universe; and then, passing on the torch of life undiminished to others, his little task accomplished, to die and be forgotten.

우리는 왜 태어난 것일까? 이런 질문은 매우 흥미롭지만 나로선 이에 대해 답변할 자신이 없다. 하지만 등산가인 내 동생의 생각이 어떤지는 알고 있다. 그는 언젠가 나에게 이렇게 말한 적이 있다. 시간적으로나 공간적으로 제한된 작은 범주에서 살아야 하는 개인의 일생을 들어 이를 지질시대, 거대한 역사의 변혁, 광대한 우주 등에 견주어 본다면 다음과 같은 결론에 이르지 않을 수 없다는 것이다. 거시적 견지에서 보아 개인의 일생은 거대한 전체로부터 분리되어서는 그 진정한 존재나 중요성의 의미가 없다는 것이다. 또한 실제로 개인이 이 세상에 존재하는 것은 오로지 그 짧은 일생동안 공동체와 종족을 비롯해 자신이 살고 있는 지구 및 우주를 위해 봉사하고 그 생명의 횃불을 소멸시키지 않고 다른 사람[후대]에게 넘겨주어 자신의 작은 소임을 완수하고 죽음을 맞이한 후에 망각의 세계로 사라진다는 것이다.

Notes

(a) ~, passing on the torch of life undiminished to others, his ~
→ and he passes on the torch of life undiminished to others his ~

(b) ~, his little task accomplished, to die and be forgotten.
→ ~, his little task being accomplished, to die and be forgotten.
→ ~, after his little task was accomplished, to die and be forgotten.

Words & Idioms

climber : 등산가
circumscribe : (~을) 제한하다, 억제하다(restrict), (~의) 경계[범위]를 정하다
measure Ⓐ against Ⓑ : Ⓐ를 Ⓑ와 비교하다[비교하여 판단하다]
the geographical epochs : 지질시대(地質時代) (geographical time : 지구에 지각이 생기면서부터 현재에 이르기까지의 시대)
gigantic : 거대한 / immensity : 광대, 거대, 막대
be forced to ~ : 강요당하다(be compelled to), ~해야 한다(must)
take a large view : 대국적[거시적]으로 생각하다
apart from ~ : ~를 제외하고, ~를 별문제로 하고, ~와 분리하여

14

Listening to this composition played by the orchestra, you hear the great locomotive puffing steam, the slow thumping of its pistons, the creak and rattle of the cars. You hear it getting started, beginning to roll. You feel the power of the great engine, the excitement as it gathers speed. When it races at last along the rails and across the country, you feel the space and distance of the miles it travel. Honegger's music makes you feel the same wonder and admiration that the composer himself felt for the powerful, big locomotive. But the composer has given you these feelings, not just by repeating the noises a train makes. Having expressed them in the melodies he made out of the sounds and rhythms that trains brought to his mind, he shaped the train's sounds and his ideas about them into a fine musical composition, in order to share his feelings about trains with all of us.

이 곡이 오케스트라에 의해 연주되는 것을 듣고 있으면 커다란 증기기관차가 증기를 푹푹 내뿜는 소리, 천천히 움직이는 피스톤의 둔탁한 소리, 객차의 삐걱거리고 덜컹거리는 소리가 들려온다. 먼저 기관차가 움직이기 시작하고 굴러가는 소리가 들리기 시작한다. 속도가 붙어감에 따라 거대한 엔진의 힘과 흥분을 느낀다. 마지막으로 선로를 따라 시골을 가로질러 질주할 때 기차가 달리는 수 마일의 공간과 거리를 느낀다. 호네거가 작곡한 곡은 강력하고 커다란 기관차에 대해 느꼈던 작곡가 자신의 감정과 마찬가지로 우리에게 감탄과 찬미를 느끼게 해준다. 그러나 작곡가는 단지 기차가 내는 소음을 되풀이하는 것만으로 이런 느낌을 갖게 하는 것은 아니다. 그는 그러한 느낌을 기차가 자신의 마음 속에 전해준 소리와 리듬으로부터 만들어낸 멜로디로 표현하여 자신이 기차에 대해서 느꼈던 감정을 모두가 느낄 수 있도록 기차의 소리와 그 소리에 대한 자신의 생각을 하나의 훌륭한 음악작품으로 만들어낸 것이다.

Notes

* Listening to this composition played by the orchestra, ~
→ If[When] you listen to this composition played by the orchestra, ~

Words & Idioms

composer : 작곡가
locomotive : 기관차
puff : 훅 불기, 한 번 휙 불기
thump : (탁) 치다, 때리다 / creak : 삐걱거리는 소리(를 내며 움직이다)
rattle : 덜컹거리는 소리 / race : 질주하다, 달리다
shape Ⓐ into Ⓑ : Ⓐ를 Ⓑ의 형태로 만들다[구체화하다]
share Ⓐ with Ⓑ : Ⓐ를 Ⓑ와 서로 나누다

15

If there is one noble idea to warm people's hearts, it is Freedom. Utter that word and people's eyes become moist. For freedom men will fight ; for freedom men will fight ; for freedom they are ready to sacrifice their lives. Millions have died for it — and most of them were cheated. Their deaths (with very few exceptions) achieved nothing. Often they contributed to the very opposite of what hoped for. And when a group, a clan, a tribe, a class, a nation happens to fight for a just cause, victory does not necessarily mean victory of justice. As soon as the battle is won, attitudes change. The victors start defending their newly gained privileges against their former allies, who can become worse off than ever before. The oppressed of yesterday become the new oppressors — as convinced of their natural, often divine, rights as their former oppressors used to be.

사람의 마음을 훈훈하게 해주는 고결한 생각이 하나 있다면 그것은 '자유'라는 것이다. '자유'라고 말해보라. 그러면 눈시울이 촉촉이 젖어올 것이다. 자유를 쟁취하기 위해 사람들은 싸울 것이고, 자유를 수호하기 위해 기꺼이 목숨을 바칠 것이다. 수많은 사람이 자유를 위해 목숨을 잃었지만 그들 대부분은 기만당하고 말았다. 극소수의 예외는 있었지만 그들이 죽음으로써 얻은 것은 아무 것도 없었다. 때로는 자신들이 바라던 바와 정반대의 결과에 기여하기도 했다. 또한 어떤 집단, 어떤 부족, 어떤 종족, 어떤 국가가 정의로운 명분을 내세워 투쟁하게 되는 경우에도 승리가 반드시 정의로운 승리를 의미하는 것은 아니다. 싸움에서 승리하자마자 태도가 달라진다. 승리자는 지난날의 우방에 대항하여 자신이 새로이 장악한 특권을 지키기 시작한다. 동맹국은 이전보다 형편이 더 악화될 수도 있다. 지난날의 피압박자들은 새로운 억압자가 되며 지난날의 억압자들이 그랬던 것처럼 자신에게 주어진 흔히 신성하기까지 하다는 천부(天賦)의 권리를 확신하게 된다.

Notes

* The oppressed of yesterday become the new oppressors — as convinced of their natural, often divine, ~

→ The oppressed of yesterday become the new oppressors, and they are as convinced of their natural, often divine, ~

Words & Idioms

utter : 말하다, (소리를) 내지르다 / clan : 씨족, 문중, 일족
ally : 동맹국, 우방(友邦) / worse off : 더욱 더 궁색한, 형편이 더 나빠지는
the oppressed : 피압박자(被壓迫者)들 ↔ oppressor
divine : 신(神)의, 신성한
as ~ as used to be : 전에 그랬던 것처럼 ~한

Chapter

V

부정구문(Negation)

01

There has always been some form of education but there have not always been schools. Four hundred years ago, few people in England went to school or learnt to read and write. But this lack of literacy does not mean the people were uneducated. In some ways they were better educated than their descendants today. The peasant in the village learnt the arts and skills of farming, together with much traditional wisdom about the earth and sky and living things.

어떤 형태로든 교육은 항상 있어 왔지만 학교라는 것이 반드시 있었던 것은 아니다. 400년 전에 영국에서 학교에 다니거나 글을 읽고 쓰기를 배운 사람은 거의 없었다. 그러나 이처럼 읽기와 쓰기를 할 수 없다고 해서 사람들이 교양이 없었다는 뜻은 아니다. 어떤 점에서는 그들이 오늘날 그들의 후손들보다도 더 나은 교양을 갖추고 있었다. 마을의 농부는 대지(大地)와 하늘과 생물에 대해 수많은 전통적인 지혜와 함께 농업의 기술과 기능을 배웠다.

Notes

(a) always / all / every 등이 포함된 부정문은 '반드시[전부가] ~라고는 할 수 없다'라는 부분부정의 뜻

(b) few / little / hardly / seldom 등은 '거의[대부분] ~아니다'

Words & Idioms

literacy : 읽고 쓰는 능력, 읽고 쓸 줄 앎, 교양이 있음
uneducated : 교육을 받지 않은, 교양이 없는
descendant : 자손, 후손
peasant : 소작인, 농부
together with ~ : ~와[과] 함께

02

There are people who will exchange hats. Now that is unpardonable. That goes outside that dim borderland of conscience where honesty and dishonesty dissemble. No one can put a strange hat on without being aware of the fact. Yet it is done. I once hung a silk hat up in the smoking-room of the House of Commons. When I wanted it, it was gone. And there was no silk hat left in its place.

흔히 자기 모자와 다른 모자를 바꿔 쓰는 사람이 있다. 그런데 그런 행위는 용서할 수 없는 일이다. 그것은 정직이라고도 정직하지 못함이라고도 판연(判然)하지 않은 양심의 그 모호한 경계를 넘고 있다. 누구라도 익숙하지 않은 모자를 쓰게 되면 그 사실을 바로 알아차리게 될 터이다. 그런데도 그런 잘못이 벌어진다. 나는 언젠가 하원의 흡연실에 실크해트 모자를 걸어둔 적이 있다. 그 모자를 쓰려고 보니 없어진 것이 아닌가. 더구나 그 대신 어떤 실크해트도 남아 있지 않았다.

Notes

(a) Now that → Now, that (that은 지시대명사로 앞 문장의 내용. 접속사 now that(~이므로)이 아님)

(b) No one can put a strange hat on without being aware of the fact.
→ One cannot put a strange hat on without being aware of the fact.

Words & Idioms

unpardonable : 용서할 수 없는
borderland : 경계지, 분기점, (비유적) 어중간한 상태
conscience : 양심, 도의심, 도덕관념
dissemble : (감정 따위를) 속이다, 숨기다, 가장하다, 시치미 떼다, 꾸미다
be aware of ~ : ~을 알아차리다, ~을 알다
House of Commons : (영국의) 하원 ↔ House of Lord
in its place : 그것(나의 실크해트) 대신에
silk hat : 실크해트

03

Learn to concentrate as early in life as possible. Concentration is the ability to keep your thoughts and attention on one thing until you know it thoroughly. It is a habit that you must possess if you are really to succeed. I can't emphasize the importance of this too strongly. It could be the difference between your being a most successful man and an ordinary one.

가능하면 인생의 이른 시기에 정신을 집중하는 법을 익히는 것이 좋다. 정신 집중은 어떤 한 가지 일에 대해 완벽하게 알게 될 때까지 그 일에 대한 생각과 주의력을 집중시키는 능력이다. 정신 집중은 정녕 성공하기를 바라는 사람이라면 반드시 가져야 할 습성이다. 그 중요성은 아무리 강조해도 지나치지 않는다. 그것은 크게 성공한 사람인가 아니면 평범한 사람인가를 구분하는 차이점이 될 수 있다.

Notes

* can't ~ too Ⓐ → '~ 아무리 Ⓐ (형용사/부사)해도 지나치지 않다
(can't ~ Ⓐ enough)

Words & Idioms

as ~ as possible : 가급적 ~, 가능한 한 ~
concentrate : (정신을) 집중시키다, 전념하다
thoroughly : 철저히, 완벽하게, 완전히
keep Ⓐ on Ⓑ : Ⓑ에 Ⓐ를 집중하다
a most successful man : 크게 성공한 사람(a very successful man)

04

Many women were attracted by the chance to escape from the drudgery of farm life and to earn money, which might be used to help the family, or to improve their own material circumstances. Despite their twelve-hour day and seventy-hour work week, many of them found time and energy to form study groups, publish a literary magazine, and attend lectures given by famous intellectuals of the time, Foreign travelers were almost universally charmed by the arrangement. It was hardly a romantic existence, but few if any of the young women saw their work as a lifetime career. It was, rather, at worst a temporary burden, at best a preparation for life or an exciting prelude before setting into the routine of domestic life as housewives.

농촌의 고된 일에서 벗어나 돈을 벌어서 가족을 도울 수 있고 물질적인 형편도 더 나아질 기회에 마음이 끌린 여성들이 많았다. 하루 12시간, 1주일 70시간씩 노동을 하면서도 그 중에는 스터디 그룹을 만들거나 문학잡지를 발행하기도 하고, 유명한 당대의 식자(識者)들이 하는 강의에 참석하는 데 시간과 노력을 쏟는 사람들도 적지 않았다. 그것이 낭만적이라고 할만한 그런 생활은 아니었다. 그런데 젊은 여성 중에는 설령 있다 해도 극소수만이 자신의 일을 평생의 직업으로 생각했다. 오히려 그것은 아무리 나빠도 일시적인 고생이고 아무리 좋아도 생활의 대비책이거나 주부로서 일상적인 가정생활을 시작하기 전의 흥미진진한 전주곡에 지나지 않았다.

Notes

* few, little, seldom, scarcely 등에 if any, if ever, if anything, if at all 등이 삽입되어 부정의 의미 강조 → '(설령 있다고 해도) 극히 적은'

Words & Idioms

drudgery : 천한[싫은 지겨운, 힘든] 일, 고역(苦役)
literary magazine : 문학잡지
intellectual : 지식인, 지성인, 인텔리
universally : 널리, 일반적으로, 보편적으로, 누구에서나
a romantic existence : 낭만적인 생활
at (the[one's]) worst : 최악의 경우, 아무리 나빠도
at best : 아무리 낙관하여도, 아무리 좋아도
prelude : 서곡, 전주곡
set into[in] ~ : ~을 시작하다

05

It had been a year almost to the day since Dick had left. He had not left because she'd gotten fat (as she liked to think sometimes). No, this man had had one foot out the door ever since he'd gotten his doctorate in biology — the degree Sulka had given him, in a way, by working to support him as he swung triumphantly through graduate school. In addition to working full time as a secretary she had typed on the side, weekends, and had held off having kids so Dick could get himself established.

딕이 떠나고 나서 정확히 거의 1년이 지났다. 그녀는 가끔 그렇게 생각하고 싶어 했는데, 그녀가 살이 쪄기 때문에 그가 떠난 것은 아니었다. 아니, 이 남자는 생물학으로 박사학위를 취득한 후로 줄곧 별거나 다름없는 생활을 해왔었다. 그 학위는 어떤 의미에서 그가 대학원을 의기양양하게 졸업할 수 있도록 뒷받침하기 위해 설카가 일을 해서 그에게 준 것이나 다름없었다. 그녀는 전업(專業) 비서로 일했을 뿐 아니라 주말에는 부업으로 타이프도 쳤다. 그리고 딕이 학업에 전념할 수 있도록 아이를 갖는 것도 뒤로 미뤘었다.

Notes

(a) ~ not Ⓐ because Ⓑ : Ⓑ라고 해서 Ⓐ하는 것은 아니다
(b) had one foot out the door : '문 밖으로 한쪽 발을 내딛었다'
→ '아내와는 거의 별거생활을 하였다'
(c) so (that) Dick could get himself established.

Words & Idioms

a year almost to the day : 거의 정확히 1년
doctorate in biology : 생물학 박사
degree : 학위(學位)
in away : 어느 의미에서
swing : (구어) 잘 처리하다, 성공시키다
triumphantly : 의기양양(意氣揚揚)하여, 의기양양하게
graduate school : 대학원
in addition to ~ : ~뿐 아니라, ~에 더하여, ~이외에도, 게다가
on the side : 부업으로, 덤으로
hold off ~ : ~을 연기하다, 막다, 미루다
get himself established : 전념하다

06

Some of the practical jokes made on April Fool's Day cannot be blamed on children. Their victims are of all types and ages — other children, parents, schoolteachers, tradesmen, friends, or any one else unwary enough to fall into their well-laid traps. Most of their tricks are far from original, and many have been used so often that they have now become traditional, yet they succeed again and again, and will probably go on doing so for a long time to come.

'만우절[4월 바보날]'에 벌어지는 장난 중에는 장난을 치는 아이들을 나무랄 수 없는 것도 있다. 장난에 골탕을 먹게 되는 대상에는 모든 형태와 연령대의 사람들, 즉 다른 아이들이나 부모, 선생, 상인, 친구, 기타 방심하여 아이들이 교묘하게 쳐놓은 올가미에 걸려드는 사람이라면 누구라도 포함된다. 아이들의 장난 대부분 독창적인 것은 찾아보기 어렵고 너무 자주 써먹어 왔기 때문에 오늘날에 와서는 관습적인 것으로 되어버린 것이 많지만 그래도 되풀이해서 성공을 거두고 있고, 아마 앞으로도 오래도록 그 성공이 계속될 것이다.

Notes

* unwary enough to fall into ~ : '~에 빠질 정도로 충분히 부주의한'
→ '방심하여 ~에 걸려들다'

Words & Idioms

practical joke : (죄의식이 없는) 가벼운 장난, 짓궂은 장난
blame on ~ : ~에게 책임을 지게 하다, ~의 탓으로 돌리다
victim : (속임수를 당한) 피해자, 희생자
unwary : 주의[경계]를 게을리하는, 부주의한, 방심하는
well-laid : 교묘한, 충분히 검토된, 설계가 잘된
far from ~ : 결코[전혀] ~하지 않다, 오히려 ~와 반대이다

07

A pet theory of mine is that things should be seen from a distance — never close, but always from a distance. Seen close, things have a way of showing their defects, their innate ugliness. For nothing is so beautiful but it betrays some defect on close inspection. Seen from a distance, however, their defects disappear and only their charm remains.

나의 지론은 사물은 조금 거리를 두고 보아야 한다는 것이다. 다시 말해 가까이서 보지 말고 항상 조금 떨어진 곳에서 보아야 한다는 것이다. 가까이에서 보면 그것들의 약점이나 본질적인 추함을 볼 수 있기 마련이다. 그 이유는 사물을 정밀하게 관찰했을 때 결점이 드러나지 않을 정도로 그렇게 아름다운 것은 없기 때문이다. 하지만 거리를 두고 볼 경우에는 결점이 보이지 않고 오로지 그 매력만 있게 된다.

Notes

(a) Seen close, things have a way of showing ~
→ When they are seen close, things have a way of showing ~
(b) Seen from a distance, however, their defects ~
→ When they are seen from a distance, however, their defects ~
(c) For nothing so beautiful but it betrays some defect on ~
→ For nothing beautiful that it does not betray some defect on ~

Words & Idioms

a pet theory : 지론(持論)
defect : 결함, 결점, 단점, 약점, 흠
innate ugliness : 타고난 추악함, 본질적인 추(醜)함
betray : (정보, 감정 등을) 무심코 노출시키다[드러내다]
close inspection : 정밀검사, 세밀한 조사

08

Human beings, unlike animals, can perceive a problem at the start and formulate a plan of attack. Their movements, though they amy follow the trial-and-error method, are directed more surely to the goal. But, like animals, human beings learn by doing. A man can learn to use a hammer without any instruction whatever, although instruction may speed up his progress toward skill. Human superiority depends on observing as well as doing ; few if any animals are capable of true observation prior to performing an act. An animal cannot benefit by watching another animal perform a trick, but a human being readily profits by example.

인간은 동물과 달리 처음부터 어떤 문제를 감지하고 착수계획을 세울 수 있다. 인간은 시행착오의 방식을 따를 수도 있지만 그 행동은 동물보다 확실히 더 목표를 향하고 있다. 그러나 동물과 마찬가지로 인간도 실행함으로써 배운다. 인간은 전혀 배우지 않고도 해머의 사용 방법을 알 수 있다. 배우게 되면 그 숙련의 발전 속도는 훨씬 빨라지겠지만 인간이 뛰어나다는 것은 실행하는 것과 마찬가지로 관찰하는 것이 가능하기 때문이다. 어떤 행위를 행동으로 옮기기에 앞서 그것을 정확히 관찰할 수 있는 동물은 거의 찾아볼 수 없다. 동물은 다른 동물이 잘 해내는 것을 지켜보아도 별로 얻는 것이 없지만 인간은 본보기를 보게 되면 그것을 곧바로 이용할 수 있다.

Notes

(a) ~, are directed more surely to the goal (than animals' movements).
(b) few if (they did) any animals are capable of ~
→ few if any : few의 강조

Words & Idioms

perceive : 감지[인지]하다
formulate : (세심히, 명확히) 만들어내다, 정하다, 마련하다
attack : (일의) 개시, 착수
trial-and-error : 시행착오(試行錯誤) (실패를 거듭하면서 점차 바르게 해결해 가는 것)
instruction : 가르침[교육], 설명, 방법
skill : 솜씨, 기능, 기량, 숙련
superiority : 우월, 우수
perform a trick : 손으로 요술을 부리다, 솜씨 있게 해내다
readily : 즉시, 쉽사리

09

Even before the oil crisis, American automobile manufacturers were committed to building smaller new cars, as part of a program of energy conservation. All new cars, too, are built so that they can only take unleaded gas. Some of the most dangerous pollutant are being removed from the air in American cities. It remains to be seen, however, if the American automobile industry will ever again regain former glory.

석유 위기가 도래하기 전에도 미국의 자동차 제조업자들은 에너지 절약 계획의 일환으로 보다 소형의 신차를 만드는 데 힘을 쏟았다. 또한 모든 신차는 무연 휘발유만을 사용하도록 제작되었다. 가장 위험한 오염물질들 일부가 바야흐로 미국 도시의 대기 중에서 사라지고 있다. 그러나 미국 자동차업계가 지난날의 영광을 재현할 수 있을지는 두고 볼 일이다.

Notes

* It remains to be seen, however, if the American automobile ~
(remain to be + ~ (과거분사) : 부정적 의미로 '아직 ~ 되지[하지] 않다' '앞으로 해야 한다')

Words & Idioms

be committed to ~ : ~에 전념[헌신]하다, ~을 위해 최선을 다하다
conservation : 보존, 보전, 절약
unleaded gas : 무연(無鉛) 휘발유
pollutant : 오염물질, 오염원(汚染源), 오물

10

We cannot know too much about the language we speak every day of our lives. Most of us, it is true, can get along fairly well without knowing very much about our language and without even taking the trouble to open a volume of "The Oxford English Dictionary." But knowledge is power. The power of rightly chosen words is very great, whether those words are intended to inform, to amuse, or to move.

우리가 일상생활에서 사용하고 있는 언어에 대해 아무리 많이 알아도 부족할 정도다. 사실 우리 대부분은 우리가 쓰고 있는 언어에 대해 그리 많은 것을 알지 않아도, 그리고 '옥스퍼드 대 영어사전' 한 권을 애써 들춰보지 않아도 그런대로 잘 살아갈 수 있다. 그러나 지식이란 것은 하나의 힘이다. 바르게 선택된 말이 갖는 힘은 그 말이 다른 사람에게 정보를 제공하려는 것이든 혹은 다른 사람을 즐겁게 해주려고 하는 것이든, 아니면 감동시키려 하는 것이든 참으로 위대하다.

Notes

(a) cannot ~ too : 아무리 ~해도 지나치다는 법은 없다[오히려 부족할 정도다]
(b) ~, whether those words are intended to inform, (or) to move,

Words & Idioms

fairly well : 웬만큼, 그런대로 잘
get along : (일이) 되어가다, 진척되다(with), 살아가다, 잘 지내다
take the trouble to ~ : 수고스럽게도 ~을 하다, 수고를 아끼지 않고 ~하다
a volume (of a set) : 낱권(一卷)
amuse : 즐겁게 하다, 재미나게 하다 (오락 본위의 책의 경우)
move : 감동시키다 (주로 문학작품, 연극 등의 경우)

11

Not all chance discoveries are made in laboratories. Some occur in the most unlikely places. While walking through a Paris street, Dr. René Laennec observed some children at play. He noticed one child cupping his ear on and old wooden plank. Another child at the other end of the plank was tapping a message to him on the wood. Laennec had had trouble that very morning trying to hear the heartbeat of one of his fat patients. In the children's game he at once recognized the principle of the stethoscope. Laennec rushed home and built the first crude stethoscope from a slender, hollow wooden tube. Then he tried it on his patient. It worked. He was able to listen to his heartbeat.

우연한 발견은 모두가 실험실에서 이루어지는 것은 아니다. 그 중에는 매우 뜻밖의 장소에서 일어나는 경우도 있다. 파리의 어느 거리를 걷고 있던 르네 라에네크 박사는 아이들이 놀고 있는 것을 보았다. 그는 한 아이가 귀를 낡은 나무판자의 움푹 들어간 곳에 갖다 대고 있는 것을 눈여겨보았다. 다른 한 아이가 판자의 다른 한쪽 끝에서 나무를 톡톡 치면서 그에게 통신을 보내고 있었다. 라에네크는 바로 그날 아침, 비대한 환자 한 사람의 심장박동 소리를 들어보려다가 어려움을 겪었던 것이다. 아이들의 놀이를 보고 그는 바로 청진기의 원리를 깨달았다. 라에네크는 서둘러 집으로 돌아가서 가늘고 속이 빈 나무대롱으로 조잡했지만 최초의 청진기를 만들었다. 그러고는 그것을 환자에게 시험해 보았더니 잘 작동하였다. 그는 환자의 심장 박동을 들을 수 있었다.

Notes

(a) While (he was) walking through a Paris street, ~
(b) Dr. René Laennec observed some children at play.
→ Dr. René Laennec observed some children playing.
(c) cup his ear on a plank : 그의 귀를 판자의 움푹한 곳에 갖다 대다
(d) Dr. René Laennec(르네 라에네크) : 프랑스 병리학자로서 청진기를 발명함
(e) Laennec had had trouble that very morning trying to hear ~
→ Laennec had had difficulty that very morning in trying to hear ~

Words & Idioms

a chance discovery : 우연한 발견(an accidental discovery)
unlikely place : 뜻밖의 장소, 예상치 못한 곳
a wooden plank : 나무판자 하나
heartbeat : 고동(鼓動), 심장박동
stethoscope : 청진기(聽診器)
slender : 홀쭉한, 가느다란, 가냘픈
hollow : 속이 빈, 공동(空洞)의
crude : 투박한, 조잡(粗雜)한

12

I never walk into my tailor's without feeling apologetic. I know I am unworthy of their efforts. I am the kind of man who can make any suit of clothes look shabby after about a fortnight's wear. Perhaps, the fact that I always carry about with me most of the contents of my desk, odd keys and loose change, to say nothing of old letters, may have something to do with it. I can never understand how a man can manage to look neat and smart and do anything else. Wearing clothes properly seems to me to be a full-time job.

나는 양복점에 들어갈 때마다 늘 미안한 마음을 느낀다. 그들의 노고에 내가 부끄러움을 느낄만하다는 것을 알고 있다. 나는 어떤 양복이라도 불과 2주일 정도만 입으면 누더기처럼 닳아 해지게 만들어버리는 그런 부류의 인간이다. 내 책상 속에 들어 있는 대부분의 물건, 이를테면 오래된 편지는 말할 것도 없고, 쓸모없는 열쇠나 동전나부랭이들을 언제나 넣어서 다니는 것이 아무래도 옷이 닳아 해지는 것과 관계 있지 않을까라는 생각이 든다. 어떻게 하면 매우 깔끔하고 스마트한 차림새를 할 수 있고 다른 그 어떤 일이든 잘해낼 수 있을지 나로서는 전혀 알 수 없는 일이다. 의복을 단정히 입는 일이 내가 매달려야 할 일인 듯싶다.

Notes

(a) I never walk into my tailor's without feeling apologetic.
→ Whenever I walk into my tailor's, I feel apologetic.

(b) ~, to say nothing of old letters, may have something ~
→ ~, not to speak of [not to mention] old letters, ~

Words & Idioms

never Ⓐ without ~ing : Ⓐ하면 반드시 ~하다
feel apologetic : 미안해하다
be unworthy of ~ : ~답지 않다, ~에 대해 부끄러워할 만하다
shabby : 닳아 해진, 입어서 낡은, 누더기의(worn), 초라한, 누더기를 걸친
a fortnight's wear : 2주간의 착용(着用)
contents : (구체적인) 내용, 알맹이
odd key : (짝이 맞지 않은) 여분의 열쇠
loose change : (호주머니나 가방 속에 돌아다니는) 동전
manage to ~ : 그럭저럭 잘 ~ 하다, 용케 ~ 하다
neat : 정연[말쑥, 깔끔, 단정]한, 산뜻한
a full-time job : 전 시간 취업의 일[활동], 전임직(專任職)

13

Since the beginning of time, man has responded to an instinctive desire to explore the world around him. While he does what he must, his motives remain obscure. In past ages, spices and gold tempted him to investigate unknown regions, but they were far from being the only lures. There has always been something else that drew him, something less tangible. When asked why he climbed mountains, Sir Edmund Hillary gave what is now the classical reply: "Because they are there." The answer captures the essential spirit of the explorer, reflecting many of the intangible motives — a thirst for adventure, for knowledge, and above all, a mastery over the world.

태고(太古) 이래로 인간은 주위 세계를 탐험하려는 본능적인 욕구에 따라 살아왔다. 인간은 만부득이한 일을 한다고 하지만 그 동기는 여전히 불분명하다. 지난 시대에는 향료와 황금에 유혹된 인간이 미지의 지역을 탐험하였다. 그러나 그 향료와 황금만이 사람의 마음을 끌게 한 것은 결코 아니었다. 그곳에는 인간의 마음을 이끄는 다른 무엇이, 그렇게 분명하지 않은 그 무언가가 있었다. 왜 산을 오르는가라는 물음에 에드먼드 힐러리 경은 오늘날 그 전형이 되어 있는 말로 대답하였다. '산이 그곳에 있기 때문이다'라고. 이 답변에는 탐험가의 본질적인 정신에 깔려 있는 수많은 불가해한 동기를 반영하고 있다 — 모험과 지식에 대한 갈망, 그중에서도 세계정복의 갈망을.

Notes

(a) While he does what he must, his motives remain obscure.
→ Though he does what he must (do), his motives remain obscure.
(b) When (he was) asked why he climbed mountains, Sir Edmund ~
(c) ~, reflecting many of the intangible motives — a thirst for ~
→ ~, and reflects many of the intangible motives — a thirst for ~

Words & Idioms

explore : (미지의 땅 등을) 탐험하다, 답사하다, 탐사하다
obscure : (사정 · 경위 따위가) 확실치 않은, 불분명한, 애매모호한
far from ~ : 전혀[결코] ~이 아닌[아니라 오히려 (그 반대인)]
lure : 사람의 마음을 끄는 것, 유혹물
tangible : 확실한, 명백한, 실체적인
classical : 모범적인, 표준적인, 전형(典型)적인
intangible : (막연하여) 파악하기 어려운, 불가해한
mastery : 지배(력), 정복

14

Perhaps I have money in my pocket ; I am going to the theatre, and, afterwards, I shall treat myself to supper — sausage and mashed potatoes, with a pint of foaming ale. At the pit-door, I shall roll and hustle amid the throng, and find it amusing. Nothing tires me. Late at night, I shall walk all the way back to Islington, most likely singing as I go. Not because I am happy — nay, I am anything but that ; but my age is something and twenty ; I am strong and well.

아마도 내 주머니에는 돈이 있을 것이다. 나는 연극을 보러 갈 것이다. 그리고나서 큰맘 먹고 소시지와 으깬 감자, 거기다 거품이 나는 에일 맥주 1파인트 한 잔을 곁들여 저녁 식사를 즐길 것이다. 극장 대중석 입구에서 나는 붐비는 사람들 속을 비집고 들어갈 것이다. 그런데 그렇게 하는 것이 나는 참 재미있다. 무엇하나 나를 따분하게 하는 것이 없다. 밤늦게 멀리 이즐링턴까지 걸어갔다 돌아올 것인데, 십중팔구 걸어가면서 노래를 흥얼거릴 것이다. 내가 행복해서 그러는 것이 아니다. 아니, 내 형편이 결코 행복한 상황은 아니다. 하지만 내 나이 이제 20 남짓밖에 되지 않았다. 나는 튼튼하고 건강하다.

Notes

(a) Not because I am happy → It is not because that I am happy
(b) anything but that → anything but (being) happy

Words & Idioms

treat oneself to ~ : ~을 즐기다, ~을 큰맘 먹고 사다
mashed potato : 으깬 감자
a pint : (액량의 단위) 파인트 (약 0.57리터)
pit-door : 무대 정면 바닥의 관람석[대중석] 입구
roll and hustle : 몸을 흔들며 걷다
amid[among] the throng : 군중 속에[한가운데]
all the way : 내내, 줄곧, 시종(始終)
likely : (very, most, quite 등과 함께 쓰여) 아마, 십중팔구
nay : (고어 · 문어) 아니, 부(否) (no)
something and twenty : 20세 남짓한 (twenty something)

15

Languages change as human beings do, but the changes are spread over periods of centuries instead of years. Save at special times, the change is all but imperceptible to the speakers. As you look in the mirror each morning you are not aware of having changed from the day before. Yet the time comes when you are no longer a child, but a man ; no longer a young man, but a middle-aged, then an elderly man. Yes, languages die, too, like individuals. They may decompose into fine dust, or a heap of bones from which it is difficult to reconstruct the image of the living organism that once was there.

언어는 인류가 변화하는 것과 같은 식으로 변화한다. 그러나 그 변화는 수년(數年)이 아니라 수세기에 걸쳐 이루어지는 것이다. 특별한 경우를 제외하고 변화는 그 말을 하는 사람들이 거의 감지할 수 없을 정도로 변한다. 매일 아침 거울을 보면서 그 전날과 달라진 것을 느끼지 못할 것이다. 그래도 이미 아이가 아니라 어른이 되고 어느새 청년이 아닌 중년이 되고, 그런 연후에는 초로(初老)의 노년이 될 때가 온다. 분명히 언어 또한 사람과 마찬가지로 죽어가기 마련이다. 언어는 한때 존재했던 유기체의 모습을 그로부터 재현시키기 어려운 미세먼지 혹은 유골의 더미로 분해될 수도 있다.

Notes

(a) Language change as human beings do, ~
→ Language change in the same way that human beings change, ~

(b) You are no longer a child, but a man : 더 이상[이미] 어린애가 아니라 한 사람의 어른이다

Words & Idioms

save : (전) (~을) 제외하고, (~의) 이외에, (~을) 별도로 치고(except)
all but : 거의(almost)
imperceptible : 감지할 수 없는, 알아차릴 수 없을 만큼의, 미세한
be aware of ~ : ~을 알아차리다, ~을 알다
decompose : (성분 · 요소로) 분해시키다
fine dust : 미진(微塵), 미세먼지, 자잘한 쓰레기
reconstruct : (마음에) 재현(再現)하다
organism : 유기체(有機體), 생물

Chapter

VI

가정법
(Subjunctive Mood)

01

My mother, though not too unhappily married, had a continued resentment against the world. This may have originated in a sense of having married beneath her, though not exactly in a social sense. My mother had been a beauty and had had many suitors. I suspect she felt later in life, as she grew old behind the counter, that if she had played her cards otherwise she could have made a much better bargain in life.

내 어머니는 그렇게 불행한 결혼생활을 하신 것도 아닌데 끊임없이 세상에 대해서 한(恨)을 품고 계셨다. 그렇다고 해서 반드시 사회적인 의미라고까지는 할 수 없지만 이것은 어머니가 자신보다 신분이 못한 사람과 결혼했다는 의식에서 나온 것인지도 모른다. 어머니는 미인이셨고 처녀 시절에 결혼하려는 사람이 많았었다. 만년에 가게에서 일하시면서 만일 다른 사람과 결혼했더라면 더 나은 생활을 할 수 있었을 것이라고 생각하신 것은 아닐까.

Notes

(a) not too ~ : 완곡한 부정 표현 ('그렇게 크게 불행하지 않고 오히려 행복하게')
(b) play one's cards otherwise : '다른 방법으로 처리하다' → 달리 결혼하다

Words & Idioms

resentment : 분함, 억울함, 분개, 분노, 원한, 적의(敵意)
originate : 유래하다, 발생하다, 만들어지다
a beauty : 미인
suitor : 구혼자(求婚者)
later in life : 만년(晩年)에, 나이가 들어서
behind the counter : 점원으로 일하다
bargain : 거래, 싸게 산 물건 ('싸구려' 물건이 아님)

02

The Gulp Stream, which runs like a friendly blue river across the cold green Atlantic Ocean, is one of the mightiest powers in the world. By comparison, the Mississippi and the mighty Amazon are but small rivers. Two million tons of coal burned every minute would not equal the heat that the Stream gives forth in its Atlantic crossing.

멕시코만류는 차가운 녹색 대서양을 잔잔히 흐르는 강물처럼 흐르고 있지만 세계에서 가장 강력한 힘을 가진 조류(潮流) 중 하나이다. 이와 비교하면 미시시피 강이나 거대한 아마존 강도 작은 강에 지나지 않는다. 매분마다 200만 톤의 석탄을 연소시켜도 멕시코만류가 대서양을 가로질러 흘러갈 때 방출되는 열에는 미치지 못할 것이다.

Notes

(a) By comparison (with the Gulf Stream), the Mississipi and ~
(b) Two million tons of coal burned every minute would not equal ~
(would : 무생물주어와 연계된 가정법과거 조동사)

Words & Idioms

the Gulp Stream : 멕시코만류(灣流)
mighty : 강력한, 힘센
equal ~ : ~에 필적하다, 맞먹다, 마찬가지이다

03

I wonder why he jumped, the old man thought. He jumped almost as though to show me how big he was. I know now, anyway, he thought. I wish I could show him what sort of man I am. But then he would see the cramped hand. Let him think I am more man than I am and I will be so. I wish I was the fish, he thought, with everything he has against only my will and my intelligence.

어째서 그 녀석은 뛰어올랐을까?하고 노인은 생각했다. 마치 자기가 그 정도로 크다는 것을 내게 보이려는 듯이 녀석은 뛰어올랐다. 아무튼 그 덕분에 자기로서는 왜 녀석이 뛰어올랐는지를 알게 되었다고 노인은 생각했다. 내가 어떤 사람인가를 녀석에게 보여주었으면 좋겠군, 허지만 그렇게 되면 녀석이 이 경련으로 떨리는 손을 보게 되겠지. 보기보다 실제로 훨씬 더 강한 남자라는 것을 녀석이 생각도록 하자! 그리고 나는 그렇게 강해질 것이다. 나의 이런 의지와 지력(知力)만을 상대로 하여 녀석이 가지고 있는 모든 것을 가진 물고기가 되어 싸워봤으면 하고 노인은 생각했다.

Notes

(a) He jumped almost as though (he were going) to show me how big he was.
(b) I know now (why he jumped), anyway, he thought.
(c) But then he would see the cramped hand.
→ But if I showed him what sort of man I am, he (= the fish) would see the cramped hand.
(d) I am more (= stronger) than I am : '나는 보기보다 더 강하다'
(e) ~, with everything (that) he has against Ⓐ : 'Ⓐ를 상대로 해서 그가 가지고 있는 것 모든 것을 가지고'

Words & Idioms

cramp : (~에) 경련을 일으키다
intelligence : 지혜, 총명

04

To man, especially, the menace of Nature, the ferocity of the beast, and the enmity of his fellowmen furnished the incentive to his upward climb. Had all been easy, he would have stayed where he was. He would never have called mental powers to his physical aid, nor appealed to spiritual faculties when the mental fell short of his requirements.

특히 인간에 대한 자연의 위협이나 야수(野獸)의 잔인성, 그리고 동족에 대한 적대감은 인간이 진보하는데 자극을 가져다주었다. 만약 모든 것이 가혹하지 않았더라면 인간은 지난날 그대로 제자리에 머물렀을 것이다. 그리고 인간은 정신력으로 육체적 능력을 돕지 못했을 것이고, 또한 정신력만으로 인간의 필요를 충족시키지 못할 때 결코 영적인 능력에 호소할 수도 없었을 것이다.

Notes

(a) Had all been easy, he would have stayed where he was.
→ If all had been easy, he would have stayed where he was.
(b) He would never had called mental powers to his physical aid,
nor (would have) appealed to spiritual faculties when ~

Words & Idioms

menace : 위협, 협박
ferocity : 흉폭(함), 잔인(성), 포악(성), 잔인한 행위, 만행(蠻行)
enmity : 원한, 증오, 적대감
incentive to ~ : ~에 대한 자극, ~하게 하는 동기(動機)
where he was : 지난날의 그 사람 그대로
spiritual faculty : 영적 능력(靈的能力)
fall short of ~ : ~에 미치지[이르지] 못하다, 역부족이다, 부족하다
requirement : 필요, 필요조건

05

My life in Connecticut, I begin to realize, lacks this quality of significance and therefore of beauty, because there is so little empty pages in my engagement pad, or empty hours in the day, or empty rooms in my life in which to stand alone and find myself. Too many worthy activities, valuable things, and interesting people. For it is not merely the trivial which clutters our lives but the important as well. We can have too many treasures — an excess of shells, where one or two would be significant.

코네티컷에서의 내 생활은 여백이 너무 없기 때문에 이러한 의미성, 즉 미적(美的)인 특성이 결여되어 있다는 사실을 깨닫고 있다. 이 여백에는 온갖 낙서가 쓰여 있다. 즉 모든 시간은 예정된 일로 채워져 있다. 내 예약 기록철에는 빈 페이지가 거의 없거나 온종일 빈 시간이 거의 없으며 내 삶에는 홀로 있으면서 나 자신을 발견할 수 있을 만한 여백이 거의 없다. 여러 활동, 사람들, 사건들이 지나치게 많다. 가치 있는 일들이나 중요한 사건들, 흥미로운 사람들이 지나칠 정도로 너무 많다. 사소한 일들뿐 아니라 중요한 일들 역시 삶을 혼란스럽게 만들기 때문이다. 우리는 너무 많은 보물, 즉 지나치게 많은 조가비를 가지고 있는 것 같다. 그러나 그 조가비 중에 한, 두 개만이 의미가 있을 텐데 말이다.

Notes

(a) My life in Connecticut, I begin to realize, lacks this quality ~
→ I begin to realize (that) my life in Connecticut lacks this quality ~

(b) ~, where one or two would be significant.
(주어 'one or two'에 가정의 뜻(if절)이 내포되어 있음)

Words & Idioms

the quality of significance : 의미성(意味性)
scribble on : (~에) 낙서하다, 갈겨쓰다
engagement pad : 예약(기록)철(綴)
not merely Ⓐ but Ⓑ as well : Ⓐ뿐 아니라 Ⓑ도
the trivial : 하찮은 것, 사소한 것
clutter one's life : 삶을 흩트리다, 생활을 혼란케 하다

06

Some people would say that the Englishman's home is no longer his castle ; that it has become his workshop. This is partly because the average Englishman is keen on working with his hands and partly because he feels, for one reason or another, that he must do for himself many household jobs for which, some years ago, he would have hired professional help.

영국인의 집은 이미 성(城)이 아니라 영국인의 일터가 되어버렸다고 말하는 영국 사람도 있을 것이다. 이 말은 부분적으로는 보통의 영국인은 자기 손으로 직접 일하는데 열심이기 때문이고, 또 한편으로는 어떤 이유 때문에 몇 년 전이었다면 전문가의 손을 빌려서 처리했을 많은 집안일을 자신이 직접 하지 않으면 안 되는 것으로 생각하기 때문이다.

Notes

(a) Some people would say that the Englishman's home is ~
(would : '정중함, 조심스러움'을 나타냄)

(b) some years ago, he would have hired ~
→ if it had been some years ago, he would have hired ~

Words & Idioms

no longer ~ : 더 이상 ~이 아닌, 이미 ~이 아니다
workshop : 작업장
partly because ~ and partly because ~ :
부분적으로는 ~ 때문이고 또 한 편으로는 ~ 때문이다
be keen on ~ : ~을 아주 좋아하는, ~에 관심이 많은, ~에 열심이다
for one thing or another : 어떤 이유 때문에, 이래저래
household job : 집안일, 가사(家事)

07

My story would be far too long were I to mention all the splendid discoveries which he made after he came to be a man. He was the first that found out the nature of light ; for before his day, nobody could tell what the sunshine was composed of. You remember, I suppose, the story of an apple's falling on his head, and thus leading him to discover the force of gravitation, which keeps the heavenly bodies in their courses.

내가 만일, 그가 성인이 된 후에 이룬 눈부신 발견 모두에 대해 언급한다면 지나칠 정도로 길어질 것 같다. 그는 빛의 성질을 최초로 발견한 사람이었다. 왜냐하면 그의 이전 시대에는 태양광선이 어떻게 구성되어 있는지 그 누구도 알지 못했기 때문이다. 사과 한 개가 그의 머리 위로 떨어졌고 그로 인해 천체를 제 궤도에 있도록 하는 인력이라는 힘을 발견하게 되었다는 이야기를 여러분은 알고 있을 것으로 생각한다.

Notes

(a) My story would be far too long were I to mention all ~
→ My story would be far too long, if I were to mention all ~
(b) You remember, I suppose, the story of an apple's falling ~
→ I suppose (that) you remember the story of an apple's falling ~

Words & Idioms

mention : 언급하다, 말하다, 이야기하다
splendid : 훌륭한, 멋진, 뛰어난, 화려한, 눈부신
nobody could tell ~ : 누구도 알지 못했다
be composed of ~ : ~로 구성되어 있다
gravitation : 인력(引力)

08

Even were there no calenders about pointing silently to the swift passage of days and weeks it would be evident that autumn is at the doorstep. Autumn comes a little at a time ; in this as in all things nature has arranged matters well, for if the beauty of the summer were to be whisked from man's sight overnight — greenery stripped from trees, leaving naked branches to rattle in a cold wind — the quick transition might be too painful to bear. As it is, autumn comes gently, permitting man to become accustomed, leaf by leaf, to the idea of cold nights and of a world turned to browns and grays. He is allowed ample time, unless he is a procrastinator beyond hope, to attend to his woodpile.

몇 날, 몇 주일이 눈 깜짝할 사이에 지나가는 것을 말없이 보여주는 달력이 비록 주위에 없다 할지라도 가을이 어느 틈엔가 바로 문 앞까지 와 있다는 사실은 분명할 것이다. 가을은 한 번에 조금씩 다가온다. 또한 모든 일에 있어서와 마찬가지로 이런 점에서도 자연은 모든 것을 잘 조절하고 있다. 왜냐하면 만약 아름다운 여름이 하룻밤 사이에 시야에서 사라져버리고 푸른 잎이 다 떨어진 앙상한 나뭇가지가 차가운 바람에 크게 흔들리는 소리를 내며 떨고 있다면 이와 같은 갑작스러운 변화야말로 참기 어려울 만큼 가슴이 아플 것이기 때문이다. 그러나 실제로 가을은 조용히 찾아와 우리를 추운 밤에 대한 생각과 갈색이나 회색으로 변해가는 이 세상에 서서히 익숙해져 가게 해주는 것이다. 그 때문에 전혀 가망 없는 멍청한 인간이 아니라면 부지런히 장작을 쌓아올릴 수 있을 만큼의 충분한 시간적 여유를 가지게 해준다.

Notes

(a) Even were there no calenders about pointing silently to ~
→ Even if there were no calendars about pointing silently to ~

(b) as it is : 〈문두에서〉 '그러나 사실은' (일반적으로 가정적(假定的) 표현 뒤)
〈문미에서〉 '현상 그대로(의)'

Words & Idioms

passage : 경과, 추이(推移) / matters : (막연한) 사태, 사정 / doorstep : 문 앞, 현관
whisk from ~ : ~에서 잽싸게[휙] 가져가다, 털어[떨쳐]버리다, 제거하다
rattle : 동요하다, 떠들어대다, 달그락거리다
greenery : 푸른 나무, 푸른 잎(green leaves), 온실
strip : 벗기다, 빼앗다, 박탈하다 / transition : 변화, 변천, 과도기
leaf by leaf : 한 잎씩, 조금씩, 서서히 cf. day by day/drop by drop
allow ample time : 충분한 시간을 주다
procrastinator : 꾸물거리는[질질 끄는] 사람, 지연시키는 사람, 형세 관망자
beyond hope : 아주 절망적인 / woodpile : 장작더미, 재목의 더미
attend to ~ : ~을 처리하다, 돌보다, 시중들다, 주의를 기울이다, 열심히 일하다

09

The pain was minor, an annoying little ache, but it was there just the same, the last thing I was conscious of before going to sleep and the first thing I felt on waking. A year before I would have laughed at the idea of being a reluctant patient, having seen too many in my time, people who delay having a check-up until dangerously late. In my case, knowing the symptoms from the inside out, as it were, what better person than myself to appreciate that I needed skilled attention? But I found a hundred reasons for not making an appointment. Suddenly my calender filled up with urgent meetings, trips, lunches, dinners and lectures — all of them engagements too important to break. I will make an appointment soon, I thought, but not just now. I don't have the time. It was a direct contradiction of my belief that nothing is more important than personal health.

그 고통은 대단한 것이 아니었고 성가신 정도의 미미한 아픔이었다. 그러나 그 고통은 아무 차도가 없는 아픔 그대로였다. 잠자리에 들기 전에 마지막으로 의식하는 것이었고 잠에서 깨어나면 맨 처음 느끼는 것이었다. 한 해 전만 해도 나는 병원에 가는 것을 꺼리는 환자가 된다는 생각을 비웃었을 것이다. 젊은 시절에 나는 위험한 상태에 이를 정도로 늦게까지 건강진단을 미루는 사람들을 많이 보아 왔기 때문이다. 내 경우에는 병의 징후를 속속들이 잘 알고 있었으니 말하자면 특별한 기술을 요하는 치료가 내게 필요하다는 사실을 나보다 더 잘 알고 있는 사람이 있겠는가? 그럼에도 나는 진찰 약속을 잡을 수 없는 수많은 핑곗거리를 찾아냈다. 내 달력에는 갑작스러운 긴급회의, 여행, 점심과 저녁식사 약속, 강의스케줄로 가득 채워졌고, 이 모든 약속은 하나같이 어겨서는 안 될 중요한 것들이었다. 나는 곧 진찰 약속날짜를 잡아야 하겠지만 지금 당장은 아니라고 생각했다. 나에겐 시간이 없다. 그것은 개인의 건강보다 더 중요한 것이 없다는 내 생각과는 전혀 모순되는 것이었다.

Notes

(a) A year before I would have laughed at the idea of being ~
(부사구 A year before에 if 가정법 포함)
(b) — all of them engagement too important to break.
→ all of them being engagement too important to break.
→ and all of them was engagement too important to break.

Words & Idioms

minor, annoying little ache : 대단치 않은 성가신 정도의 미미한 아픔
reluctant : 꺼리는, 주저하는, 내키지 않는, 마지못한
in one's time : 한창때, 젊었을 때, 옛날에는, ~의 시대에는, 살아 있는 동안에는
symptom : 증상, 증세, 징후, 증후군 / from the inside out : 철저하게, 속속들이
appreciate : (제대로) 인식하다, 이해하다 / skilled attention : 특별한 기술을 요하는 치료
as it were : 말하자면, 이를테면(so to speak)
contradiction : 모순, 반박 / personal health : 개인 건강

10

I am shy of making acquaintance with strangers, but I was fortunate enough to have on my journeys a companion who had an inestimable social gift. He had an amiability of disposition that enabled him in a very short time to make friends with people in ships, clubs, bar rooms and hotels, so that through him I was able to get into easy contact with an immense number of persons whom otherwise should have known only from a distance. I made acquaintance with them with just the degree of intimacy that suited me. It was an intimacy born on their side of ennui or loneliness, that with held few secrets, but one that separation irrevocably broke. It was close because its limits were settled in advance.

나는 낯선 사람과 사귀는 것을 별로 좋아하지 않는다. 그런데 다행히도 대단한 사교적 재능이 있는 한 친구를 여행의 동반자로 삼게 되었다. 그는 상냥한 성격의 소유자였는데 그런 성격탓으로 그는 아주 짧은 시간에 배나 클럽, 바, 호텔 같은 곳에서 사람들과 사귈 수 있었다. 그래서 내가 그와 동행하지 않았더라면 그저 거리를 두고 지냈을 엄청난 수의 사람들을 그를 통해서 쉽게 접촉할 수 있었다. 알맞을 정도로 적당한 거리를 두고 그들과 친밀하게 알고 지냈다. 서로가 거의 비밀 없이 터놓고 지낼 수 있었던 것은 다름 아닌 그들의 권태롭고 외로움으로부터 생겨난 친밀함 그것이었다. 그러나 일단 헤어지고 나면 돌이킬 수 없을 정도로 깨어져 버리는 그런 친밀함이었다.

Notes

(a) otherwise I should have known only from a distance.
→ if I had not been with him I should have known only from a distance.

(b) It was an intimacy born on their side of ennui or loneliness, that withheld few secrets, but one that separation irrevocably broke.
→ 'an intimacy born on their side of ennui or loneliness'의 강조

Words & Idioms

be shy of ~ : ~를 의심하다, 망설이다(hesitate), 꺼리다(unwilling)
make acquaintance with[of] ~ : ~와 사귀다, 아는 사이가 되다
inestimable : 헤아릴 수 없을 만큼 큰[존귀한, 가치 있는]
social gift : 사교적 재능 / amiability : 상냥함, 애교, 온화함
disposition : (타고난) 기질[성격], 성향 / bar room : (호텔 등의) 바, 술집
an immense number of ~ : 무수(無數)의 ~, 엄청나게 많은 수의 ~
intimacy : 친밀함 / ennui : 따분함, 권태감
withhold few secrets : 거의 숨김없이 비밀을 터놓다
irrevocably : 돌이킬 수 없이, 변경[취소]할 수 없게

11

Democracy is the highest form of political government, but on the cultural side it is exposed to grave weakness. Call the masses into power, and automatically you will find the national culture molded by their interest and tastes. They will expect, and plenty of people will be ready to supply, the kind of music and art and radio and films and reading which is to their taste, and there is at least a risk that standards will quickly decline to the second and third rate.

민주주의는 최고의 정치형태이지만 문화적 측면에서는 심각한 약점을 드러내고 있다. 대중이 정권을 잡으면 자동적으로 국민문화는 대중의 이해(利害)나 취향에 따라 형성될 것이다. 대중은 자신들의 취향에 맞는 음악이나 미술, 라디오, 영화, 그리고 읽을거리를 기대할 것이며, 또한 그것들을 기꺼이 공급해줄 사람들도 많이 나타날 것이다. 그러면 적어도 이런 것들의 수준이 빠른 속도로 2류, 3류로 떨어지게 될 위험성이 있게 되는 것이다.

Notes

* Call the masses into power, and automatically you will find ~
→ If you call the masses into power, and automatically you will find ~

Words & Idioms

be exposed to ~ : ~에 노출되다, ~(위험)에 처하다[을 당하다]
grave : 중대한, 심각한
call into power : 권력을 부여하다, 권력을 갖게 하다
the masses : 범속(凡俗)한 사람들, 대중
molded by ~ : ~로 형성된, 만들어진 (fashioned by)
to one's tastes : 취향에 따른, 취미에 맞는

12

Betty : How's your mother? Is she recovering?

Tom : Yes, thanks, Slowly.

Betty : She's lucky. She wasn't more badly hurt. Just a broken wrist and a few bruises. She could easily have been killed.

Tom : Yes, that's what she says. But it wasn't her fault, you know.

Betty : But that's often the way of it, isn't it? The guilty ones get off with a scratch, and the blameless ones get killed.

베티 : 어머니는 좀 어떠시니? 차도가 있으셔?

톰 : 응, 조금씩 좋아지고 계셔, 고마워.

베티 : 어머니께서는 운이 좋으셨어. 더 심하게 다치시지 않으셨으니, 손목 골절과 타박상 정도이니 말이야. 하마터면 큰일 날 뻔하셨어.

톰 : 그랬을 거야. 어머니도 그렇게 말씀하셔. 그런데 부상을 당하신 것이 어머니 탓이 아니었어.

베티 : 하지만 그런 일은 자주 있는 일이지 않아? 잘못을 한 쪽은 찰과상 정도만 입고 피하면서 아무 잘못도 없는 사람이 죽는 그런 경우 말이야.

Notes

* She could easily have been killed : 조건절이 없는 경우 일반적으로 '주어'나 '부사(구)'에 if절이 포함되어 있으나, 이런 대화체 문장의 경우는 주로 앞 문장 또는 화제의 흐름에 따라 적절한 '조건'에 해당하는 어구를 찾아 표현함.

Words & Idioms

badly : 심하게, 나쁘게
wrist : 손목, 팔목
bruise : 멍, 상처, 타박상
that's often the way of it ~ : 그런 일은 흔히 있는 일이다
you know : 아세요? 있잖아, 그게, 저기요, 그러니까, 말하자면
(상대에게 무슨 말을 전하려 할 때 덧붙이는 표현)
get off with ~ : ~만으로 면[피]하다
scratch : 찰과상(擦過傷)
blameless : 아무 죄도 없는, 비난할 여지가 없는, 나무랄 데 없는

13

Sometimes I wish I could revisit these scenes of my earliest recollections, but I fear that I should lose more than I should gain by such a visit. In my mind's eye, they still have the enchantment and freshness which they had in the misty dawn of my memory. On seeing them again, the mists would be dispersed, and the memories watered down to the commonplace.

나는 때때로 어린 시절의 기억이 되살아나는 여러 풍경을 다시 찾아볼 수 있었으면 하고 바랄 때가 있다. 그러나 그렇게 다시 찾아보고 얻는 것보다 잃어버리는 것이 더 많지 않을까 하는 두려움이 앞선다. 내 마음 속에 여전히 그 풍경들은 안개 자욱한 새벽녘같이 어렴풋한 기억 속에 있는 매력과 신선함을 간직하고 있다. 다시 그 풍경들을 보게 된다면 곧바로 안개는 흩어질 것이고 나의 옛 추억들은 퇴색하여 평범한 것이 될 것이다.

Notes

* On seeing them again, the mists would be dispersed, and the memories watered down to the commonplace.

→ If you should see them again, the mists would be dispersed, and the memories (would be) watered down to the commonplace.

Words & Idioms

recollection : 기억, 회상(回想)
in one's mind's eye : 마음속으로, 상상으로
enchantment : 매혹, 매력, 넋을 잃게 하는 것
disperse : 퍼뜨리다, 흩어지다
water down : 물 타다, 물로 희석하다, 효과를 약화시키다
commonplace : 흔히 있는 일, 다반사, 평범한 것

14

Through mathematics we learn on the very threshold a lesson which, if universally known and applied, would prevent most of the ills the world is liable to. To know and realize that two and two make four and can in no circumstances make anything else is to be equipped with knowledge that will save us from mistakes, unpleasant to ourselves, and possibly disastrous to others. Without that knowledge or in the belief that two and two may in a certain environment make five, you may indeed upset a government, but you will never make an engine, nor, if you were in possession of a ship, could you bring it into any port in the world.

수학을 배우기 시작하면 곧바로 하나의 교훈을 배우게 된다. 만일 수학이 널리 알려져서 응용된다면 세상 사람들이 빠지기 쉬운 대부분의 불행은 피할 수 있을 것이라는 교훈을 배우는 것이다. 2와 2를 더하면 4가 되고 어느 경우에도 그 밖의 다른 어떤 수(數)가 될 수 없다는 것을 알고 이해한다면 우리 자신에게 유쾌하지 않고 타인에게는 어쩌면 재난이 될 수도 있을 잘못을 저지르지 않게 하는 지식을 갖는 것이다. 이러한 지식을 갖지 못하거나 2와 2는 어떤 상황에서는 5가 될 수도 있다는 것을 믿고 있다면 실제로 정부는 전복시킬 수는 있을지 모르지만 어떤 동력(動力)은 만들 수 없을 것이고, 만일 선박을 소유하고 있더라도 그 선박을 세계 어느 항구에도 운항해 갈 수 없을 것이다.

Notes

(a) If (it were) universally known and applied, would prevent most ~
(b) most of the ills (that) the world is liable to.

Words & Idioms

on the very threshold : 시작하자 곧바로, 시초에 (in the very beginning)
ill : 불행, 고생
be liable to ~ : ~할 것 같다, ~하기 쉽다
be equipped with ~ : ~을 갖추고 있다

15

Without machines, without the wonderful output of things they were able to produce, the settlement of over three million square miles of the new lands of the American continent would have taken many hundreds of years. Surely, in that time, the new nation would have broken up into many nations, with separate customs and enmity among them. That is what happened in the slow growth of European civilization. But in the United States whenever there was a slowing-down of progress, whenever there was a tendency for the lines of division between groups to harden and become fixed, some new inventions came along to give it speed.

기계가 없고 기계에 의해 생산되는 엄청난 생산량의 물자가 없었다면 미국 대륙의 3백만 평방 마일 이상이나 되는 새로운 땅에서의 정착은 몇 백 년이나 걸렸을 것이다. 분명히 그 사이에 새로운 국가는 분열하여 별개의 관행을 가진 서로 적대감을 품은 여러 나라로 분리되었을 것이다. 이러한 사태는 유럽 문명이 서서히 발달해 가는 동안에 일어났던 것이다. 그러나 미합중국에서는 진행이 지지부진하여 서로 다른 그룹 간의 경계선이 분명히 정착되려는 경향이 있을 때는 언제나 새로운 발명품들이 나타나서 그 진행 속도를 촉진시켰다.

Notes

* Without machines, without the wonderful output of things they were able to produce, the settlement of over three million ~

→ If there had not been machines or the wonderful output of things they were able to produce, the settlement of over three millions ~

Words & Idioms

output : 출력, 생산, 생산고[량]
settlement : 정착, 정착지
continent : 대륙, 육지
enmity : 적의(敵意), 증오, 원한
division : 경계선

16

We examined the rungs of every chair in the hotel, and, indeed, the jointings of every kind of furniture, by the aid of a most powerful microscope. Had there been any traces of recent disturbance we should not have failed to detect it instantly. A single grain of gimlet-dust, for example, would have been as obvious as an apple. Any disorder in the gluing — any unusual gaping in the joints — would have suffered to insure detection.

우리는 호텔에 있는 여러 가지 의자의 가로대를, 아니 실제로는 온갖 가구류의 이음매까지도 매우 정밀한 현미경으로 조사했다. 만약 최근에 소동이 일어난 흔적이 조금이라도 남아 있다면 틀림없이 곧바로 그것을 찾아냈을 것이다. 이를테면 미세한 먼지의 티끌이라도 사과처럼 분명하게 보였을 것이다. 접착이 조금이라도 잘못되어 있었다면, 다시 말해서 이음매에 어떤 특이한 틈새라도 있었다면 틀림없이 발견되었을 것이다.

Notes

(a) Had there been any traces of recent disturbance we should ~
→ If there had been any traces of recent disturbance, we should ~
(b) A single grain of gimlet-dust, for example, would have been ~
→ If there had been a single grain of gimlet-dust, it would have been ~
(c) Any disorder in the gluing — any unusual gaping in the joints — would have suffered to insure detection.
→ If there had been any disorder in the gluing — any unusual gaping in the joints —, it would have suffered to insure detection.

Words & Idioms

rung : (의자의) 가로대(crossbar)
jointing : 이음매
microscope : 현미경
trace : (사건 등의) 흔적, 형적(形迹), 증적(證迹)
disturbance : 소란, 소동
a grain of ~ : 소량의 ~, 미량(微量)의 ~
gimlet-dust : (송곳으로 구멍을 뚫을 때 나오는 정도의 미세한) 티끌, 먼지
disorder : 혼란, 무질서
gluing : 접착(接着)
suffice : 충분하다

17

I attend neither rout nor ball ; I have no deeper dissipation than the tea-table ; I hear no more exciting scandal than quiet village gossip. Yet I enjoy my concerts more than I would the great London ones. It is wonderful how the whole world reflects itself in the simple village life. The people around me are full of their own affairs and interests ; were they of imperial magnitude, they could not be excited more strongly. Farmer Worthy is anxious about the next market ; the likelihood of a fall in the price of butter and eggs hardly allows him to sleep at nights. The village doctor — we have only one — skirrs hither and thither in his gig, as if man could neither die nor be born without his assistance. He is continually standing on the confines of existence, welcoming the newcomer, bidding farewell to the goer-away.

나는 큰 파티나 무도회에 가지 않는다. 다과회 이상의 유흥도 즐기지 않으며 조용한 마을의 가십거리 이상의 흥미 있는 스캔들도 듣지 않는다. 그렇지만 나는 런던의 큰 음악회보다 이 마을에서 공연되는 연주회를 더 좋아한다. 모든 세상사가 이 순박한 시골생활에 반영되는 모습은 놀랄만한 일이다. 주변 사람들은 각자 자신의 문제와 관심사로 여념이 없다. 어떤 문제나 관심사가 아무리 중요하더라도 자신의 문제에 대해서보다는 더 흥분되게 하지는 못할 것이다. 농부 워디 씨는 다음 장날에 대해 걱정하면서 버터와 계란값이 하락할 것 같은 생각에 거의 밤잠을 설치고 있다. 이 마을에 있는 유일한 의사는 자기 도움 없이는 사람이 죽지도 태어나지도 못하기라도 하듯 이륜마차를 타고 이곳저곳을 바삐 돌아다닌다. 그는 끊임없이 삶의 경계에 서서 태어나는 사람들을 맞아들이고 이승을 떠나는 사람들에게는 작별을 고하는 것이다.

Notes

* Were they of imperial magnitude, they could not be excited more strongly.
→ If they were of imperial magnitude, they could not be excited more strongly.

Words & Idioms

rout : (고어) (사교적인) 큰 야회(夜會), 큰 파티
ball : 무도회(舞蹈會)
dissipation : 소산(消散), 소실, 분산, 낭비, 유흥, 방탕
the tea-table : 다과회(茶菓會)
the simple village life : 소박한[순박한, 평범한] 시골[마을] 생활
of imperial magnitude : 엄청나게 중요한[큰]
be anxious about ~ : ~에 대해 염려하다, 걱정하다, 불안해하다
skirr : 서두르다, 급히 가다, 달려가다 / hither and thither : 여기저기[사방에]
gig : (말 한 필이 끄는) 2륜 마차 / the goer-away : (죽어서) 떠나는 사람들

18

One woman I know was distressed by her husband's chronic thoughtlessness. Immersed in business affairs, he seldom even remembered her birthday. "I could have tried to force him into changing his ways," she said, "but it seemed to me that this would only make matters worse. Instead, I waited for the first chance I had to praise him for some small act of thoughtfulness. When he finally brought home a book I had asked for four times, I thanked him as if it were a diamond necklace! He looked at me oddly, but I could see he was pleased. I did this a few more times, and gradually he began to want to think about me because he enjoyed being appreciated."

내가 알고 지내는 어느 부인은 남편의 고질적인 무신경함 속을 끓이고 있었다. 일에만 몰두하면서 아내의 생일 따위는 기억조차 하는 법이 거의 없었다. "남편의 버릇을 억지로라도 고치려고 했으면 그렇게 했을 수도 있었겠지만 그렇게 하면 사태를 더 악화시킬 뿐이라고 생각했어요. 그 대신 남편이 배려심 있는 어떤 작은 행위라도 한다면 그런 기회가 오는 대로 그를 칭찬해 주려고 때를 기다리고 있었어요. 내가 네 번이나 부탁했던 책을 마침내 그가 사가지고 왔을 때 나는 그 책이 마치 다이아몬드 목걸이라도 되는 것처럼 고맙다는 표시를 했답니다. 남편은 묘한 표정으로 나를 바라보았지만 내심 기분이 좋다는 것을 알 수 있었어요. 나는 몇 차례나 이런 방법을 시도했어요. 그러자 감사를 받는다는 것은 즐거운 일이기에 남편은 차츰 나에 대해 배려하려는 마음을 갖기 시작했어요."

Notes

(a) Immersed in business affairs, he seldom even ~
→ As he was immersed in business affairs, he seldom even ~

(b) I could have tried to ~
(~하려고 생각했다면 못할 것도 없었을 것이다)

(c) I waited for the first chance (that) I had to praise him ~

Words & Idioms

distress : 괴롭히다, 고통스럽게 하다
chronic : 고질적인, 상습적인, 만성적인
thoughtless : 무심한, 배려심 없는
be immersed in ~ : ~에 몰두하다, 열중하다
make matters worse : 사태를 더욱 악화시키다
appreciate : 감사하다, 옳게 평가하다

19

One teacher, Miss Annan, had a cheerful, devoted class who only needed her presence to become inspired. She taught us English, and but for her we might never have realized what the subject meant beyond the monotonous work of paraphrasing. She opened our eyes; we felt we were a sort of aristocracy, for what we did for her we did freely. She must have been remarkable woman; she seemed to have endless charm, vitality, and patience. She filled us with confidence and a kind of goodness which was quite unlike the goodness asked from us by the other teachers. Yet she never put us on our honour; she simply took us as we were and by some power changed us.

아난이라고 하는 여선생님은 발랄하고 학업에 충실한 학생들이 있는 반의 담임을 맡고 있었다. 학생들은 선생님이 함께 있어만 주면 힘이 났다. 선생님은 영어를 가르치셨는데 만약 선생님이 아니었더라면 우리는 영어가 단조로운 바꾸어 말하기 이상의 어떤 뜻을 가지고 있는지를 알지 못했을 것이다. 선생님은 우리의 눈을 뜨게 해주셨고 우리는 자신들이 일종의 특권계급이나 되는 것처럼 느꼈다. 왜냐하면 선생님을 위해서 한 일을 우리는 자유롭게 했기 때문이다. 선생님은 훌륭한 여성임이 틀림없었다. 끊임없는 매력과 생명력이 넘쳐나면서도 인내심이 강한 사람으로 생각되었다. 선생님은 우리에게 자신감과 여느 선생님들이 우리에게 바라는 착함과는 아주 다른 종류의 선량함을 갖게 해주셨다. 그런데도 선생님께서는 우리의 명예를 걸고 서약을 하게 하는 일 같은 것은 하지 않으셨고, 우리를 그저 있는 그대로 받아들였으며, 그 어떤 힘으로 우리를 변화시켰다.

Notes

ⓐ only needed her presence to become inspired
(그녀가 함께 있어주기만 하면 고무(鼓舞)되다)

ⓑ but for her we might never have realized ~
→ if it had not been for her we might never realized ~

Words & Idioms

cheerful : 발랄한, 쾌활한
devoted : 열심인, 골몰하는, 헌신적인, 충실한
inspire : 고무하다, 영감을 주다, 격려하다, 고취하다
monotonous : 단조로운, 지루한
paraphrasing : 의역(意譯)하기, (다른 말로) 바꾸어 말하기
a sort of ~ : 일종의 ~
aristocracy : 귀족(계급), 귀족사회, 특권[상류]계급
vitality : 활력, 생명력
put Ⓐ on Ⓐ's honour : Ⓐ에게 Ⓐ의 명예를 걸고 서약시키다

20

A stout old lady was walking with her basket down the middle of a street in Petrograd to the great confusion of the traffic and with no small peril to herself. It was pointed out to her that the pavement was the place for foot-passengers, but she replied: "I'm going to walk where I like. We've got liberty now." It did not occur to the old lady that if liberty entitled the foot-passenger to walk down the middle of the road it also entitled the cab-driver to drive on the pavement, and that the end of such liberty would be universal chaos. Everybody would be getting in everybody else's way and nobody would get anywhere. Individual liberty would have become social anarchy.

어떤 뚱뚱한 노부인이 바구니를 들고 페트로그라드의 거리 한가운데를 걸어가고 있었다. 이 때문에 교통은 큰 혼란을 일으키고 그녀 자신에게도 적지 않은 위험한 상태가 되고 있었다. 보행자는 보도(步道)로 다녀야 한다고 어떤 사람으로부터 지적을 받았지만 그녀는 이렇게 응수하는 것이었다. "내가 걷고 싶은 곳으로 걸을거요. 이제 우리는 자유를 얻었으니까요." 자유를 얻었다고 해서 보행자가 거리 복판을 걸어다닐 권리가 있다거나 마차의 마부가 보도에서 마차를 달릴 수 있는 권리가 있다는 식으로 자유를 제멋대로 누린다면 결국 온통 혼란을 일으키게 되리라는 것까지는 이 노부인의 생각이 미치지 못했던 것이다. 사람마다 다른 사람이 가는 길을 방해하게 되어 누구도 어디든지 마음대로 가지 못하기 때문이다. 개인이 자기 마음 내키는 대로 행동했다면 사회적인 혼란을 야기했을 것이다.

Notes

(a) ~ in Petrograd to the great confusion of ~
→ ~ in Petrograd with the result that the great confusion of ~

(b) Individual liberty would have become social anarchy.
→ If everybody had had his own way, individual liberty would have become social anarchy.

Words & Idioms

stout : 뚱뚱한, 튼튼한
Petrograd = Leningrad = St. Petersberg (러시아 상트페테르부르크)
no small peril : 적지 않은 위험 (great peril)
point out ~ : ~을 지적하다 / entitle : 자격[권리]을 주다
foot-passenger : 보행자, 통행인 / cab-driver : 마차의 마부, 택시 운전사
get in Ⓐ's way : Ⓐ를 방해하다, Ⓐ의 방해가 되다
get[go] nowhere : 아무 성과[진전]를 못보다, 아무 데도 못가다
anarchy : 무질서, (정치적, 사회적) 혼란

21

My father, whom I cannot remember, was dead, and my mother got married the second time, much to the old folks' annoyance. Their own children having all died, they kindly offered to adopt us three children, the only grandchildren they had; and mother, knowing that such would be to our future benefit, at once agreed. When we were settled in private life our home consisted of grandfather, grandmother, an imbecile brother, a sister, myself, a maidservant, a dog, a cat, a dove, and canary bird. I remember those happy days, and often wish I could speak into the ears of the dead the gratitude which was due to them in life.

아버지에 대한 기억은 없지만 그는 돌아가셨고 어머니는 재혼을 하였다. 어머니의 재혼이 조부모에게는 매우 난처한 일이었다. 자기 자식들이 모두 죽어서 손자라고는 우리들뿐이었지만 노인들은 친절하게도 우리 셋을 가족으로 받아들이겠다고 하셨다. 그래서 어머니는 그렇게 하는 것이 우리들의 장래를 위해 좋을 것이라고 생각하여 바로 승낙하셨다. 우리가 제각기의 생활에 안정을 찾았을 무렵 우리 집에는 조부, 조모, 정신박약아인 동생에 여동생과 나, 가정부, 그리고 개와 고양이 한 마리씩, 비둘기와 카나리아가 각각 한 마리씩 있었다. 나는 그 즐거웠던 시절을 떠올리며 돌아가신 분들의 귓전에 대고 생전에 그분들에게 당연히 드려야 했던 감사의 말이라도 속삭여 드렸더라면 하고 생각될 때가 많다.

Notes

* Their own children having all died, they kindly offered to adopt us three children, the only grandchildren they had ~

→ As their own children had all died, they kindly offered to adopt us three children, the only grandchildren they had ~

Words & Idioms

much to Ⓐ's annoyance : Ⓐ가 너무 난처하게도
adopt : 택하다, 취하다, 입양하다
be settled : 정착되다, 진[안]정되다
imbecile : 정신박약의, 저능한
gratitude : 감사, 사의(謝意)
be due to ~ : ~에게 주어야 하는, 빚지고 있는, 지불해야 하는 (owed)

22

The standard for them in noses must have been rather high, to judge by the portraits of the Duke, but no doubt he made allowances. Anyhow, by this method he got the men he wanted. Some people, however, may think that he would have done better to have let the mouth be the deciding test. The lines of one's nose are more or less arranged for one at birth. A baby, born with a snub nose, would feel it hard that the decision that he would be no use to Wellington should be come to so early. And even if he arrived in the world with a Roman nose, he might smash it up in childhood, and with it his chances of military fame. This, I think you will agree with me, would be unfair.

공작(公爵)의 초상화로 판단해본다면 장교가 되기 위한 기준이 되는 코는 상당히 높은 코였음이 틀림없지만 그가 그 점을 참작한 것만은 의심할 바가 없다. 아무튼 이런 방법으로 그는 자신이 원하는 사람을 부하로 두었다. 그러나 그가 입을 부하 채용의 기준으로 삼았더라면 더 좋았을 것이라는 사람들도 있을지 모른다. 인간의 코 선(線)은 태어날 때부터 대개 자리를 잡는다. 들창코를 가지고 태어난 아기는 자기가 웰링턴 공작에게는 쓸모없다는 것이 일찌감치 태어날 때부터 결정된다는 것이 지나친 일이라고 생각될 것이다. 그러나 비록 매부리[로마] 코를 가지고 태어났다 하더라도 어릴 적에 그 코가 깨어지고 동시에 군인으로서 명성을 가질 기회도 사라져버릴 수 있다는 것이다. 그렇게 되면 코 생김을 채용기준으로 삼는다는 것이 불공평하다는 것은 여러분도 나와 같은 생각일 것이다.

Notes

(a) The standard for them in noses must have been rather high, to judge by the portraits of the Duke, but no doubt he made allowances.
→ The standard for them in noses must have been rather high, if one may judge by the portraits of the Duke, but no doubt he made allowances.

(b) he would have done better to have let the mouth be ~
→ he would have been wiser if he had let the mouth be ~

(c) A baby, born with a snub nose, would feel it hard that ~
→ A baby, if it were born with a snub nose, would feel it hard that ~

(d) This, I think you will agree with me, would be unfair.
→ If such were the case, I think you will agree with me, it would be unfair.

Words & Idioms

duke : 공작(公爵) (the Duke → Wellington)
no doubt : 의심할 바 없이, 확실히, 물론(of course)
make allowance(s)[an allowance] for : 참작[감안, 고려]하다, 관대히 보아주다
by this method → by setting a standard in noses
do well : 잘되다, 당연하다, 현명하다 (act wisely) / deciding test : 결정 기준
more or less : 대개, 다소, 어느 정도 / at birth : 태어났을 때에(는)
a snub nose : 들창코, 넓적코, 주먹코, 사자코 / a Roman nose : 로마코, 매부리코
even if he arrived → even if he were born
smash up : 붕괴[파괴, 파멸, 대충돌]하다, 다 때려 부수다, 박살내다

23

The French have been always regarded, and rightly regarded, as the thriftiest of peoples. Few Frenchmen live up to their incomes: they manage to put something by for a rainy day, or better still, found or add to a little family fortune. I have seen many striking examples of this capacity for household management. The French are more luxurious in their food than are the Anglo-Saxons, but their inclination to self-indulgence in this respect is counterbalanced by the satisfaction with more inadequate dwellings than would otherwise content them.

프랑스 사람은 언제나 가장 검소한 국민으로 생각되어 왔고 그렇게 생각되는 것도 당연하다. 수입에 맞춰서 생활하는 프랑스 사람은 거의 없다. 그들은 어떻게든 생활을 꾸려나가면서 만일의 경우에 대비하여 어느 정도의 돈을 저축하거나 일이 더 잘 되면 약간의 재산을 모으기도 하고 늘리기도 한다. 나는 이처럼 가정살림을 꾸려가는 데 능력을 보인 인상적인 예를 지금까지 많이 보아 왔다. 프랑스인은 앵글로색슨인에 비해 음식에 대해서는 보다 호사스럽다지만 그들의 이러한 음식에 호사를 누리고자 하는 경향은 만일 그렇게라도 하지 않으면 만족할 것 같지 않은 충분치 못한 주거에 만족하는 것으로 그 부족함을 메우도록 하는 것이다.

Notes

by the satisfaction with more inadequate dwellings than would otherwise content them.

→ by the satisfaction with more inadequate dwellings than the dwellings which would content them, if they were less luxurious in their food.

Words & Idioms

thrifty : 검소한, 절약하는, 검약하는
live up to ~ : ~에 맞춰 살다, 합당한 생활을 하다, ~에 따라 생활하다
manage ~ : 어떻게든 ~하다[해내다], 잘 해내다, 그럭저럭 해나가다(succeed in)
for a rainy day : 만일에 대비하여
found : 세우다, 일으키다, 마련하다
household management : 가정(家政), 가계관리(家計管理)
counterbalance : 균형을 맞추다, (~의 부족을) 메우다, (효과를) 상쇄하다

24

No magazine would print a word I wrote, no hall would allow me to lecture in it, so that I was cut off from all my means of livelihood, and I couldn't get any money out of England, and so I was expecting to starve. I had three children whom I was educating, two of them at the university and one younger, and I expected we should all suffer very badly: and we should have done but for a certain man called Dr. Barnes who came to my rescue and gave me a job.

어느 잡지에도 내가 쓴 글은 한마디도 실어주지 않았고, 강연할 강연장 같은 곳도 없었으므로 나는 생계를 꾸려갈 수단이 완전히 끊어지고 말았다. 게다가 영국으로부터는 한 푼의 돈도 받을 수 없었다. 그래서 나는 굶어 죽을 날만 기다리는 신세가 되고 말았다. 내게는 교육시켜야 할 자식이 세 명이나 있었다. 그중에 두 녀석은 대학에 다니고 있고 그보다 어린 녀석이 하나 있었다. 그래서 우리는 모두 극심한 고생을 하지 않으면 안 될 것이라고 각오하고 있었다. 반즈 박사라는 사람이 나를 도우러 와서 일자리를 주지 않았더라면 우리 가족은 엄청난 고생을 했을 것이다.

Notes

(a) No magazine would print a word I wrote, no hall would allow me lecture in it, so that I was cut off from all ~
→ Every magazine refused to print a word I wrote, every hall refused me to lecture in it, so that I was cut off from all ~

(b) we should have done but for a certain man ~
→ we should have done if it had not been for a certain man ~

Words & Idioms

lecture : 강연하다
be cut off from ~ : ~와 단절되다
means of livelihood : 생계수단
starve : 굶주리다, 굶어 죽다, 아사하다
to my rescue : 나를 구하려고

25

The disadvantage of men not knowing the past is that they do not know the present. History is a hill or high point of vantage, from which alone men see the town in which they live or the age in which they are living. Without some such contrast or comparison, without some such shifting of the point of view, we should see nothing whatever of our own social surroundings. We should take them for granted, as the only possible social surroundings. We should be as unconscious of them as we are, for the most part, of the hair growing on our heads or the air passing through our lungs.

사람이 과거를 알지 못하는 경우의 불리한 점은 현재를 이해하지 못한다는 것이다. 역사는 언덕, 즉 매우 유리한 지점이고 그곳에서만이 우리는 자신들이 살고 있는 마을이나 살고 있는 시대를 볼 수 있다. 무언가 그 같은 대조나 비교가 없으면, 즉 무언가 시점(視點)이라는 변화가 없으면 우리 자신의 사회환경에 대해서도 무엇 하나 이해할 수 없을 것이다. 그래서 그것들을 유일 가능한 사회환경으로서 당연한 것으로 받아들여야 한다. 대개의 경우 머리털이 자라는 것이나 공기가 허파를 통과하는 것을 의식하지 못하는 것과 마찬가지로 환경을 의식할 수 없다.

Notes

(a) Without some such contract and comparison, without some such shifting of the point of view, we should see ~
→ If it were not for some such contrast and comparison, if it were not for some such shifting of the point of view, we should see ~

(b) I have no doubt at all.
→ I have no doubt whatever.

(c) We should be as unconscious of them as we are (unconscious), for the most part, of the hair ~

Words & Idioms

a point of vantage : 유리한 위치
contrast : 대조(對照), 대비, 차이
comparison : 비교
shifting : 변화, 변동
point of view : 시점, 관점, 견지, 생각
be unconscious of~ : 깨닫지 못하다, 의식하지 못하다
for the most part : 대부분은, 거의, 대개는

26

What is the kind of society and the kind of man we might find in the year 3000, provided nuclear war has not destroyed the human race before then? If people knew the likely course which American society will take, many if not most of them would be so horrified that they might take adequate measures to permit changing the course. If people are not aware of the direction in which they are going, they will awaken when it is too late and when their fate has been irrevocably sealed.

어떤 종류의 사회와 어떤 종류의 인간이 3000년에 발견될 것인가? 핵전쟁이 그 이전에 인류를 절멸시켜버리지 않는다는 것을 전제로 하는 것이지만 말이다. 가령 사람들이 미국 사회가 지금부터 나아갈 것으로 생각되는 진로를 알고 있다면 비록 그들 대부분은 아니더라도 많은 사람이 오싹하게 느낄만한 공포에 휩싸이게 될 것이고, 그 결과 진로를 바꿀 수 있는 적절한 방책을 취하게 될 것이다. 만약 사람들이 자기들이 나아가고 있는 방향을 알고 있지 않다면 그것을 알게 되었을 때에는 이미 너무 늦어서 그 운명을 어떻게도 할 수 없는 상황이 되어 있을 것이다.

Notes

(a) provided (that) Ⓐ has not destroyed Ⓑ : Ⓐ가 Ⓑ를 파멸시키지 않는다는 조건이 주어진다면 (부사절에서 현재완료의 미래완료 대용)
(b) the likely course which ~ : '~할 것 같은 진로'

Words & Idioms

horrify : 무서워하다, ~을 오싹하게 하다
adequate : 적절한, 적당한, 충분한, 부족하지 않은
measure : 수단, 방책(일반적으로 복수)
be aware of ~ : 인지하다, 깨닫다, 알아차리다
awaken : 깨다, 각성하다, 깨닫다
irrevocably : 취소[변경]할 수 없는, 돌이킬 수 없는, 폐기할 수 없는
seal : (운명 등을) 결정하다

27

The Egyptians discovered, practically, a very important bit of knowledge, which was, that if a rope of twelve units in length is divided by knots into sections of three, four, and five units and made into a triangle with the knots at the corners, then the angle opposite the side of five units is always a right angle. This is a special case of one of the theorems in geometry, but the Egyptians only knew it as a fact of experience, and, as far as we know, did not bother their heads as to 'why.' It was not until a long while later that a Greek, named Pythagoras, realised that other lengths for the sections would also give a right angle provided that the lengths are related to each other in the special manner demonstrated in Pythagoras' theorem.

이집트인들은 실제적인 경험으로부터 매우 중요한 하나의 지식을 찾아냈다. 그것은 만약 길이가 12단위로 되어 있는 로프가 3과 4와 5단위의 변(邊)으로 나누어진 매듭이 각(角)이 지도록 삼각형을 만들 수 있다면 5단위의 변으로 마주하는 각은 항상 직각이 된다는 것이었다. 이것은 기하학 정리(定理)의 한 특례이지만 이집트인들은 이를 경험적인 사실로서 알았던 것에 지나지 않았다. 그래서 우리가 아는 한 '왜 그렇게 되는가'라는 것에 대해서는 그렇게 골치를 썩이지 않았다. 오랜 세월이 지난 후 마침내 피타고라스라는 그리스 사람이 각 구분에 대한 다른 비율의 길이도 피타고라스 정리에서 증명되어 있는 특정한 비율로 서로 연관되어 있으면 직각이 형성된다는 사실을 알았다.

Notes

(a) other lengths for the sections would also give a right angle (being) provided that the lengths are related to ~
→ other lengths for the sections would also give a right angle, if it is provided[granted] that the lengths are related to ~

(b) It was not until a long while later that a Greek, named ~
→ Not until a long while later did a Greek, named ~

(c) the special manner (which is) demonstrated in Pythagoras' theorem.

Words & Idioms

Pythagoras : 피타고라스 (그리스의 철학자, 수학자)
divide Ⓐ into Ⓑ : Ⓐ를 Ⓑ로 나누다/분할하다
make Ⓐ into Ⓑ : make Ⓑ out of Ⓐ (Ⓐ로부터 Ⓑ를 만들다)
as far as we know : 우리가 아는 한

28

"Are you English?" I asked, perhaps tactlessly.

"Rather. You don't think I look like an American, do you?

British to the backbone, that's what I am." To prove it, he took out of his pocket a passport and airily waved it under my nose.

Queen Elizabeth has many strange subjects. He was short and of a sturdy build, clean-shaven and dark-skinned, with a fleshy, hooked nose and very large, lustrous and liquid eyes.

He spoke with a fluency in which there was nothing English and his gestures were exuberant. I felt pretty sure that a closer inspection of the British passport would have betrayed the fact that he was born under sky than is generally seen in England.

좀 퉁명스럽게 들렸을지 모르지만 "영국인이시오?"하고 내가 물었다.

"물론이지요, 내가 미국 사람처럼 보인다고 생각하진 않겠지요?

난 토종 영국인이라오. 그리고 나로 말할 것 같으면…"

자신이 토종 영국인이란 사실을 입증하기 위해 그는 포켓에서 여권을 꺼내 보란듯이 내 코앞에 흔들어 보였다. 영국 사람 중에는 참 희한한 사람들도 많다. 키는 작았지만 체격은 다부져 보였고, 면도를 깔끔하게 한 검은 얼굴에 큰 매부리코와 맑고 광채가 나는 큰 눈을 가지고 있었다.

그는 전혀 영국 사람답지 않게 유창할 정도로 말을 잘했고 몸짓에도 활력이 넘쳤다. 그 영국 여권을 좀 더 자세히 살펴보았더라면 그가 보통 영국에서 볼 수 있는 하늘보다 더 푸른 하늘을 가진 나라, 즉 기후가 좋은 곳에서 태어났다는 사실을 알게 되었을 것이라는 확신이 들었다.

Notes

(a) To prove it, he took out of ~
→ To prove that he was British to the backbone, he took out of ~

(b) a closer inspection of the British passport would have betrayed the fact that he was born ~
→ If that British passport had been inspected more closely, it would have betrayed the fact that he was born ~

Words & Idioms

tactlessly : 재치[요령] 없이, 분별없이, 서투르게 / airily : 경쾌[쾌활]하게, 가볍게, 젠체하며
rather : (영국 구어) 그렇고말고(certainly, assuredly). 아무렴, 물론이지(Yes, indeed!)
subject : 국민, 신하 / sturdy : 튼튼한, 건장한, 억센
hooked nose : 매부리코(Roman nose) / lustrous : 빛나는, 광택 있는, 번쩍이는
exuberant : 활력이 넘치는, 원기 왕성한, 열의가 넘치는
betray : (특징을) 드러내다, 폭로하다

29

The sun, having no outside supply of heat, must necessarily emit ever less and less of its life-giving radiation, and, as it does so, the temperate zone of space, within which alone life can exist, must close in around it. To remain a possible supporter of life, our earth would need to move in ever nearer and nearer to the dying sun. Yet, science tells us that, so far from its moving inwards, unstoppable dynamical laws are even now driving it ever farther away from the sun into the outer cold and darkness. And, so far as we can see, they must continue to do so until life is frozen off the earth.

태양은 외부로부터 열의 공급을 받지 않기 때문에 생명의 근원이 되는 열의 방사(放射)는 필연적으로 계속 감소되어 갈 수밖에 없다. 또한 실제로 그렇게 되어 있기 때문에 우주의 온대, 즉 그곳에만 생명이 존재할 수 있는 지대는 태양의 주위에 가까이 있지 않으면 안 된다는 것이다. 우리 지구도 생명을 유지할 수 있는 곳으로 존속할 수 있기 위해서는 식어가는 태양에 끊임없이 접근해 갈 수 있도록 안쪽으로 이동해 갈 필요가 있다. 그런데 과학에 따르면 지구는 안쪽으로 이동해 가기는커녕 멈출 수 없는 역학적 법칙에 따라 지금도 태양으로부터 점점 더 멀리 바깥쪽의 차가운 암흑의 세계로 이동하고 있다는 것이다. 게다가 우리가 알고 있는 한에서 이 역학의 법칙은 그대로 작용을 계속하여 마침내 생명체는 얼어 죽어 지상으로부터 사라져버린다는 것이다.

Notes

* as does so, the temperature zone of space, within which ~
→ as emit ever less and less of its life-giving radiation, the temperature zone of space within which ~

Words & Idioms

necessarily : 필연적으로, 필연적 결과로서, 반드시, 부득이
emit : 내다, 발하다, 방출하다, 방사하다
radiation : 방사(열), 복사(輻射) 에너지
temperate zone : 온대(溫帶)
inwards : 내부로, 안(쪽)으로
dynamical laws : 역학상(力學上)의 법칙

30

When penetrating into the "spirit" of a foreign tongue, we invariably have the impression of approaching a new world, a world which has an intellectual structure of its own. It is like a voyage of discovery in an alien land, and the greatest gain from such a voyage lies in our learning to look upon our mother tongue in a new light. So long as we know no foreign languages, we are in a sense ignorant of our own, for we fail to see its specific structure and its distinctive features. A comparison of different languages shows us that there are no exact synonyms. Corresponding terms from two languages seldom refer to the same objects or actions. They cover different fields which interpenetrate, and give us many-colored views of our experience.

우리가 어느 외국어의 '정신'에 깊숙이 파고들어 가보려면 항상 독특한 지적 구조로 되어 있는 새로운 세계에 접근하고 있다는 인상을 갖게 된다. 그것은 마치 외국으로 탐험여행을 하는 것과도 같다. 그런 여행으로부터 얻게 되는 가장 큰 수확은 모국어를 새로운 각도에서 다시 바라보게 된다는 것이다. 우리가 외국어를 알지 못하는 한, 어떤 의미에서는 자국어를 알지 못하고 있다는 말이 되는데, 이유는 자국어 특유의 구조와 독특한 특색을 이해할 수 없기 때문이다. 다른 언어들을 비교해보면 엄밀한 의미에서의 동의어는 존재하지 않는다는 사실을 알 수 있다. 두 언어에서 서로 대응하는 어구는 있다하더라도 동일한 사물이나 행위를 일컫는 경우는 거의 없다는 것이다. 그러한 두 언어가 서로 대응하는 어구는 상호간에 서로 침투해 들어가 각기 다른 분야에도 미치고 우리의 경험을 여러 가지 다채로운 관점으로 보여 준다.

Notes

(a) When (we are) penetrating into the "spirit" of a foreign tongue ~
(b) in a new light : '새로운 관점에서, 새로운 각도로'
(c) we are in a sense ignorant of our own (language), for ~
(d) fail to see ~ : ~을 이해할 수 없다

Words & Idioms

penetrate : 스며들다, 침투하다
tongue : 언어, 국어, 외국어
invariably : 변함없이, 일정불변하게, 항상, 반드시
alien : 외국의, 이국(異國)의 / feature : 어느 의미에서는
corresponding : 상응하는, 대응하는, 유사한 / synonym : 동의어(同義語)
terms : (pl) 말투, 말씨, 표현 / refer to ~ : ~을 언급하다, 일컫다
interpenetrate : (~에) (완전히) (서로) 스며들다, (~에) 침투하다
many-colored : 다채로운 / view : 견해, 관점, 사물을 보는 태도[방식]

Chapter

VII

양보구문
(Concession Structure)

01

Of all the natural forces, gravity is the most implacable and controls our lives from birth to death. No wonder that, conscious of their earth-bound slavery, men have always looked wistfully at birds and clouds, and have pictured the sky as the abode of the gods. Mysterious as it may seem, most of the creatures on this planet are hardly aware that gravity exists. Dominant as it is over all the lives of large land animals such as elephants, horses, men and dogs, to anything much smaller than a mouse it is seldom more than a mild inconvenience. To the insects it is not even that; flies and mosquitoes are so light and fragile that the air itself buoys them up, and gravity bothers them no more than it does a fish.

모든 자연력 가운데서 중력은 가장 거역할 수 없는 힘이고 태어나서 죽을 때까지 우리의 생활을 지배한다. 인간은 자신이 대지에 속박된 노예란 사실을 깨닫고 새나 구름을 동경의 눈으로 바라보며 공중을 거룩한 거처로 생각한 것도 무리는 아니다. 이상하게 생각될지도 모르겠으나 이 지구상의 수많은 생물은 중력의 존재를 거의 알아채지 못한다. 코끼리나 말, 인간이나 개처럼 육지에 사는 동물로부터 쥐보다 훨씬 작은 생물에 이르기까지 중력은 그 모든 것의 생활을 지배하고 있지만 아주 작은 불편을 느끼는 것에 불과하다. 곤충의 경우에는 그런 작은 불편조차도 거의 느끼지 않는다. 파리나 모기는 너무 가볍고 연약해서 공기 자체가 그것들을 떠오르게 하여 물고기와 마찬가지로 중력에 어려움을 느끼는 일은 없다.

Notes

(a) No wonder that, conscious of their earth-bound ~
→ It is no wonder that being conscious of their earth-bound ~
(b) Mysterious as it may seem, most of the creatures on ~
→ Though it may seem mysterious, most of the creatures on ~
(c) Dominant as it is over all the lives of large land animals ~
→ Though it is dominant over all the lives of large land animals ~
(d) seldom more than : 'only'와 거의 같은 뜻
(e) gravity bothers them no more than it (= gravity) does (= bothers) a fish :
'Ⓐ is no more Ⓑ than Ⓒ is Ⓓ'의 구문

Words & Idioms

implacable : 달래기 어려운, 용서 없는, 무자비한, 가차 없는(relentless)
earth-bound : 지상에 묶여 있는 / slavery : 노예상태, 노예의 신분
be conscious of ~ : ~을 자각[의식]하다, ~을 깨닫다
wistfully : 탐내는 듯한, 무엇을 동경하는 듯한, 생각에 잠긴
picture : 마음속에 그리다, 상상하다
abode : 거처, 주거, 주소 / dominant : 지배적인, 우세한
inconvenience : 불편(한 것) / fragile : 부서지기 쉬운, 연약한

02

The desire to possess objects of interest and beauty is as old as the human race, and to judge by the popularity of collecting as a hobby today it does not look as if the urge is dying out. Examine the private property of any schoolboy or schoolgirl, and you may well find a collection of stamps, coins, shells, badges, or some other objects precious to the owner, if to no one else.

관심 있고 아름다운 물건을 소유하고자 하는 욕구는 인류의 역사만큼이나 오래된 욕구이다. 그리고 오늘날 취미로 무엇을 수집하는 것이 유행되는 것으로 판단해보아도 그와 같은 강한 욕구가 없어져 가는 것 같지는 않다. 남녀 학생들의 소지품을 조사해 보면 각종 우표나 동전, 조가비, 배지(badge)라든지 타인에게는 소중하지 않을지라도 그 소유자에게는 소중한 여러 종류의 물건을 당연히 발견하게 될 것이다.

Notes

(a) and to judge by the popularity of collecting as a hobby today it does not look as if the urge is dying out. ('to judge by' : 독립부정사)

(b) some other objects precious to the owner, if to no one else.
→ some other objects precious to the owner, even if they are precious to no one else.

Words & Idioms

object : 물건, 물체, 사물
popularity : 대중[통속]성, 대중에 받아들여짐, 인기, 유행
hobby : 취미, 도락
urge : (강한) 충동[욕망], 간절한 소망
die out : 자취를 감추다, 사라지다, 멸종되다
may well : (~하는 것도) 당연하다, 무리가 아니다
shell : 조가비(sea shell)

03

I suppose the idea of deference is what Americans dislike. We put the lofty idea explicit in the Declaration of Independence that all men are created equal into the everyday practice of being Joe, Mary, Phil, Harry and Jane to one another. But it would be a mistake to believe that Americans do not recognize differences in status and rank. We know exactly when to use first names and when to use titles ; we know that the use of first names does not erase social differences. I was never able to call my favorite college professor by his first name even after graduation when we met each other socially. I will always feel that he is my teacher, but that feeling, I think, is due to his personality. As friendly as he is, he cannot help being "teacher."

공경(恭敬)이라는 관념이야말로 미국인이 가장 싫어하는 것이라고 생각한다. 우리는 미국의 독립선언에 명시되어 있는 모든 사람은 평등하게 태어났다고 하는 고매한 사상을 일상적으로 실행에 옮겨서 서로를 조(Joe), 메리(Mary), 필(Phil), 해리(Harry), 제인(Jane)이라 부르고 있다. 그렇다고 해서 미국인이 신분이나 계급의 차이를 인정하지 않는 것으로 생각하는 것은 잘못일 것이다. 우리는 언제 세례명을 사용해야 할 것인가, 언제 호칭을 사용해야 할 것인가를 확실히 분별하고 있다. 세례명을 쓰고 있다고 해서 그것이 사회적 지위의 차이를 없애는 것이 아니란 사실도 알고 있다. 나는 졸업 후에 내가 가장 좋아하는 대학 교수님과 사교적인 만남을 가졌을 때도 교수님을 결코 이름[세례명]으로 부를 수가 없었다. 나는 언제나 그분을 나의 선생님으로 생각할 것이지만 이런 마음은 아마도 그분의 인격 때문일 것으로 생각한다. 그분에게는 친밀감을 느끼지만 아무래도 '은사(恩師)'로 밖에 생각할 수가 없는 것이다.

Notes

(a) We put the lofty idea (which is) explicit in the Declaration ~
(b) We know exactly when to use first names and ~
→ We know exactly when we should use first names and ~
(c) As friendly as he is, he cannot help being "teacher."
→ Friendly as he is, he cannot help being "teacher."
→ Though he is friendly, he cannot help being "teacher."

Words & Idioms

deference : 복종, 존경, 경의(敬意), 공경
lofty : 고상한, 고결한 / explicit : 뚜렷한, 명백한, 분명한
status : 지위, 자격, 신분 / rank : 지위, 계급, 등급, 신분
socially : 사교적으로, 허물없이 사귀면서, 터놓고
be due to ~ : ~에 기인하는, ~ 때문에 / personality : 인격, 개성

04

The liberties of our country, the freedom of our civil constitution, are worth defending at all hazards ; and it is our duty to defend them against all attacks. We have received them as a fair inheritance from our worthy ancestors ; they purchased them for us with toil and danger and expense of treasure and blood, and transmitted them to us with care and diligence. It will bring an everlasting mark of infamy on the present generation, enlightened as it is, if we should suffer them to be wrestled from us by violence without a struggle, or be cheated out of them by the artifices of false and designing men.

우리나라의 자유, 우리 국가 헌법의 자유는 만난(萬難)을 무릅쓰고라도 지킬 가치가 있다. 어떠한 공격에 대해서도 자유를 지켜야 한다는 것은 우리의 의무이다. 우리는 훌륭한 조상들로부터 정정당당한 유산으로 자유를 물려받았다. 그들은 우리를 위해 애쓰고 위험을 무릅쓰면서 재산과 피의 대가로 자유를 쟁취하였고 신중하고 근면하게 노력해서 우리에게 자유를 전해주었다. 오늘날의 세대가 개화되어 있지만 폭력으로 우리에게서 자유를 빼앗아가는 것을 아무런 투쟁도 하지 않고 그대로 내버려둔다거나 기만적이고 교활한 자들의 책략에 휘둘려 자유를 빼앗긴다면 현세대에 영원한 불명예의 낙인이 찍힐 것이다.

Notes

* It will bring an everlasting mark of infamy on the present generation, enlightened as it is, if we should suffer from them ~

→ It will bring an everlasting mark of infamy on the present generation, though it is enlightened, if we should suffer from them ~

Words & Idioms

civil : 국가의, 국내의, 사회의, 내정의
constitution : (국가 조직을 규정하는) 헌법, (국가의 구성으로서의) 정체
at all hazards : 만난을[모든 위험을] 무릅쓰고, 꼭
defend Ⓐ against Ⓑ : Ⓐ를 Ⓑ에 대해[으로부터] 방어하다
nheritance : 상속, 계승 / toil : 수고, 노고, 고생
transmit : 전(달)하다 / with care : 주의 깊게, 신중히
everlasting : 끊(임)없는, 영구한, 영원히 계속되는
nfamy : 오명, 악명, 불명예, 비행(卑行), 파렴치 행위
enlightened : 계발(啓發)된, 문명화한, 진보한, 개화된
suffer : (굳이) ~하게 하다, (묵묵히) ~하게 내버려두다, ~하게 허용하다
wrest : 비틀어 떼다, 억지로 빼앗다
cheat Ⓐ (out of) Ⓑ : 속여서 Ⓐ로부터 Ⓑ를 빼앗다
artifice : 고안(考案), 교묘한 솜씨, 책략, 술책
designing : 계획적인, 흉계가[속셈이, 야심이] 있는

05

It was time for us to make our way to my father's house. Charles had seen his grandfather only once, on his one other visit to the town, when he was three years old. To anyone outside, that must have sounded as though we had been heartless, not only without instinctive ties but without responsibility. But my father just wanted to be left alone, to get on with his own mysterious concerns, whatever they were and if they existed. My brother Martin had tried to persuade him to live with them in Cambridge: I had wanted to have him in London. Not a bit of it. With simple passive resistance, he refused to move.

우리가 아버지 댁을 방문해야 할 때였다. 찰스는 전에 그 마을을 방문했을 때 딱 한 번 할아버지를 만났을 뿐으로 그것도 그가 세 살 때였다. 이렇게 말하면 국외자의 입장에서는 마치 우리에게 육친의 본능적인 유대관계가 없을 뿐 아니라 책임감도 없는 박정한 인간처럼 생각되었을 것임이 틀림없다. 그러나 아버지는 그냥 혼자 있으면서 남들은 이해하지 못해도 자신이 관심을 가지는 일을, 설령 그것이 무엇이든 존속하기만 하면 계속해 나가기를 원하셨다. 마틴 형님은 케임브리지에서 함께 모시고 살려고 아버지를 설득해보았고 나는 나대로 런던에서 함께 살기를 원했다. 그렇지만 전혀 들으려고 하지도 않으셨다. 그저 조용히 싫다는 반대의 뜻을 표하시면서 아버지는 거처 옮기기를 거부하였다.

Notes

(a) It was time for us to make our way to my father's house.
→ It was time that we should make our way to my father's house.
(b) I had wanted to have him in London.
→ I wanted to have had him in London.
(c) Not a bit of it : 앞 문장의 '그래서 그가 그 제안들을 받아들였나?'라는 문구를 상상하고, 이에 대해 '아니, 전혀'라고 글쓴이가 자문자답하고 있는 표현

Words & Idioms

make one's way : 가다, 나아가다
outside : 외부의, 국외(局外)의
instinctive ties : '육친 간의 본능적인 애정의 유대관계'
get on with ~ : ~을 해나가다, 계속하다
mysterious : 불가해(不可解)한, 신비스러운
concern : 관심사, 용건
passive resistance : 소극적 저항 (불복종 같은 온건한 방법으로 하는 저항)

06

I begin to understand why the saints were rarely married women. I am convinced it has nothing inherently to do, as I once supposed, with chastity or children. It has to do primarily with distractions. The bearing, rearing, feeding and educating of children ; the running of a house with its thousand details — woman's normal occupation in general run counter to creative life, or contemplative life, or saintly life, or saintly life. The problem is : how to remain whole in the midst of the distractions of life ; how to remain balanced, no matter what forces tend to pull off center ; how to remain strong, no matter what shocks come in and tend to crack the pattern of our lives.

어째서 성자(聖者)였던 여성은 거의 결혼을 하지 않았는지를 이해하기 시작했다. 지금까지 상상하고 있던 것처럼 그것이 순결이라거나 아이들 문제와는 본질적으로 아무런 관계가 없다는 것을 나는 확신하고 있다. 그것은 주로 정신의 흐트러짐과 관계가 있다. 아이를 낳고 키우고 먹이고 교육시키는 것, 잡다한 집안일에 세세하게 신경을 써가며 일가를 꾸려나가는 일 – 이와 같은 여성들이 보통 해나가는 일들은 예술가의 생활이나 사상가의 생활, 성자의 생활과는 맞지 않는 일이다. 문제는 주위가 어수선한 생활 속에서 어떻게 하면 자신(自身)을 잃어버리지 않을 수 있는가, 어떠한 힘이 가해져 중심을 일탈하게 되는 경우에도 어떻게 하면 밸런스를 잃지 않을 수 있는가, 충격을 받아서 생활의 패턴이 무너질 것 같아도 어떻게 하면 넘어지지 않고 버틸 수 있겠는가?하는 것이다.

Notes

* remain whole : '완전한 상태로 있다' → '자신(自身)을 잃지 않고 있다'

Words & Idioms

be convinced : 확신하다
inherently : 고유의, 본래의
distraction : (주의) 집중을 방해하는 것, 주의 산만, 정신이 흐트러짐, 심란
bear : 출산하다, (아이를) 낳다
rear : 기르다, 육성하다
run a house : 일가를 꾸려나가다
run[go/act] counter (to) ~ : ~을 거스르다, 반대되는 행동을 취하다

07

No matter how they spend the rest of the day, millions of people around the world start it off with a cup of coffee. Almost one-third of that coffee is grown in Brazil, where the worst drought of the century has recently devastated much of the crop. As a result, caffeine lovers will probably soon be forced to pay more for their morning jolt. The disastrous turn in the weather has worsened Brazil's attempts to pay off its staggering foreign debt.

세계 곳곳의 수많은 사람이 하루의 나머지 시간을 어떻게 보낼지라도 하루 일과를 커피 한 잔으로 시작한다. 그 커피의 3분의 1 정도가 브라질에서 생산되는데 금세기 최악의 한발(旱魃)로 인해 최근 그 지역의 커피 작물 대부분이 큰 피해를 보고 있다. 결과적으로 카페인 애호가들은 머지않아 어쩌면 모닝커피 한 잔의 값을 어쩔 도리 없이 더 지불해야 할 형편이다. 막대한 피해를 가져온 기상변화로 인해 막대한 외채(外債)를 모두 상환하려 했던 브라질의 시도는 상황이 더욱 어려워지게 되었다.

Notes

* No matter how they spend the rest of the day, millions of ~
→ However they spend the rest of the day, millions of ~

Words & Idioms

start off : 움직이기 시작하다, 출발하다
drought : 가뭄, 한발 (drouth)
devastate : (국토, 토지를 유린하여) 유린하다, 황폐화시키다
be forced to ~ : 하는 수 없이 ~하게 되다
jolt : (속어) (술 따위의) 소량, 한 모금
disastrous turn : 피해가 엄청난 변화
worsen : 악화하다, 악화시키다
pay off ~ : ~를 다 갚다, 전액을 지불하다
staggering : 어마어마한, 깜짝 놀랄만한, 막대한
foreign debt : 외채(外債)

08

There is nothing which adds so much to the beauty of the countryside as water, be it just a little stream trickling over the rocks, or a little pond by the wayside where the cattle quench their thirst of an evening. Water in a landscape may be compared to the eyes in a human face. It reflects the mood of the hour, being and gay when the sun shines, turning dark and gloomy when the sky is overcast.

그것이 바위 사이로 졸졸 흐르는 실개천이거나 어느 저녁 무렵 소들이 목을 축이는 노변의 작은 못이건, 물만큼 시골의 아름다움을 더해주는 것은 없다. 풍경 속에 있는 물은 사람 얼굴의 눈에 비유될 수 있을 것이다. 물은 시간에 따라 변하는 분위기를 반영한다. 햇빛이 밝게 빛날 때는 명랑한 분위기가 되고 하늘이 구름으로 뒤덮이면 어둡고 우울한 분위기로 달라지기 때문이다.

Notes

(a) ~ as water, be it just a little stream trickling over the rocks, or a little pond by the wayside where the cattle quench ~
→ ~ as water, whether it is[(may) be] a little stream trickling over the rocks, or a little pond by the wayside where the cattle quench ~

(b) It reflects the mood of the hour, being bright and gay when the sun shines, turning dark and gloomy when the sky is overcast.
→ It reflects the mood of the hour, and it is bright and gay when the sun shines, and it turns dark and gloomy when the sky is overcast.

Words & Idioms

nothing so much Ⓐ as Ⓑ : Ⓐ만큼 그렇게 Ⓑ는 없다
countryside : 시골(지역), 전원
trickle : 똑똑 떨어지다, 졸졸 흐르다
cattle : 소, 축우(cows and bulls)
quench : (갈증 따위를) 풀다, (불 따위를) 끄다
wayside : 노변(의), 길가(의)
landscape : 풍경, 경치
overcast : 구름이 뒤덮인, 흐린

09

The American likes to feel that he is in direct personal contact with the members of his family. It does not annoy him, even if he happens to be reading a book on economics, to feel that his wife may sit down beside him or his daughter walk past the back of his chair humming a tune without his having had any warning that either of them was at hand. The noise made by a servant collecting knives and plates after dinner, reaching him through a drawn curtain, does not disturb his enjoyment of a cigar.

미국 사람은 가족과 직접 가까이 접촉하기를 좋아한다. 비록 경제학 같은 서적을 읽고 있을 때에 옆으로 오겠다는 아무런 예고도 없이 아내가 바로 옆자리에 불쑥 앉는다거나 딸이 콧노래를 부르면서 의자 뒤로 지나갈지 모른다는 생각이 들더라도 별로 성가시다는 생각을 하지 않는다. 만찬이 끝나고 하인이 나이프나 접시를 모으는 소리가 커튼 너머로 들려와도 여유롭게 시거를 즐기는 데는 조금도 귀에 거슬려 하지 않는다.

Notes

(a) even if he happens to be reading a book on economics, ~
→ It happens that he is reading a book on economics ~

(b) The noise made by a servant collecting knives and plates after dinner, reaching him through a drawn curtain, does not disturb ~
→ When the noise made by a servant collecting knives and plates after dinner reaches him through a drawn curtain, it does not disturb ~

Words & Idioms

personal : 본인 스스로의, 직접의
annoy : 괴롭히다, 귀찮게[성가시게] 굴다, 속 태우다
happens to ~ : 우연히[어쩌다가, 마침] ~하다(chance to ~)
hum : 콧노래를 [허밍으로] 부르다
tune : 곡(조), 멜로디, 가곡(歌曲)
at hand : 가까이에 (있는)

10

We live exclusively with ourselves but only rarely do we like this arrangement of life. Much of our efforts is expended in an attempt to live socially — to break through to other persons. Yet the most sociable, outgoing person collects in a lifetime not more than a few hundred acquaintances, of whom only a few become intimates. If, therefore, one wishes any real quantitative extension of himself, any considerable relief for his isolation, he cannot depend upon his limited sphere of social activity.

인간은 배타적으로 끼리끼리만 살아간다. 그러나 이런 삶의 방식을 인간은 거의 좋아하지 않는다. 인간은 자기 노력의 상당 부분을 타인들과 교류하며 살아가려는데 쏟는다. 그러나 아무리 사교적이고 개방적인 사람이라도 일생에 기껏해야 몇 백 명 정도의 지기(知己) 밖에 갖지 못한다. 그 가운데 불과 몇 사람만이 친한 친구가 된다. 따라서 어떤 사람이 진실로 자신의 양적인 확장과 고독을 달랠 수 있는 상당한 위안을 원한다면 자신의 제한적 사회활동 영역에만 의존할 수는 없다.

Notes

* Yet the most sociable, outgoing person collects in a life time ~
(the most : 최상급 '양보'의 뜻)

Words & Idioms

exclusively : 배타적으로, 독립적으로, 오로지 ~만(solely, only)
rarely (do we) : 좀처럼 ~하지 않다, ~하는 일이 드물다
arrangement : 배치, 배열, 주선, 안배(按配), (처리) 방식
socially : 친하게, 허물없이
break through to ~ : ~까지 돌진하다, (난관을 극복하고) ~에 가까이 가다
outgoing person : 외향적인 사람
acquaintance : (집합적) 지기(知己), 교제범위, 아는 사람
intimate : 친구, 막역한[절친한] 벗
quantitative extension : 양적인 확장[팽창, 확대]
isolation : 고립(화), 고독, 격리

11

I love to be alone. I never found the companion that was so companionable as solitude. We are for the most part more lonely when we go abroad among men than when we stay in our chambers. A man thinking or working is always alone, let him be where he will. Solitude is not measured by the miles of space that intervene between a man and his fellows.

나는 홀로 있기를 좋아한다. 고독만큼 벗 삼기 좋은 친구를 보지 못했다. 보통 방안에 있을 때보다 밖에서 사람들 속에 섞여 있을 때가 더 외로움을 느낀다. 사고(思考)를 하는 사람이나 노동에 종사하는 사람은 비록 자신이 어디에 있던지 항상 외롭다. 외로움이란 어떤 사람과 그 친구 사이에 있는 공간적 거리로 측정되는 것이 아니다.

Notes

* A man thinking or working is always alone, let him be where he will.
→ A man thinking or working is always alone, be he where he will.
→ A man thinking or working is always alone, wherever he will be.

Words & Idioms

be alone : 혼자 있다, 측근에 아무도 없다
companion : 동료, 친구, 반려, 말동무, 벗, 동반자
never so Ⓐ as Ⓑ : Ⓑ처럼 그렇게 Ⓐ한 것은 아니다
companionable : 벗 삼기에 좋은, 친하기 쉬운, 사교적인
solitude : 외톨이임, 홀로 삶, 외로움, 적적함(loneliness)
go abroad : 집 밖에 나가다, 외국에 가다
for the most part : 대개, 보통, 대부분
the miles of space : 공간적 거리
intervene : 사이에 들다[끼이다], 개재하다

12

All cultures, even the simplest, seem to be in a continuous state of change. The earlier anthropologist assumed that cultures with relatively simple technology and political structure represented only slightly modified survivals of the ancient conditions of our own ancestors and for that reason dubbed them primitive. Also, largely as a device for simplifying their own theoretical studies, they assumed that such cultures were static or nearly so, persisting unchanged over long time periods. Actually, we have plenty of evidence that this is not the case. Not only do all archeological records, fragmentary as they are, show change through time, but wherever explorers have visited a 'primitive' tribe at intervals of a generation or more, their reports show that changes have taken place.

문화라는 것은 어느 것이나 비록 가장 단순한 수준의 것이라도 끊임없이 변화하는 상태에 있는 것으로 생각된다. 초기 인류학자들은 비교적 단순한 기술과 정치구조를 가진 문화를 단지 선조시대의 옛 상황들이 약간 변형되어 존속된 하나의 표본으로 생각했고 그런 이유로 그와 같은 문화를 원시문화라고 일컬었다. 또한 대체적으로 자신들의 이론적 연구를 단순화하기 위한 방편으로 그런 유형의 문화가 정체적이거나 거의 정적이기 때문에 아주 오랜 기간 변하지 않고 지속되었다고 추정했다. 그러나 사실은 그렇지 않다는 수많은 증거가 있다. 비록 단편적이긴 하지만 고고학적 여러 기록물에서 시간의 흐름을 통한 변화를 볼 수 있을 뿐 아니라 탐험가들이 한 세대 혹은 그 이상의 간격을 두고 '원시' 부족을 방문하는 곳마다 변화가 있었음을 그들의 기록을 통해 알 수 있다.

Notes

(a) even the simplest, seem to be in a continuous state ~
→ even the simplest cultures seem to be in a continuous state ~
(b) fragmentary as they are → although they are fragmentary

Words & Idioms

anthropologist : 인류학자 / assume : 당연한 것으로 여기다[생각하다]
relatively : 비교적, ~에 비교[례]하여, ~에 비해서
slightly modified : 약간 개량된[수정된, 완화된]
dub Ⓐ Ⓑ : Ⓐ를 Ⓑ라고 칭하다, Ⓐ를 Ⓑ라는 별명으로 부르다
theoretical studies : 이론적 연구
static : 정적(靜的)인, 고정된, 정지상태의 (statical)
persist : 존속하다, 지속하다, 살아남다, 고집하다
this is not the case : 이것은 사실이 아니다 (the case = the truth)
archaeological record : 고고학적 기록 / fragmentary : 단편적(斷片的)인, 미완성의
primitive tribe : 원시종족 / at intervals of ~ : ~의 간격으로, ~의 기간을 두고

13

Quite apart from differences of sex, many animals that live together establish a social order among themselves. There are bullies and bullied. When food is put into a cage at a zoo, the dominant individuals secure it all, while the other monkeys do not even try to get any. If, by good luck, a weaker monkey does manage to secure some of the food, but is noticed, he must give it up. Many monkeys have cheek pouches into which they stow away food to be consumed later. Even if the weaker monkey has managed to cram his stolen morsel into his cheek, it is fetched out by the bully, who puts his hand right into the cheek pouch.

암수가 다른 것은 별개 문제로 하고 집단생활을 하는 많은 동물은 나름대로 사회적 질서를 확립하고 있는 것들이 많다. 약한 상대를 못살게 구는 것들도 있고 괴롭힘을 당하는 것들도 있다. 동물원에서 우리 속으로 먹이가 들어오면 힘 있는 대장 원숭이가 먹이를 독차지하는 반면에 다른 원숭이들은 먹이에 조금도 손을 대지 않는다. 어쩌다가 운이 좋아서 약한 원숭이가 가까스로 얼마간의 먹이를 얻게 되어도 발각이 되면 그것을 포기해야 한다. 원숭이에게는 나중에 먹기 위해 먹이를 집어넣어 둘 수 있는 작은 주머니가 양볼 속에 있다. 비록 약한 원숭이가 훔친 소량의 먹이를 어찌어찌해서 볼 속에 쑤셔 넣는다고 해도 못살게 구는 원숭이가 바로 제 손을 힘없는 원숭이의 볼 속에 집어넣어 그 먹이를 끄집어내고 만다.

Notes

* some of the food, but (if he) is noticed, he must give it up.

Words & Idioms

apart from ~ : ~외에는, ~ ~을 제외하고, ~을 별문제로 하고 (aside from)
social order : 사회적 질서
bullies and bullied : 약자를 못살게 구는 것들과 괴로움을 당하는 것들
dominant : 지배적인, 우세한
secure : 획득하다, 확보하다
cheek pouch : (다람쥐, 원숭이의) 볼주머니
stow away : 집어넣다, 배를 채우다
cram : 채워 넣다, 밀어 넣다
fetch out : 꺼내다, 끄집어내다

14

Your problem is not legal, but emotional. A man's name is important to him — even if it does sound like a dirty word. I can readily understand your fiancé's reluctance to trade his name for yours. In our society, females are coming on stronger and stronger. Your suggestion could well be interpreted as the ultimate attempt at emasculation. Don't pressure him or he might wind up by letting you keep your simple, pleasant-sounding name and give his to somebody else.

당신의 문제는 법적인 것이 아니라 감정적인 것입니다. 남자의 이름은 남자로서 중요한 것입니다. 이를테면 그 성(姓)이 천박하게 들려도 나는 당신의 약혼자가 자신의 성과 당신의 성으로 바꾸는데 주저하는 심정을 쉽게 이해할 수 있습니다. 우리 사회에서는 여성의 힘이 점차 강해지고 있습니다. 당신이 제안하는 것은 최종적으로 남성을 거세하고자 하는 시도로 해석되어도 할 말이 없을 것입니다. 그에게 압력을 주어서는 안 됩니다. 그렇지 않으면 그 사람은 당신에게 당신의 간단하고 듣기 좋은 이름을 그대로 갖게 하는 다른 사람에게 자기의 성을 주어버리고 말 것입니다. 누군가 다른 사람과 결혼해 버린다는 것이지요.

Notes

(a) could well be interpret as ~ : '~로 해석되어도 도리가 없을 것이다'

(b) Don't pressure him or he might wind up by letting you keep ~
→ Don't pressure him, if you pressure him (= otherwise), he might wind up by letting you keep ~

Words & Idioms

legal : 법률상의, 법률에 관한, 법적인
sound like ~ : ~처럼 들리다
readily : 즉시, 쉽사리
reluctance : 마음이 내키지 않음, 마지못해 함, (하기) 싫음
trade Ⓐ for Ⓑ : Ⓐ을 Ⓑ와 교환하다[바꾸다] (exchange Ⓐ for Ⓑ)
interpret : 이해하다(understand), 판단하다, 해석하다
emasculation : 거세(去勢)
wind up : 마무리 짓다
pleasant-sounding : 듣기에 좋은

15

Let us suppose that the student should read any number of stories which are called literature. No doubt, if he is somewhat more intelligent than most, he will begin to ask questions of himself and to make comparisons, and his general taste will, as a result, be improved. But, unless he attempts to read with deeper understanding, it is doubtful whether any good result can be had, no matter how many stories he may read. I believe that before extensive reading can be profitable, the student must have some practice in intensive reading. Otherwise, the interests which he originally brings to his reading will remain unchanged.

그 학생이 이른바 문학이라고 일컬어지는 작품을 아주 많이 읽어야 한다고 가정해 보자. 그가 대부분의 다른 학생보다 조금이라도 총명하다면 자신에 대해 자문하고 비교해 봄으로써 결과적으로 그 자신의 일반적인 취향이 향상될 것이란 사실은 의심할 나위 없다. 그러나 보다 깊은 이해력을 가지고 읽지 않는다면 비록 그가 아무리 많은 작품을 읽는다 하더라도 어떤 좋은 결과를 얻을 수 있을지 여부는 확신하기 어렵다. 다독(多讀)에 의해서 어떤 유익함을 얻을 수 있기에 앞서 학생은 정독(精讀)의 연습을 하지 않으면 안 된다고 나는 믿고 있다. 정독의 연습을 하지 않으면 처음의 독서로 얻어지는 취향은 언제까지나 변하지 않을 것이다.

Notes

(a) any number of ~ : (수를 한정하지 않고) '얼마든지 많이'

(b) any good result can be had, no matter how many stories ~
→ any good result can be obtained, no matter how many stories ~

(c) Otherwise, the interests which he originally brings to his reading will remain unchanged.
→ If the student does not have any practice in intensive reading, the interests which he originally brings to his reading will remain unchanged.

Words & Idioms

make comparisons : 비교하다
extensive reading : 다독(多讀)
intensive reading : 정독(精讀)
remain unchanged : 불변(不變)인 채로 있다

Chapter

VIII

비교구문
(Comparison Construction)

01

If we knew what a man really admires, we might form some guess as to what sort of a man he is, or at least as to what sort of a man he is likely to be. This, of course, applies only to moral qualities; since a very plain person, for example, may admire beauty, and a weak person may admire strength, all the more for not possessing it.

사람이 어떤 것을 진심으로 높이 평가하는가를 알고 있으면 우리는 그 사람이 어떤 부류의 인물인가, 적어도 그 사람이 앞으로 어떤 인물이 될 가능성이 있는가에 대해 어느 정도 짐작할 수 있을 것이다. 물론 이것은 사람의 덕성에 관해서만 적용된다. 왜냐하면, 예컨대 용모가 못생긴 사람은 아름다움을 갖고 있지 않으므로 더더욱 아름다움을 찬미할 것이고, 몸이 약한 사람은 힘이 없기 때문에 그만큼 힘에 대해 더 찬양할 것이다.

Notes

* ~, may admire beauty, and a weak person may admire strength, all the more for not possessing it.
(all the more for는 앞의 두 'admire'를 모두 수식. it = beauty/strength)

Words & Idioms

as to ~ : ~에 관해[대해]
plain : (얼굴이) 예쁘지[아름답지] 않은, 볼품없는
moral qualities : 도덕적 자성(資性), 덕성
all the more : (그만큼) 더, 더욱더, 오히려

02

The highest result of education is tolerance. Long ago men fought and died for their faith; but it took ages to teach them the other kind of courage — the courage to recognize the faiths of their brethren and their rights of conscience. Tolerance is the first principle of community; it is the spirit which conserves the best that all men think. No loss by flood and lightening, no destruction of cities and temples by the hostile forces of nature, has deprived man of so many noble lives as those which his intolerance has destroyed.

교육이 이룩한 최대의 성과는 관용이다. 오래 전에는 사람들이 자신의 신앙을 위해 싸우다가 죽었다. 그러나 그들에게도 또 다른 종류의 용기, 즉 동포의 신앙과 그 양심의 권리를 인정해주는 용기를 가르치는 데는 오랜 시간이 필요했다. 관용은 공동사회의 가장 중요한 원칙이다. 관용은 모든 사람이 생각하는 최선의 것을 보존하는 정신이다. 홍수나 낙뢰로 인해 어떤 손실을 입었든, 자연의 적대적인 위력에 의해 도시나 사원(寺院)이 어떠한 파괴를 당했던지 간에 인간의 편협함이 저지른 것만큼 수많은 인간의 소중한 목숨을 빼앗아 간 것은 없다.

Notes

(a) No less ~, no destruction ~, has deprived man of so many Ⓐ as Ⓑ : '어떠한 손해나 어떠한 파괴도 Ⓑ만큼 많은 Ⓐ를 인간으로부터 박탈하는 것은 없다' ('no'에는 양보의 뜻이 있음)

(b) destruction of cities : 목적격 관계의 'of' (= destroy cities)

Words & Idioms

tolerance : 관용, 아량, 포용력, 도량
faith : 신앙(심), 믿음
brethren : (종교상의) 형제, 동일 교회[교단], 동업자, 동포 ('brother'의 고어 복수형, 오늘날에는 주로 종교단체의 신자 간에 사용)
conscience : 양심, 도의심, 도덕관념
conserve : 보존하다, 보호하다
(a bolt of) lightening : 낙뢰(落雷)
hostile : 적의(敵意) 있는, 적개심에 불타는
intolerance : 불관용, 편협, 협량(狹量)

03

We have no reason to suppose that the architect, keenly observant of the buildings, will be more observant than the stockbroker of the faces of the foreign people he meets, or the dress of the women. Indeed, he is more likely to have his attention diverted by the objects of his special interests. So training in the careful observation of the changes in chemical substances in experiments will have no effect on the observation of pictures.

건물을 꼼꼼하고 예리하게 관찰하는 건축가라 할지라도 그가 만나게 되는 외국인의 얼굴이나 의상에 대해 증권중개인보다 관찰력이 더 뛰어날 것으로 생각할 이유는 없다. 사실 건축가는 자신이 특별히 관심을 두는 사물에 대해 주의력을 기울이는 것 같다. 따라서 실험 중인 화학물질의 변화에 대해 주의 깊게 관찰하는 훈련 따위는 그림을 감상하는 데 아무런 효과를 얻지 못할 것이다.

Notes

* The architect will be more observant than the stockbroker of the foreign people he meets, ~

→ The architect will be more observant than the stockbroker will be (observant) of the faces of the foreign people he meets, ~

Words & Idioms

architect : 건축가, 건축(기)사, 설계자
keenly observant : 빈틈없이 관찰력이 예리한
stockbroker : 증권 중개인
have one's attention diverted by ~ : ~에 주의력을 돌리다
chemical substances : 화학물질
have no effect : 효과를 얻지 못하다

04

As with a clock one has to take special care of the thing by means of which one can best move the inner mechanism, so with a man, one must attend most of all to the cleanness and clearance of consciousness ; consciousness being the thing that best moves the whole man. But a need to deceive one's self arises. People are not as anxious that consciousness should work correctly, as they are that it should seem to them that what they are doing is right, and they knowingly make use of substances that disturb the proper working of their consciousness.

시계의 경우 그 내부 기계를 가장 잘 움직이도록 하는 점에 특히 주의를 요하는 것처럼 인간의 경우도 무엇보다 먼저 의식의 순수함과 분명함에 정성을 쏟아야 한다. 왜냐하면 의식은 전인적(全人的)인 인간을 가장 잘 움직이게 하는 것이기 때문이다. 사람들은 자신이 하는 일이 옳은 것으로 생각하기를 간절히 바라는 만큼은 의식이 정당하게 작용하기를 바라지는 않는다. 그래서 사람들은 자신의 의식이 적절히 작용치 못하도록 방해 요소를 고의로 이용한다.

Notes

(a) as with Ⓐ ~, so with Ⓑ : Ⓐ의 경우 ~하는 것과 마찬가지로 Ⓑ의 경우도
(b) not as Ⓐ as Ⓑ : Ⓑ만큼 Ⓐ하지 않다 (= not so Ⓐ as Ⓑ)
(c) ~, so with a man. → ~, so in the case of a man

Words & Idioms

the inner mechanism of clock : 시계의 내부 기계
by means of ~ : ~에 의하여
attend to ~ : (~을) 처리하다, 돌보다, 주의하다, 정성을 들이다
most of all : 특히, 무엇보다, 유별나게
consciousness : 의식(意識), 자각, 심상(心象)
it should seem to them that ~ : 자기들에게 ~라고 생각되다
knowingly : 알고서, 아는 체하고, 고의로
make use of ~ : (~을) 이용하다
substance : 요소, 재료

05

It can often be quite embarrassing to be alone in the company of someone you are not acquainted with and not speak to him. If no conversation takes place the atmosphere can become rather strained. However, by taking to the other person about some neutral topic like weather, it is possible to strike up a relationship with him without actually having to say very much. Railway-compartment conversations of this kind — and they do happen, although not of course as often as the popular myth supposes — a good example of the sort of important social function that is often fulfilled by language.

당신 홀로 일면식도 없는 사람과 자리를 같이하고 있으면서 그 사람과 아무런 대화도 나누지 않고 있다면 때로는 아주 어색하고 열없어질 수 있다. 만일 대화가 시작되지 않으면 분위기는 더 부자연스러워질 수도 있다. 그렇지만 날씨 따위의 가벼운 화제로 상대방에게 말을 건네면 실제로 많은 말을 하지 않아도 상대와 교제를 시작할 수 있게 된다. 이런 종류의 차내 대화는 – 일반적으로 막연히 생각하는 것만큼 빈번히 일어나는 일은 물론 아니지만 실제로 일어날 수 있는 일들이다 – 말에 의해 흔히 이루어지는 중요한 사회적 기능을 보여주는 좋은 사례이다.

Notes

(a) neutral topic : 중립적인 화제 → 지장이 없는 화제, 어련 무던한 화제
(b) they do happen : 'they' → railway-compartment conversations
(c) ~, although (they do) not (happen) of course as often as ~

Words & Idioms

in the company of ~ : ~와 동석(同席)해서
be acquainted with ~ : ~와 알게 되다, ~와 알고 있다
strained : 긴장된, 부자연스러운
strike up ~ : ~와 (대화, 관계 등을) 시작하다, 트다
compartment : (객차 · 객선 내의) 칸막이 방
myth : 근거 없는 사회통념

06

I have almost reached the regrettable conclusion that the Negro's great stumbling block in his stride toward freedom is not the White Citizen's Councilor or the Ku Klux Klanner, but the white moderate, who is more devoted to 'order' than to justice ; who prefers a negative peace which is the absence of tension to a positive peace which is the presence of justice ; who constantly says, "I agree with you in the goal you seek, but I cannot agree with your methods of direct action" ; who paternalistically believes he can set the timetable for another man's freedom ; who lives by a mystical concept of time and who constantly advises the Negro to wait for a 'more convenient season.' Shallow understanding from people of good will is more frustration than absolute misunderstanding from people of ill will. Lukewarm acceptance is much more bewildering than outright rejection.

자유를 향해 전진해가는 흑인에게 커다란 걸림돌은 '백인평의회원'이나 '케이케이케이(KKK)'단이 아니라 백인 온건주의자(the White Citizen's Councilor)라는 유감스러운 결론을 내리게 되었습니다. 이 온건주의자들은 정의보다는 오히려 '질서'에 충실하고 정의가 있는 적극적인 평화보다는 긴장이 없는 소극적인 평화를 더 선호하며 "여러분이 추구하는 목표에는 찬동하지만, 여러분의 직선적인 행동에는 찬성하지 않는다."라고 말하는 사람들이며, 타인의 자유를 위한 시간표를 자기들이 작성할 수 있다고 온정적으로 믿고 시간에 대한 신비주의적 개념으로 살아가며 흑인에게는 '더 좋은 때'를 기다리라고 말하는 사람들입니다. 선의(善意)를 가진 사람들의 얄팍스런 이해(理解)는 악의를 가진 사람들이 전적으로 오해하는 것보다 더 큰 좌절감을 줍니다. 미온적으로 받아들이는 태도는 솔직히 거부하는 것보다 훨씬 더 당혹스럽기만 합니다.

Notes

* the Ku klux Klanner, but the white moderate, who is more devoted to 'order' than to justice ; ~

→ the Ku klux Klanner, but the white moderate, who is more devoted to 'order' than the white moderate is devoted to justice ; ~
(more ~ than … → rather ~ than …)

Words & Idioms

white moderate : 백인 온건주의자
stumbling block : 걸림돌 / stride : 큰 걸음, 활보, 전진
be devoted to ~ : ~에 헌신하다 / paternalistically : 온정[가정]주의로
mystical concept : 신비주의적인 개념 / lukewarm acceptance : 미온적으로 받아들임
bewildering : 어리둥절케[당황케] 하는 / outright rejection : 솔직하게 거절함

07

To be sure, no one can prove that life exists beyond earth. Moreover, as recently as two or three decades ago it was pure speculation even to suggest the possibility. But that has changed. With our rapidly growing understanding of the universe has dawned the profound belief that we are not alone. Not long ago at a symposium on this subject, an astronomer declared, "The question has become not so much one of if as of where."

분명히 지구 이외에 생명체가 존재한다는 것을 누구도 증명할 수 없고, 더구나 지금으로부터 불과 20, 30년 전에 그 존재의 가능성에 대한 주장까지도 있었지만 단순한 추측에 지나지 않았다. 그러나 상황은 달라졌다. 우주에 대한 우리의 이해가 급속히 발전해감에 따라 우주에는 결코 우리만이 존재하는 것은 아니라는 깊은 확신이 생기기 시작하였다. 바로 얼마 전에 있었던 이 문제에 관한 심포지엄에서 어떤 천문학자가 이렇게 단언하였다. "문제는 다른 생명체가 존재한다면?이라는 존재 여부가 아니라 오히려 어디에 존재하는가? 라고 하는 장소가 문제가 되었다."라고.

Notes

(a) To be sure …. But ~ : 분명히 …이지만 그러나 ~
(b) The question has become not so much one of if as (one) of where.
(not so much Ⓐ as Ⓑ / one = a question)

Words & Idioms

speculation : 추측, 억측, 공리(空理), 공론(空論)
dawn : 시작하다, (사물이) 나타나기 시작하다
profound : 깊은, 충분한
symposium : 토론회, 좌담회, 심포지엄, 연찬회(研鑽會)

08

Few women came West prepared to deal with desert sunburn, rattlesnake bites, or arrow wounds. Even when doctors were available, they were often no more knowledgeable than their patients. And most patent medicines were no more reliable than the itinerant merchants who sold them. In certain cases, a woman could draw upon the folk wisdom and remedies she had learned back home; Western mosquitoes, for example, proved to be as repelled by a paste of vinegar and salt as were their Eastern cousins.

사막의 강렬한 태양광선으로 인한 화상이나 방울뱀에게 물렸거나 화살에 맞은 상처를 치료할 준비를 하고 서부에 온 여성은 찾기 힘들었다. 의사들이 있었다 해도 의학 지식이 없기로는 환자들이나 매한가지인 경우가 많았다. 그리고 특허를 받은 약품 대부분도 그것을 팔러 다니는 뜨내기 행상인들과 마찬가지로 믿을 만한 것이 못되었다. 어떤 경우에는 어느 여인이 고향에서 익힌 민간요법으로 치료할 수 있었다. 이를테면 서부의 모기들도 동부의 모기와 같이 식초와 소금으로 만든 연고로 퇴치할 수 있다는 것을 알게 되었다.

Notes

(a) The doctors were often no more knowledgeable than (were knowledgeable) their patients. And most patent medicines were no more reliable than (were reliable) the itinerant merchants who sold them.

(b) Western mosquitos proved to be as repelled by a paste of vinegar and salt as were their Eastern cousins.
→ Western mosquitos proved to be as repelled by a paste of vinegar and salt as their Eastern cousins were repelled by a paste of vinegar and salt.

Words & Idioms

deal with ~ : (~을) 치료하다, 처리하다, 다루다
desert sunburn : 사막의 햇볕으로 인한 피부의 화상(火傷)
rattlesnake : 방울뱀
patent medicine : 특허를 받은 약품
Ⓐ is no more Ⓑ than Ⓒ is Ⓓ : Ⓐ가 Ⓑ아닌 것은 Ⓒ가 Ⓓ아닌 것과 마찬가지다 / Ⓒ가 Ⓓ아닌 것과 마찬가지로 Ⓐ는 Ⓑ가 아니다.
itinerant merchant : 떠돌이[뜨내기] 행상인
draw upon ~ : ~을 이용하다, 의지하다(draw on/rely on)
folk wisdom : 민중의 지혜, 민간요법
repel : 쫓아버리다, 격퇴하다
prove to be ~ : (~임을) 알다. 입증하다, ~이 되다(turn out)
a paste of vinegar : 식초로 만든 연고(軟膏)

09

It is as absurd to be angry with the young boys who lead a gay life as with a litter of puppies scampering aimlessly around, rolling one another over and chasing their tails. It is well to bear it with fortitude if they cause havoc in the flower beds or break a piece of china. Some of them will be drowned because their points are not up to the mark, and the rest will grow up into well-behaved dogs. Their unruliness is due only to the vitality of youth.

발랄하고 들뜬 기분의 생활을 하는 젊은이들에게 역정을 내는 것은 마구 뛰어 돌아다니며 서로 뒤엉켜 뒹굴며 꽁무니를 쫓아다니는 한 배에서 태어난 강아지에게 화를 내는 것만큼이나 어리석은 짓이다. 강아지들이 꽃밭을 엉망으로 만들고 도자기 하나쯤 깨뜨려도 의연하게 참는 것이 좋다. 녀석들 중에 몇 마리는 여러 가지 점에서 표준치에 미치지 못하기 때문에 물에 빠져 죽기도 할 것이고 나머지 녀석들은 자라서 고분고분 말 잘 듣는 개로 자랄 것이다. 젊은이들이 자유분방하게 구는 것은 젊음이 가지는 활력 때문에 그렇게 하는 것에 지나지 않는다.

Notes

* It is as absurd to be angry with the young boys who lead a gay life as (absurd to be angry) with a litter of puppies ~

Words & Idioms

absurd : 불합리한, 부조기(不條理)한, 터무니없는, 우스꽝스러운
lead a gay life : 방탕한 생활을 하다, 화려하고 들뜬 기분의 생활을 하다
a litter of puppies : 한 배에서 태어난 강아지들
scamper around[about] : 뛰어 돌아다니다, 날쌔게 움직이다
aimlessly : 목적[표] 없이, 부질없이, 정처 없이
with fortitude : 의연하게, 결연히, 꿋꿋이
well-behaved : 행실[품행] 좋은
havoc : 대 황폐, 대 파괴
a piece of china : 한 점의 도자기, 도자기 하나
unruliness : 감당할 수 없음, 고분고분하지 않음, 사나움
vitality of youth : 젊음의 생명력[활기, 활력]

10

The nearer, the more everyday and familiar an event is, the greater the difficulty we find in comprehending it or even realizing that it is an event — that it actually takes place. Habit causes us to react automatically to the things which surround us. Confronted by the unknown, we are forced to think; hence our passionate dislike of unfamiliar things; but in the face of the known, we are hardly better than machines. When we live habitually, we function with the greatest practical efficiency, the least possible waste of energy; but we are scarcely more aware of the world in which we are living and acting than the automobile is aware of the landscape through which it is being driven.

어떤 한 가지 사건이 가까이에서, 즉 일상생활에서 흔히 볼 수 있는 것이면 그럴수록 그것을 이해하거나 그것이 실제로 하나의 사건이라고 하는 것, 즉 그것이 현실적으로 생길 수 있는 것이라고 이해되거나 깨닫게 되는 것까지도 우리가 느끼는 어려움은 더욱 커진다. 습관 때문에 우리는 주위에 있는 사물들에 대해 반사적으로 반응을 일으킨다. 알지 못하는 것과 맞닥뜨리게 되면 어쩔 수 없이 생각하게 되고 따라서 친숙하지 못한 사물을 매우 싫어하게 되는 것이다. 그러나 이미 알고 있는 것과 마주치게 되었을 때 우리는 기계보다 나을 것이 없는 존재가 된다. 우리가 습관적으로 생활할 때 최대한의 실질적인 능률을 발휘하고 최소한의 정력을 소비하면서 행동하지만, 우리가 생활하며 행동하고 있는 이 세계를 깨닫지 못하는 것은 자동차를 운전하면서 지나가는 주위의 풍경을 의식하지 못하는 것과 거의 다를 바 없다.

Notes

(a) Confronted by the unknown, we are forced to ~
→ When we are confronted by the unknown, we are forced to ~

(b) scarcely more ~ than
→ no more ~ than

Words & Idioms

the more everyday and familiar : 일상적이며 친숙하면 할수록
comprehend : (완전히) 이해하다, 파악하다
automatically : 무의식적으로, 반사적으로, 습관적으로
hence : 그러므로(as a result of/therefore), (동사를 생략하여) 이 사실에서 ~이 유래하다, 그런 까닭에 ~라는 것이 생기다
function : 작용하다, 구실을 하다, 역할[직분]을 다하다 (act)

11

Now it is a general rule of economics that scarcity creates value. A man in the middle of the Sahara may be ready to give a fortune for a glass of water that he would expect for nothing in a London restaurant. And a music-lover of the nineteenth century might have to make, and would probably be willing to make, considerable sacrifices of time and money to follow his hobby. The arrival of the radio and record-player has made an almost unbelievable difference to this situation. For some people it has become a question not so much of sacrificing to experience music, as of being prepared to pay to get away from it. Music has become part of the noise system that surrounds our lives like air. It is indeed constantly on the air and in the air.

그런데 부족하게 되면 가치가 생기게 된다는 것은 경제학의 일반원칙이다. 사하라사막 한복판에 있는 어떤 사람은 런던의 레스토랑이라면 공짜로 먹을 수 있는 한 잔의 물 때문에 기꺼이 재산을 내던질 수 있을지 모른다. 또한 19세기의 음악애호가는 자신의 음악적 취미를 추구하기 위해 상당한 시간과 금전적 희생을 치르지 않으면 안 되었을 것이고 아마도 기꺼이 그 대가를 치를 각오를 했을 것이다. 라디오와 테이프 레코드가 등장함으로써 이런 상황에 거의 믿을 수 없을 정도의 변화를 가져왔다. 어떤 사람들에게 이들의 등장은 음악을 체험하기 위해 대가를 치러야 한다는 문제보다 오히려 음악으로부터 도망가기 위해 돈을 지불할 각오가 필요하게 되었다. 음악은 마치 공기처럼 우리 생활을 둘러싸고 있는 소음 망(網)의 일부가 되고 말았다. 음악은 방송에서 끊임없이 흘러나와 공중으로 널리 퍼져나가고 있다.

Notes

(a) The arrival of the radio and record-player has made an almost unbelievable difference to this situation.
('this situation' → a music-lover of ~ to follow his hobby.)

(b) For some people it has become a question not so much of ~
(it → the arrival of the radio and record-player)

Words & Idioms

economics : 경제학
scarcity : 부족(lack), 결핍
be ready to ~ : 기꺼이 ~하다, ~하기를 불사하다 (be likely to)
fortune : 재산, 부(富)
music-lover : 음악애호가
considerable : 상당한, 꽤 많은, 적지 않은
constantly : 언제나, 변함없이, 끊임없이

12

We are surrounded by speech and writing through out our waking hours; we even engage in conversation in our dreams. Because language is so common to us, we may not notice it any more than we do batting our eyes, swallowing, or shifting our legs to a more comfortable position. It is only when our own language is misunderstood or we find someone else's unusual that we become aware of it.

우리는 깨어 있는 동안 말이나 문자에 둘러싸여 있다. 꿈을 꾸고 있는 동안에도 말을 하고 있다. 말이라는 것이 우리에게 너무 흔한 것이라서 눈을 깜빡거리거나 침을 삼킨다거나 발을 바꿔가면서 더 편한 자세를 취하는 것을 의식하지 못하는 것과 마찬가지로 그것을 의식하지 못할 수도 있다. 우리가 말에 대해 의식하게 되는 것은 우리의 말이 오해되거나 타인의 말이 여느 때와 다르다는 것을 알아차리게 될 때뿐이다.

Notes

(a) we even engage in conversation in our dream: 'even'은 의미상 'in our dream'에 걸림 (= we engage in conversation even in our dream.)
(b) Because language is so common to us (that) we may not notice ~
(c) Ⓐ is not Ⓑ any more than Ⓒ is Ⓓ = Ⓐ is no more Ⓑ than Ⓒ is Ⓓ
(d) It is only when our language is misunderstood or we find someone else's unusual that we become aware of it.
('only when our language is ~ unusual'을 강조한 강조구문)

Words & Idioms

our waking hour: 우리가 잠자지 않고 깨어 있는[일어나 있는] 시간
engage in: 종사하다
bat one's eyes: 눈을 깜빡거리다 (bad one's eyelid)
become aware of ~: ~을 알게 되다, 알아차리다, 눈치채다, 의식하다

13

Part of our response to any challenge or stimulus has proved a positive force, aiding our continued survival and providing a dynamic that distinguishes between the active 'business' of living and mere passive existence. Shaping our lifestyle, setting the tempo, and determining the rhythm at which we live, stress can become the driving force necessary to convert thought into action, whether that action is conducting an orchestra, running a race, escaping from fire or flood, or meeting a deadline. But today life's challenges are far more complex than they used to be, while life itself is altogether a more severe, less natural process than it used to be. Living in an age of enormous and increasingly rapid change, we are exposed to greater, more compelling and inescapable pressures to adapt, keep up, and compete — in short to survive — than any other time.

어떤 도전이나 자극에 대한 반응은 계속해서 생존하도록 도우면서 활동적으로 살아가는 삶과 수동적인 존재를 구분하는 원동력을 제공하는 긍정적 힘이라는 것을 알게 되었다. 우리의 생활양식을 형성하고, 그 속도를 정하며, 삶의 리듬을 결정해 주면서 스트레스는 사고(思考)를 행동으로 옮기는 데 필요한 추진력이 될 수 있다. 오케스트라를 지휘하거나, 경주를 하고 화재나 홍수를 피하는 것이건 또는 마감시간에 맞추도록 하는 것이건 간에 그 행동이 추진력이 될 수 있다. 그러나 오늘날 삶의 당면과제는 과거보다 훨씬 복잡한 반면에 삶 그 자체가 과거보다 더 냉엄하고 과거처럼 자연스러운 과정이 되지 못한다. 점점 엄청난 속도로 가속화되어 가는 변화의 시대에 살면서, 그 어느 때보다도 크게 강요되고 회피할 수 없는 압력, 말하자면 적응도 하고 보조를 맞추기도 하고 경쟁도 해야 하는, 한마디로 말해 생존에 대한 압력을 받고 있는 것이다.

Notes

* Today life's challenges are far more complex than they used to be (complex), while life itself is altogether a more severe, less natural process than it used to be (severe/natural).

Words & Idioms

challenge : 당면과제, 해볼 만한 일[문제, 과제], 도전
stimulus : 자극, 격려, 고무(鼓舞) / positive force : 긍정적 힘
aid our continued survival : 우리가 계속해서 생존하는 것을 돕다
dynamic : 힘, 원동력 / distinguish Ⓐ and Ⓑ : Ⓐ와 Ⓑ를 구분짓다, 구별하다
positive force : 긍정적 효과[힘] / set the tempo : 속도를 정하다
driving force : 추진력 / meet a deadline : 마감시간에 맞추다[대다]
be exposed to ~ : ~에 노출되다, 둘러싸이다 / keep up : 유지하다, 지속하다
In short : 요약하면, 간단히 말하자면, 요컨대 (in brief)

14

First of all, a book about science must be no less a pleasure to read than a book of any other sort. That means more than merely to say that it should be well written, for the pleasure derived from a good scientific book arises not from an easy flow of language but from the clarity with which meanings are perceived.

무엇보다도 과학에 관한 서적은 다른 부류의 서적과 마찬가지로 재미있는 읽을거리가 되지 않으면 안 된다. 그렇다고 해서 이 말은 단지 과학서적이 명문(名文)이어야 한다는 것만을 뜻하는 것은 아니다. 왜냐하면 훌륭한 과학서로부터 얻을 수 있는 즐거움은 유려(流麗)한 문체로부터가 아니라 의미가 명쾌하게 이해되는 것으로부터 얻어지는 것이기 때문이다.

Notes

(a) Ⓐ is no less Ⓑ than Ⓒ : Ⓐ는 Ⓒ에 못지않게 Ⓑ하다 (2중 부정 → 긍정)
(b) That means more than ~ : '그것은 ~ 이상의 것을 의미하고 있다'
→ '그것은 단지 ~만을 의미하는 것은 아니다'
(c) an easy flow of language : '언어의 유창한 흐름'
→ '유려한 문체'

Words & Idioms

be well written : 명문이다.
derive from ~ : ~에서 얻다, ~에서 파생되다, ~에서 유래하다
clarity : (문체 등의) 명료함, 명확함, 명석
perceive : 이해하다, 파악하다, 감지하다

15

What she had as a Christmas present to me was an ordinary parcel about nine inches wide, a foot long and no more than a quarter of an inch thick. "What is it?" I asked. "You'll see on Christmas morning." I shook it. Nothing rattled, but I thought I did catch a sound of some sort. "What is it?" I asked again. "A kind of magic," Mrs. Long said, and that was all. Her words were enough to set my mind dancing with new possibilities, so that by the time I reached home I had convinced myself of some great wonder. How long the passage to Christmas was! There were other presents of normal dimension and weight, but Mrs. Long's box dominated all, for it had to do with magic.

그녀가 내 크리스마스 선물로 가지고 있던 것은 폭이 약 9인치, 길이가 1피트, 두께는 겨우 4분의 1인치 정도 되는 보통의 꾸러미였다. "이게 뭐지요?"하고 내가 물었다. "크리스마스 날 아침이면 알게 돼요." 나는 그걸 흔들어 보았다. 달그락거리는 소리는 나지 않았지만 무슨 소리가 분명히 들리는 것 같았다. "뭐지요?" 다시 한 번 물었다. 롱 부인은 "일종의 마법(魔法)이에요."라고만 말할 뿐이었다. 그녀의 말은 여러 가지 새로운 가능성을 생각나게 해서 내 마음을 들뜨게 하기에 충분하였으므로 집에 도착할 때까지는 뭔가 대단히 멋진 것일거라고 확신하고 있었다. 크리스마스가 빨리 왔으면 하고 몹시 기다려졌다. 보통의 크기와 무게가 나가는 다른 선물도 있었지만 롱 부인의 선물 상자가 가장 멋졌다. 그건 마법과 관계 있었기 때문이었다.

Notes

(a) did catch → really catch (caught의 강조 표현)

(b) How long the passage to Christmas was!
→ Christmas was very long in coming.

(c) Mrs. Long's box dominated all, for it had to do with magic.
('all' = all other presents)

(d) ~ wide, ~ long, ~ thick
→ 직사각형의 치수를 나타내는 방식

Words & Idioms

parcel : 꾸러미, 소포
rattle : 덜컥덜컥 소리나다, 덜거덕거리다
convince oneself of ~ : ~을 확신하다
passage : (시간의) 경과, 추이(推移)
dimension : (길이 · 폭 · 두께의) 치수

16

In a wild cornfield, the best ears survive, to be sure, but even those will be very poor specimens. A large and perfect ear of corn is the result of man's work, not of that of nature. Similarly, a perfect human being is not one who survives in natural competition but one who is cultivated by society. Natural man was not one of great strength and good health in comparison with modern man. The more natural or untrained by society man is, the less is his physical perfection.

야생 옥수수밭에서는 가장 우량한 이삭들이 살아남는 것은 분명하지만 그런 이삭들조차도 질이 매우 나쁜 품종들일 것이다. 크고 질병이 없는 옥수수 이삭은 자연이 만들어낸 결과가 아니라 인간이 노력한 결과의 산물이다. 마찬가지로 건강한 인간은 자연의 경쟁에서 살아남은 사람이 아니라 사회에 의해 연마된 사람이다. 미개인은 현대인에 비해 아주 힘이 세고 건강한 인간은 아니었다. 인간은 더욱 자연 그대로이거나 사회에 의해 다듬어지지 않으면 않을수록 그만큼 더 육체적으로 완전치 못하다.

Notes

(a) A large and perfect ear of corn is the result of man's work,
not (the result) of that (= work) of nature.

(b) The more natural or untrained by ~, the less is his physical perfection.
('the less'가 be 동사의 보어, 주어와 be 동사의 도치)

Words & Idioms

ear : (보리 등의) 이삭, (옥수수의) 열매
to be sure : (그것은) 틀림없다, 분명하다
specimen : 견본(sample), (동식물의) 표본, 예(例), 실례(example)
perfect ear : 건강한 이삭, 질병 없는 이삭
perfect human : 건강한 인간
cultivate : (재능 · 습성 · 습관 따위를) 연마하다, 계발하다, 도야(陶冶)하다
natural man : 미개인(未開人), 자연인
physical perfection : 육체적으로 완전하다

17

You cannot force people to laugh, you cannot give a reason why they should laugh : — they must laugh of themselves, or not at all. As we laugh from a spontaneous impulse, we laugh at a thing the more at any restraint upon this impulse. We laugh at a thing merely because we ought not. If we think we must not laugh, this perverse impediment makes our temptation to laugh the greater ; for by endeavouring to keep the offensive image out of sight, it comes upon us more irresistibly and repeatedly, and the inclination to indulge our mirth, the longer it is held back, collects its force, and breaks out the more violently in peals of laughter.

사람들을 억지로 웃게 할 수도 없고 왜 사람들이 웃어야 하는지 그 이유를 댈 수도 없다. 사람들은 틀림없이 무의식적으로 웃거나 그렇지 않으면 결코 웃지 않는다. 우리는 자발적인 충동으로 웃기 때문에 이런 충동을 조금이라도 억누르려 하면 그만큼 더 웃게 된다. 단지 어떤 것에 대해 웃어서는 안 된다고 하는 이유만으로도 웃음이 나온다. 만일 우리가 웃어서는 안 된다고 생각하게 되면 이 심술궂은 제약 때문에 웃고 싶은 유혹을 그만큼 더 크게 느낀다. 왜냐하면 눈에 거슬리는 조상(彫像)을 눈에 띄지 않은 곳에 놓으려고 마음을 먹으면 더더욱 어찌할 수 없을 정도로 자꾸자꾸 눈에 띄기 때문이다. 또한 마음껏 웃어보려는 감정을 오래 억제하면 억제할수록 힘이 모아져 더욱 더 격렬하고 갑작스럽게 웃음이 터져 나온다.

Notes

(a) As we laugh from a spontaneous impulse, we laugh the more at any restraint upon this impulse. / If we think we must laugh, this perverse impediment makes our temptation to laugh the greater : ('the+비교급+for[because]'의 변형)

(b) they must laugh of themselves, or (they do) not (laugh) at all

Words & Idioms

spontaneous : 자발적인, 자연히 일어나는, 무의식적인
at any restraint : 조금이라도 억누르려 하면
perverse : 외고집의, 심술궂은, 빙퉁그러진
impediment : 방해(물), 장애
come upon : 우연히 떠오르다, 우연히 발견하다[만나다]
irresistibly : 억제할 수 없이, 저항할 수 없이
inclination : 경향, 성향, 성벽
mirth : 명랑, 유쾌함, 환희, 들떠서 떠들어대기, 희희낙락
the inclination to induige our mirth : 마음껏 웃고 싶어 하는 성향
peals of laughter : 와 하고[왁자하게] 터지는 웃음소리

18

We now know that Eleanor Roosevelt's was far more than her polio-stricken husband's 'eyes and ears' during their dozen years together in the White House; she often acted as Franklin Delano Roosevelt's conscience as well, and sometimes as his goad, reminding him of the needs of people otherwise without access to him while pursuing a host of political and social interests of her own. She set the standard against which every President's wife since has been measured, and after her husband died she became if anything more active, tirelessly campaigning for human rights and international cooperations — and for political candidates who she believed would best carry forward the traditions of the New Deal. The title 'First Lady of the World,' which was perhaps inevitably conferred upon her during the final busy years of her life, may have been a little cloying but it was also accurate; no woman was more universally admired.

오늘날 우리는 엘리너 루스벨트 여사가 백악관에서 남편과 함께 보낸 12년 동안 소아마비로 고통받은 남편의 '눈과 귀' 그 이상의 존재였다는 사실을 알고 있다. 여사는 자신의 정치적, 사회적 관심사를 추구해가는 한편으로 다른 수단으로는 전달될 수 없는 국민의 요구를 대통령인 남편에게 상기시키면서 때로는 프랭클린 루스벨트의 양심으로서, 때로는 자극제로서의 역할을 다하였다. 그녀는 이후에 모든 영부인(領夫人)을 평가하는 기준이 되었고, 남편의 사후에는 인권과 국제협력을 위해 운동을 전개하고, 뉴딜 정책의 전통을 가장 잘 수행해 나갈 수 있는 정치 후보자를 위해 열정적으로 힘을 보탬으로써 그 어느 때보다도 더욱 적극적인 사람이 되었다. '세계의 영부인'이라는 칭호는 어쩌면 여사의 말년에 불가피하게 주어진 칭호로서 조금은 마뜩잖게 들릴지 모르지만 옳게 붙여진 호칭이었다. 말하자면 엘리너 여사보다 더 널리 존경받은 여성은 없었다.

Notes

(a) she became if anything more active, tirelessly campaigning for human rights and international cooperations — and (campaigning) for political candidates ~ (병치 표현을 위한 전치사 'for'의 반복)

(b) No woman was more universally admired (than this woman).
→ Eleanor Roosevelt was most universally admired of all the women.

Words & Idioms

polio-stricken : 소아마비에 걸린[고통 받는, 시달리는]
act as ~ : ~의 역할을 하다[맡다], ~의 소임을 다하다
conscience : 양심, 도의심, 도덕관념 / goad : 격려(하는 것), 자극물
a host of : 다수의, 많은 / if anything : (의견을 타나내어) 어느 편인가 하면
tirelessly : 지칠 줄 모르고, 싫증내지 않고, 정력적으로, 꾸준히
inevitably : 불가피하게, 필연적으로, 부득이, 아무래도, 반드시, 확실히
confer upon[on] : (칭호, 학위 등을) 수여하다, (선물, 영예 등을) 증여하다
cloying : 물리는, 넌더리나는, 질리게 하는, 싫증나게 하는

19

With most men the knowledge that they must ultimately die does not weaken the pleasure in being at present alive. To the poet the world appears still more beautiful as he gazes at flowers that are doomed to wither, at springs that come to too speedy an end. The loveliness of May stirs him the more deeply because he knows that it is fading even as he looks at it. It is not that the thought of universal mortality gives him pleasure, but that he hugs the pleasure all the more closely because he knows it cannot be his long.

사람들은 대개 자신이 언젠가는 분명히 죽는다는 것을 알고 있지만 그렇다고 해서 현재 살아 있는 사실에 대한 즐거움이 적어지는 것은 아니다. 시인에게 머지않아 시들어버릴 운명의 꽃이나 너무 빨리 끝나버리는 봄을 가만히 지켜보고 있을 때 이 세상이 더한층 아름답게 보인다. 5월의 꽃이 주는 사랑스러움도 시인이 그것을 바라보고 있는 사이에도 색깔이 바래져 가기 때문에 오히려 더더욱 시인에게 깊은 감동을 준다. 이는 자연계의 살아 있는 것은 반드시 죽게 마련이라는 생각이 시인에게 즐거움을 주는 것이 아니라 그 즐거움이 오래도록 자신의 것이 될 수 없다는 사실을 알고 있기에 그만큼 더 그 기쁨을 가슴 속에 꼭 품게 된다.

Notes

(a) To the poet the world appears still more beautiful as he gazes at flowers that are doomed to wither, (as he gazes) at springs that ~

(b) May : 'March of winds'(3월의 바람), 'April showers'(4월의 소나기), 'May flowers'(5월에 피는 꽃), 'Roses in June'(6월의 장미)은 영국의 계절감을 잘 나타내고 있는데, 산사나무(hawthorn)의 꽃은 5월을 대표하는 꽃으로 'may'라고도 한다.

(c) It is not that Ⓐ but that Ⓑ.
→ It is not because Ⓐ, but because Ⓑ.

Words & Idioms

at present : 현재는, 지금은, 목하(now)
be doomed to ~ : ~할 운명이다, ~하게 마련이다
wither : 말라[시들어] 죽다, 시들다, 이울다
come to an end : 끝나다, 죽다
loveliness : 아름다움, 사랑스러움
stir : 감동시키다, (감정이) 일게 하다[일어나다]
fade : (색깔이) 바래다, 퇴색하다
mortality : 살아 있는 모든 것은 죽는다는 것, 죽어야 할 운명
hug : (애정을 가지고) 꼭 껴안다, 축복하다

20

It is with the greatest regret I have to decline your kind invitation for Arthur Kirkwall. I am sorry to say that his work has been very unsatisfactory lately, and his form-master tells me that he has been set a special task for Saturday afternoon as a punishment for continued idleness. I am the more sorry for this, because he is really a nice boy, and has a great affection for your son. I have every belief that he will turn out very well in the long run, but it is essential that these early signs of bad tendencies should be firmly repressed. If you could ask him for some other day, I should be glad to give the necessary permission.

친절하게도 아서 커크월을 초대해주셨는데, 응하지 못하겠다는 말씀을 드리지 않을 수 없음을 정말로 유감스럽게 생각합니다. 요즈음 아서 군의 학습태도가 매우 만족스럽지 못하고 그의 학급 담임 선생님은 계속해서 공부를 게을리하는 벌로서 토요일 오후에 특별 숙제를 시키고 있다고 합니다. 아서는 사실 좋은 아이이고 귀하의 자제분을 무척 좋아하고 있기 때문에 초대에 응하지 못하게 되어서 더더욱 유감으로 생각합니다. 나는 아서가 언젠가는 매우 훌륭한 학생이 될 것임을 굳게 믿고 있습니다. 그러나 이처럼 초기 단계의 나쁜 성향은 완전히 뿌리를 뽑는 것이 반드시 필요합니다. 만일 언젠가 다른 날 그 아이를 초대해주신다면 나는 기꺼이 필요한 허락을 해 드릴 것입니다.

Notes

(a) It is with the greatest regret (that) I have to decline your kind ~
('with the greatest regret를 강조한 강조 구문)

(b) I have every belief that he will turn out very well ~
→ I firmly believe that he will turn out very well ~
('every'가 belief, hope, chance, reason 등의 앞에서 강조를 나타냄)

Words & Idioms

decline : (초대, 제의 등을) 정중히 사절하다, 사양하다
unsatisfactory : 마음에 차지 않는, 만족스럽지 못한, 불충분한(inadequate)
form-master : (영) 학급담임 교사
turn out : (결국) ~이 되다
repress : (감정 등을) 억누르다

21

What is it in the English mind and character, or in the English way of life, that has proved so favourable to poetry? The answer must surely be that Englishmen, by reason of their defects no less than their virtues, are closer than most peoples to those sources from which poetry springs. If the Englishman's home is his castle, so to an almost unsociable extent is his mind. Accustomed to respect the intellectual and emotional privacy of his neighbours, he expects a similar forbearance towards himself. More sociable nations put their ideas into a common pool, but the Englishman keeps drawing his up painfully from his own private well for his own private use.

영국 사람의 정신이나 성격, 생활방식에서 그처럼 시(詩)와 어울리는 속성은 도대체 어디에서 나오는 것인가? 그 대답으로는 분명히 다음과 같을 것임이 틀림없다. 영국 사람들은 자신의 장점과 그에 못지않은 결점으로 인해 대부분의 다른 나라 국민보다 시가 분출되는 원천에 보다 가까이 있다는 점이다. 영국인의 집이 타인이 마음대로 들어갈 수 없는 성(城)이라고 한다면 그 정신도 거의 비사교적이라고 할 만큼 성벽으로 절연되어 있다는 것이다. 지적 · 정서적으로 이웃의 사생활을 존중하는 일에 익숙해져 있으므로 타인이 자기에 대해서도 마찬가지로 삼가는 태도를 보여 줄 것을 기대한다. 더 사교적인 국민은 각자의 생각들을 공동 저수지에 쏟아 놓지만, 영국인은 자신의 생각을 사적인 용도로 이용하기 위해 애써 자기 소유의 '사색의 우물'로부터 자신의 생각을 끌어올린다.

Notes

(a) What is it in the English mind and ~, that has proved so favourable to poetry? (의문사 what의 강조 구문)

(b) ~, by reason of their defects no less than their virtues, ~ ('defects' → an almost unsociable extent in his mind / 'virtues' → accustomed to respect the intellectual and emotional privacy of his neighbors)

(c) the Englishman's home is his castle ('영국인의 집은 자신의 성이다' ↔ '누구도 그것을 침범할 수 없다')

Words & Idioms

favourable to ~ : ~에 유리한(advantageous), 알맞은(suitable)
Ⓐ no less than Ⓑ : Ⓑ 못지않게 Ⓐ한, Ⓑ와 마찬가지로 Ⓐ한
forbearance : 삼감, 자제(심)(self-control), 인내, 참음
keep drawing his up : 자신의 사상을 계속 길어 올리다

22

The traditional family pattern of wife, husband, and children still predominates in the United States but it is changing rapidly. Over the past thirty years the number of single, separated, and divorced couples has increased sharply. This, of course, markedly affects family customs. Divorce has tripled over the past ten years and is currently at the highest rate ever, more women therefore have necessarily become the heads of households. The projection is that by 2000 one in three households will be headed by a woman.

미국에서는 남편과 아내, 자녀로 구성된 전통적인 가족형태가 아직도 지배적인 형태로 되어 있지만 급격하게 변화를 보이고 있다. 지난 30년 동안 독신자, 별거부부와 이혼부부가 현저하게 늘어나고 있다. 물론 이런 현상은 집안의 관행에 큰 영향을 미친다. 이혼은 지난 10년 동안 3배로 늘었고, 지금 최고의 이혼율을 보이고 있으며, 따라서 필연적으로 여성 가장(家長)이 늘어나고 있다. 2000년에는 세 가정 중에 한 가정꼴로 여성 가장이 늘어날 전망이다.

Notes

* Divorce is currently at the highest rate ever.
(최상급+ever[완료형] = 비교급+than ever)

Words & Idioms

traditional : 전통적인, 전통의, 인습의, 관습의
family pattern : 가족 형태
predominate : 뛰어나다, 우세하다, 걸출하다, 탁월하다
family customs : 집안의 법도[관행]
markedly : 현저하게, 눈에 띄게, 뚜렷하게
household : 가구(家口), 세대(世帶)
projection : 설계, 고안, 예상, 계획, 전망

23

A wider tolerance, a juster appreciation of the real values in life, and a deeper realization of the oneness of mankind — these are some of the results which travel rightly pursued cannot fail to produce. Quite apart, moreover, from any or all of these things, desirable as they are, is the pleasure of travel in itself. This is for some the main, and for many at least an important, if unadmitted, motive. To the real traveler there is no joy which is keener, no pleasure more lasting, than that of travel.

한층 더 너그러운 포용력, 인생의 참다운 가치를 보다 더 올바르게 인식한다는 것, 인류가 하나라는 것을 이전보다 더 절실히 깨닫게 되는 것, 이러한 것들은 제대로 이루어지는 여행에서 꼭 얻게 되는 결과의 일부이다. 더욱이 이러한 성과들이 바람직한 것이지만 그 일부 또는 모두를 별개의 문제로 차치하고라도 여행에는 그 자체의 즐거움이라는 것이 있다. 이것은 어떤 사람들의 경우에는 중요한 동기가 되기도 하고, 많은 경우에 비록 받아들여지지 않는다 하더라도 적어도 주요한 하나의 동기는 된다. 진정한 여행자에게 여행의 즐거움보다 더 큰 기쁨은 없고 여행의 즐거움보다 더 오래 마음속에 남아 있는 것도 없다.

Notes

(a) A wider tolerance (than before), a juster appreciation (than before), a deeper realization (than before)

(b) To the real traveler there is no joy which is keener, no pleasure more lasting, than that of travel.
('no ~ keener' 'no ~ more lasting' : 부정어+비교급 → 최상의 뜻)

Words & Idioms

tolerance : 관용, 아량, 포용력, 도량
oneness : 단일성, 하나인 것
travel rightly pursued : 제대로[올바르게] 이루어진 여행
cannot fail to ~ : ~하지 않을 리가 없다, 꼭[반드시] ~하다
apart from ~ : ~외에는, ~를 제외하고, ~은 따로 하고
unadmitted : 인정[허가]되지 않은, 받아들여지지 않은
keen : (속) 아주 좋은, 썩 훌륭한

24

Most casual visitors to zoos are convinced, as they stroll from cage to cage, that the antics of the inmates are no more than an obliging performance put on solely for their entertainment. Unfortunately for our consciences, however, this sanguine view of the contented, playful, caged animal could in many cases be hardly farther from the truth. Recent research at London Zoo has amply demonstrated that many caged animals are in fact facing a survival problems as severe as that of their cousins in the wild — a struggle to survive, simply, against the monotony of the their environment. Well fed, well housed, well cared for, and protected from its natural enemies, the zoo animal in its Super-Welfare State existence is bored, sometimes literally to death.

우연히 동물원을 방문한 대부분의 사람은 우리에서 우리로 돌아다니면서 그곳에 갇혀 있는 동물들의 기이한 몸짓이 방문객들을 오로지 즐겁게 해 주기 위해 지어 보이는 착한 연기에 지나지 않는 행동이라고 확신한다. 그러나 유감스럽게도 우리의 양심에 비추어 만족스럽고 활발해 보이는 갇혀 있는 동물들에 대한 이와 같은 낙관적인 견해는 여러 가지 점에서 진실과 매우 거리가 멀다. 런던동물원에 대한 최근의 연구조사에서는 우리에 갇혀 있는 많은 동물은 야생의 동족과 마찬가지로 심각한 생존문제에 직면하고 있음을 자세히 밝히고 있다. 그것은 그야말로 환경의 단조로움에 대한 생존의 투쟁이다. 잘 먹이고, 좋은 거처에서 세심한 보살핌을 받으며 천적으로부터도 보호되면서 이 초(超) 복지국가에서 사는 동물원 안에 있는 동물들은 이따금 사실상 죽음에 이를 만큼 권태로운 것이다.

Notes

(a) this sanguine view of the contented, playful, caged animal could in many cases be hardly farther (than this) from the truth.

(b) many caged animals are in fact facing a survival problem (that is) as severe as that of their cousins in the wild —

(c) Well fed, well housed, well cared for, and protected from its natural enemies, the zoo animal in its Super-Welfare ~

→ Being well fed, well fed, well housed, well cared for, and protected from its natural enemies, the zoo animal in its Super-Welfare ~

→ Although it is well fed, it is well housed, it is well cared for, and well protected from its natural enemies, the zoo animal in its Super-Welfare ~

Words & Idioms

casual : 생각지 않은, 뜻밖의, 무심한, 무심결의
be convinced : 납득하다, 확신하다
antics : 익살스러운 행동[몸짓], 기이한 행동
inmate : 재감자(在監者), 피수용자
no more than ~ : 단지 ~에 지나지 않는, ~일 뿐(only)
obliging : 잘 돌봐주는, (마음씨가) 자상하게 미치는, 친절한(accommodating)
performance put on : 상연되는 연기
solely : 오로지, 단지(only), 혼자서, 단독으로, 주로
sanguine : 쾌활한, 희망에 찬, 자신만만한, 낙천적인
far from ~ : 전혀[결코] ~이 아닌, ~이 아니라 오히려 그 반대인
survival problem : 생존문제
monotony : 단조로움, 천편일률, 무미건조, 지루함
natural enemy : 천적(天敵)
Super-Welfare State : 초(超) 복지국가
literally : 글자 (뜻) 그대로, 아주, 정말로, 사실상

25

Shark knew that some time Alice would want to be married, but, often as the thought came to him, he put it away and tried to forget it, for he regarded her marriage with no less repugnance than her seduction. She was precious thing, to be watched and preserved. To him it was not a moral problem, but an aesthetic one.

앨리스가 언젠가는 결혼하고 싶어 한다는 것을 샤크는 알고 있었다. 그러나 그런 생각이 떠오를 때마다 그는 그 생각을 떨쳐버리고 잊으려 애썼다. 왜냐하면 그는 그녀가 결혼한다는 것은 그녀가 유혹을 당한다는 생각과 마찬가지일 정도로 아주 싫어했기 때문이다. 그에게 그녀는 소중한 존재로서 가만히 바라보면서 보존해야 할 대상이었다. 그로서는 그것이 도덕적인 문제가 아니라 심미적 문제였다.

Notes

* Alice would want to be married, but, (as) often as the thought came to him, he put it away ~

→ Alice would want to be married, but, whenever the thought came to him, he put it away ~

Words & Idioms

put it away : 그것을 치워놓다[내쫓다, 떨쳐버리다]
no less Ⓐ than Ⓑ : Ⓑ에 못지않게 Ⓐ하다
repugnance : 질색, 증오, 반감(disgust, aversion)
seduction : 유혹, 사주(使嗾)
aesthetic : 미학(美學)의, 심미적(審美的)인

26

I noticed that spiders were generally most intelligent in escaping. I once saw one of the false spiders standing in the midst of an army of ants, and with the greatest circumspection and coolness, lifting, one after another, its long legs, which supported its body above their reach. Sometimes as many as five out of its eight legs would be lifted at once, and whenever an ant approached one of those on which it stood, there was always a clear space within reach to put down another so as to hold up the threatened one out of danger.

거미는 도망치는 데는 대체로 아주 영리하다는 사실을 나는 알게 되었다. 언젠가 폴스 스파이더 한 마리가 큰 개미떼 한가운데서 움직이지 않으면서 차례로 매우 신중하고 차분하게 개미가 미치지 못할 높이로 자기 몸통을 지탱하고 있는 긴 다리를 들어 올리고 있는 것을 본 적이 있다. 때로는 여덟 개의 다리 가운데 무려 다섯 개를 동시에 들어 올리려고 하는 것이었다. 몸통을 떠받치고 있는 이들 다리 중 하나에 개미가 가까이 올 때마다 항상 다리가 닿을 만한 곳에 개미가 없는 곳이 있어서 위험으로부터 벗어나기 위해 위협당하고 있는 다리를 들어 올리고 그곳에 다른 다리를 내려놓는 것이다.

Notes

(a) I once saw one of the false spiders standing ~, lifting, one after another, its long legs, ~
(standing ~, lifting ~ : 목적어 'one of the false spiders'의 목적보어)

(b) its eight legs would be lifted ~ ('would' : '과거의 의지' 표현)

Words & Idioms

the false spider : 폴스 스파이더 (거미의 한 종류)
an army of ants : 개미의 큰 무리 (a colony of ants)
circumspection : 주의 깊음, 용의주도함, 신중함
one after another : 차례로, 잇따라서
above[beyond] one's reach : 손이 닿지 않는 곳
as many as ~ : 무려 ~나 되는
at once : 동시에
a clear space : 빈터, 공지(空地)

Chapter

IX

기타 구문(Others)

01

Very early in our childhood we are taught that you can't have taught your cake and eat it, and this is only putting in another way the fact that you can't use the same resources to produce two separate things at the same time. If you want to grow cabbages on a bit of land you cannot also use it for a tennis court. You have to choose which of the many possible uses to which you could put the same materials or the same time is the one you prefer, in the knowledge that the price you pay consists of all the other alternatives you have thereby given up.

아주 어릴 때부터 과자는 먹고 나면 없어지는 것이라고 배웠다. 그런데 이 말은 동시에 두 개의 다른 사물을 만들기 위해 동일한 자원을 사용하는 것은 불가능하다는 사실을 달리 표현한 것에 지나지 않는다. 만약 얼마 안 되는 땅에 양배추를 재배하고 싶다면 동시에 그 땅을 테니스 코트로 이용할 수는 없다. 같은 재료 또는 같은 시간을 이용할 수 있다고 생각되는 가능한 많은 방법 가운데 그 어느 것이 당신이 선호하는 방법인가를 선택해야 하지만 그런 경우에 당신이 치를 대가는 그것을 선택한 결과 당신이 단념한 다른 여러 대안으로 이루어진다는 사실을 알고서 선택하지 않으면 안 된다.

Notes

(a) You can't have your cake and eat it (too).
→ You can't eat your cake and have it (too).
('과자는 먹으면 없어지는 것' ↔ '꿩도 먹고 알도 먹을 수는 없다' : 둘 모두 좋을 수는 없다)

(b) the fact that you can't use the same resources to produce ~ :
(접속사 'that'가 이끄는 명사절은 the fact와 동격관계 : the fact의 내용)

Words & Idioms

resource : 물질, 자원
a bit of ~ : 소량의 ~, 한 조각의 ~
put ~ to use : ~을 이용하다
price : (~을 획득하기 위한) 대가, 대상(代償), 희생
in the knowledge that ~ : ~라는 사실을 알고서 (knowing that ~)
alternative : 대안(代案), 다른 방도, 달리 택할 길

02

The fundamental advantage of a small school is that in it everyone — pupil and teacher — knows everyone else and is known by them : this is the basis of a pupil's and a teacher's sense of security. Man is a social animal ; he needs not only to be accepted and approved by others, but to feel that he belongs in a recognizable community where he matters. It is the lack of such a positive supporting framework which leads so many young people into irresponsible and often destructive behavior, a protest against the neglect they suffer from a world indifferent to their problems.

학생 수가 적은 학교가 기본적으로 가지는 이점은 학교 내에서 선생과 학생 누구나가 서로 알고 또 알려졌다는 것이다. 이런 점은 선생이나 학생 모두에게 안전감의 기초가 된다. 인간은 사회적 동물이다. 다시 말해서 다른 사람들에게 인정받고 있다는 사실뿐만 아니라 자신이 중요한 사람이라고 인정해 주는 지역사회에 속한다는 것도 느낄 필요가 있다. 이처럼 적극적으로 젊은이를 떠받쳐 줄 환경이 되지 못한다는 사실이 많은 젊은이를 무책임하고 때로는 파괴적인 행동, 즉 젊은이들의 문제에 무관심한 세상으로부터 받는 무시에 대한 저항으로 치닫게 만드는 것이다.

Notes

(a) The fundamental advantage of a small school is that in it everyone —
('in it' → in a small school)

(b) ~ and is known by them : this is the basis of a pupil's ~
('this' → by them까지의 내용, 콜론(:)에 의한 동격관계 표현)

Words & Idioms

a sense of security : 안전감(安全感)
recognizable : 인식{인지, 승인}할 수 있는, 알아볼 수 있는
matter : 중요하다, 문제가 되다, 중대한 관계가 있다
a positive supporting framework : '사람을 긍정적으로 뒷받침해 줄 수 있는 환경'
irresponsible : 무책임한, 책임능력이 없는
neglect : 무시, 경시, 간과, 무관심
suffer : (고통 · 변화 · 피해 등을) 경험하다, 입다, 받다
indifferent to ~ : ~에 무관심한

03

My father was always a questioner; and even if he had lived twice as long as he did I feel sure that he would have gone on asking himself fundamental questions and would never have been satisfied with ready-made answers. The other reason why my father could have joined a Christian church was that his whole training as a historian had taught him that no person or institution has a monopoly on the truth. He could not and would not blind himself to the fact that there are other religions in the world besides Christianity, and that the followers of these other religions believe as passionately in their own faiths as Christians do in theirs. Thus my father came to see that all the major religions, however different they might appear to be on the surface, shared a common awareness of the deepest truths of all.

우리 아버지는 늘 질문을 많이 하는 분이셨다. 그래서 비록 그 생애의 두 배를 사셨다 해도 여러 근본적인 문제에 대해 자문(自問)을 계속하면서 진부한 답변에는 분명히 만족하지 못했을 것이라는 생각이 든다. 아버지가 그리스도교에 입교하지 않았던 다른 이유는 역사가로서 여러 가지 교육을 받은 탓으로 어떠한 사람이나 제도도 진리를 독점해서는 안 된다고 배워오셨기 때문이다. 아버지는 이 세상에는 그리스도교 이외에 다른 종교가 있다는 사실, 또한 그러한 다른 종교의 신봉자들도 그리스도교 신자와 마찬가지로 열정적으로 그들 나름의 신앙생활을 하고 있다는 사실을 모른 체할 수 없었고 그렇게 하려고도 하지 않으셨다. 따라서 아버지는 모든 주요 종교는 표면적으로 아무리 달리 보일지라도 가장 심오한 진리에 대한 공통의 인식을 공유하고 있다는 사실을 이해하게 되셨다.

Notes

(a) He could not and would not blind himself to the fact that ~
('would not' → 강한 거절의 표현)

(b) the fact that there are other religions in the world besides Christianity, and (the fact) that the followers of these other religions believe as passionately in their own faiths as Christians do[= believe] in theirs[= their own faiths].

Words & Idioms

questioner : 질문자, 심문자
ready-made : 독창성이 없는, 기성(旣成)의, 개성이 없는, 진부한
institution : (확립된) 제도, 관례, 관습 / monopoly : 독점, 전매, 독점
blind oneself to ~ : ~에 눈가림하다, ~을 모른 체하다
besides ~ : ~외에(in addition to) / follower : (주의 · 학설의) 신봉자(信奉者), 추종자
passionately : 열렬히, 열의에 차서, 정열적으로 / major : 주요한, 중요한, 일류의
share : 서로 나누다, 공유하다 / awareness : 인식, 인지, 각성상태

04

During another migration in Nebraska it was estimated that the swarm of locusts averaged half a mile high and was 100 miles wide and 300 miles long. Usually, these swarms take off from the ground against the wind, but, once airborne, they turn and fly with it. Warm convection currents help to lift them, often to great heights. During the great locust plagues the situation in Nebraska became so serious that the original state constitution had to be rewritten to take care of the economic problems. The new document was known as the "Grasshopper Constitution."

네브래스카 주에서의 또 다른 이동군(移動群)은 메뚜기 떼의 높이가 평균적으로 반마일, 폭이 100 마일, 길이는 300마일 정도로 추정되었다. 일반적으로 이런 메뚜기 떼는 바람을 거슬러서 땅으로부터 떠오르는데 일단 공중에 뜨게 되면 방향을 바꾸어 바람을 타고 날아간다. 따뜻한 대류는 이 떼들을 높이 올라가게 하는데 때로는 엄청나게 높은 고도까지 메뚜기 떼를 떠오르게 해준다. 이 엄청난 메뚜기 떼의 재해가 일어나는 동안 네브래스카 주의 상황은 너무나 심각해져서 경제적인 문제를 해결하기 위해서 원래의 주(州)헌법을 개정해야만 했다. 이 새로운 주의 헌법은 "메뚜기 헌법"으로 알려졌다.

Notes

(a) During another immigration in Nebraska it was estimated that the swarm of locusts averaged half a mile high ~
→ During another immigration in Nebraska we estimated that the swarm of locusts averaged half a mile high ~

(b) Once (they are) airborne, they turn and fly with it.

Words & Idioms

migration : 이동 중인 동물(의 떼)
swarm : (동물 · 곤충의) 떼, 무리
locust : 메뚜기, 황충, 여치
airborne : 이륙하여, (공중에) 떠있는, 비행중인
convection : 열 · 전기 · 공기의) 대류(對流), 환류(還流)
plague : 재앙, 천재(天災), 천벌, 저주(curse)
grasshopper : 메뚜기
phase : 단계, 국면, 형세
lesser : (같은 종류의 것보다) 작은[적은] 편의, 소(형)의 ~,

05

It is difficult to know whether in reality Japanese are or are not more given to tears than Europeans and Americans. In some situations the restraint and the ability to hide sorrow seem remarkable. Japanese funerals are among the least tearful in the world. The beauty of some of the best Japanese movies comes in large part from the fact that the emotions are under such tight control. And on the other hand the conclusion to an athletic meet is likely to produce a flood of tears from victor and loser and man and woman alike. Given the remarkable restraint in the one case and the easy and open display of emotion in the other, it is probable that the volume of tears is about the same, East and West.

일본인이 유럽인이나 미국인들보다 실제로 눈물을 더 잘 흘리는지 흘리지 않는지 그 여부를 알아내기는 쉬운 일이 아니다. 상황에 따라서는 억제력이나 슬픔을 감추는 능력이 놀랄 정도라고 생각된다. 일본인의 장례식은 세계에서 가장 눈물을 보이지 않는 장례식 가운데 하나이다. 가장 뛰어난 일본 영화 중에는 그 아름다움이 주로 감정이 매우 엄격히 절제되는 사실로부터 나오는 것이 있다. 한편, 운동경기가 끝난 후에 승자도 패자도, 남자도 여자도 하나같이 눈물을 쏟아내는 경우도 있을 것이다. 만일 일본인의 장례식이나 영화에서의 그 두드러진 자제력과 운동경기의 경우처럼 스스럼없이 활달하게 보이는 감정 표출을 감안해보면 눈물의 양은 아마도 동서양을 막론하고 거의 비슷할 것이다.

Notes

(a) Japanese are or are not more given to tears ~
(be given to tears → be in the habit of shedding tears)

(b) Japanese funerals are among the least tearful in the world.
→ Japanese funerals are one of the least tearful in the world.

(c) Given the remarkable restraint in the one ~
→ If one takes into account the remarkable restraint in the one ~

(d) in the one case → in Japanese funerals/best Japanese movies
in the other (case) → in an athletic meet

(e) East and West → in both East and West

Words & Idioms

in reality : 사실은, 실제로는
restraint : 억제력, 억제작용, 억제수단
tearful : 눈물어린, 울고 있는, 눈물이 헤픈, 눈물을 자아내는, 슬픈
funeral : 장례식 / in large part : 아주 크게[많이], 주로
be under control : 잘 관리[제어]되다 / athletic meet : 체육대회, 운동회
be likely to ~ : ~할 개연성이 있다. ~할 성싶다, ~할 것 같다
a flood of tears : 마구 쏟아지는 눈물 / alike : 똑같이, 같이
open : 솔직한, 활달한 감추지 않는, 공공연한, 버젓이 하는

06

What Shakespeare wrote about and cared about in his drama is, above all, human life. Nothing in human life was above, or below, his human interest, He observed everything, and loved everything, in the human beings around him — everything, and loved everything, that is to say, that was observable and loveable. For him the great question of human life was not "To be or not to be," but "What is a man?"

셰익스피어가 자신의 드라마에 쓰고 관심을 가진 것은 특히 인간의 삶에 대해서이다. 인간의 삶에는 무엇 하나 그의 인간에 대한 관심이 미치지 못할 만큼 고상한 것도 없지만 가치가 없는 것도 없었다. 그는 주위 사람 중에 있는 모든 것, 다시 말해서 눈에 띄는 사랑할 수 있는 모든 것을 관찰하고 사랑했다. 그에게 인간의 삶에 대한 중대한 문제는 '사느냐 죽느냐'라는 것이 아니라 '인간이란 어떤 존재인가?'라는 문제였다.

Notes

* — everything은 앞의 everything의 말 바꾸기를 위한 삽입, that is to say는 이를 설명하기 위한 삽입, 다음의 that은 everything을 선행사로 하는 관계대명사

Words & Idioms

care about : ~에 마음을 쓰다, ~에 관심을 가지다
above all : 무엇보다도, 특히
observable : 관찰할 수 있는, 눈에 띄는

07

In a world so full of avoidable and unavoidable misfortunes, of illness and psychological tangles, of struggle and poverty and ill will, the man or woman who is to be happy must find ways of coping with the causes of unhappiness by which each individual is assailed. Most people are not rich; many people are not born good-natured; health is a blessing which none can be sure of preserving. For all the these reasons happiness must be, for most men and women, an achievement of themselves rather than a gift of the gods, and in this achievement effort, both inward and outward, must play a great part.

피할 수 있는 불행과 피할 수 없는 불행을 비롯해서 질병과 심리적 갈등, 투쟁과 빈곤과 악의가 팽배한 세상에서 행복하기를 원하는 사람은 남녀를 불문하고 각 개인을 공격하고 불행의 원인이 되는 것에 잘 대처해야 하는 방법을 찾지 않으면 안 된다. 사람들은 대부분 부유하지 않다. 천성이 좋은 사람도 많지 않다. 건강하다는 것은 하나의 축복이지만 누구도 오래 가질 수 있다고 확신할 수 없다. 이런 이유로 행복은 대부분의 인간에게는 신의 선물이라기보다는 스스로 성취해야만 하는 것이고, 이를 달성하기 위해서는 내적, 외적인 노력으로 큰 역할을 다해야 하는 것이다.

Notes

(a) In a world so full of avoidable and unavoidable misfortunes, of illness and psychological tangles, of struggle and poverty and ill will, the man or woman who is to be happy must find ~
('of avoidable and unavoidable' / 'of illness and psychological tangles' / 'of struggle and poverty and ill will'(형용사구) → 'a world' 후치수식)

(b) For all these reasons, happiness must be, for most men and women, an achievement of themselves rather than a gift of the gods, and in this achievement effort, ~
(부사구 'for most men and women' → 'an achievement of themselves ~' 수식 /형용사구 'both inward and outward' → 'effort' 후치수식)

(c) in this achievement → achieving this

Words & Idioms

psychological tangle : 심리적 갈등
ill will : 악의(惡意)
cope with ~ : ~에 대처[대응]하다, ~에 대항하다
assail : (맹렬히) 공격하다
good-natured : 사람이 좋은, 성질이 좋은
play a part : 역(할)을 하다[맡다]

08

The figure of the woman is as solid and permanently established as the rocks behind it. Yet the figure is free to bend and breathe and move, and is brought into the highest relief by the purposely strange background of dwindling rivers and shadowy peaks — by a landscape wrought out with as much affection the smiling face. The face of the woman, I need hardly say, is the most discussed face in the world's great portrait gallery, and the smile has been the subject of endless speculations, some mysterious and uncanny, some meaningless and Freudian. Technically, the smile was achieved by imperceptible variations in the lines of the eyes and mouth, and by modeling of the utmost delicacy.

여인의 초상(肖像)은 그 배후에 있는 바위처럼 단단히 무엇으로도 움직일 수 없는 것처럼 보이는 반면에 마음대로 몸을 구부리고 호흡하고 움직일 것 같으며, 폭이 점점 좁아져 가는 강과 아련하게 보이는 봉우리를 의도적으로 묘하게 배경에 배치함으로써, 다시 말해서 미소짓는 얼굴에 버금갈 정도로 애정을 담아서 그려낸 풍경으로 더할 나위 없는 입체감을 감돌게 한다. 새삼스레 말할 필요도 없지만 이 여인의 얼굴은 세계 유수의 초상화랑에서 가장 논의를 불러일으킨 얼굴이다. 또한 그 미소는 끝임없이 억측(臆測)의 대상이 되어 왔는데 그 억측 가운데는 신비롭고 초자연적인 것이 있는가 하면 어떤 것은 무의미하고 프로이트적인 것도 있다. 기술적으로 그 미소는 눈과 입의 선에 감지할 수 없을 정도의 변화를 주어 섬세하기 그지없는 표현으로 이루어진 것이었다.

Notes

(a) — by a landscape (which was) wrought out with as much affection ~.
(b) The face of the woman, I need hardly say, is the most discussed ~
→ I need hardly say that the face of the woman is the most discussed ~
(c) ~, some (speculations being) mysterious and uncanny, some ~

Words & Idioms

be free to ~ : 마음대로[자유로이] ~하다
bring[throw] ~ into relief : ~을 두드러지게 하다
purposely : 목적을 갖고, 고의로, 일부러
dwindle : 줄다, 축소[감소]하다, 작아지다
wrought : work-wrougt[worked]-wrought[worked]
shadowy : 아련[희미]한, 어렴풋한 / affection : 애정, 호의
uncanny : 초자연적인, 이상한, 묘한 / variation : 변화, 변동, 변이(變異)
imperceptible : 감지할 수 없는, 알아차릴 수 없을 만큼의, 미세한
modeling : (그림 등에서 음영(陰影)에 의한) 입체감 표현법
utmost : 최고(도)의, 극도의 / delicacy : 섬세(함), 미묘한 아름다움. 정치(精緻)

09

Japan seems to be wanting war and is in fact waging a kind of war even now. There are ever-increasing signs of militarism in the land, especially among the young; and the methods of Japanese businessmen abroad are aggressive, and ruthless. Even as her strength increases, she is making more and more enemies, if not among nations, at least among companies and individuals. And enemies can only destroy, or be destroyed.

일본은 전쟁을 원하고 있는 것 같으며 사실 지금도 일종의 전쟁을 하고 있으며, 계속 증대하는 군국주의의 징후가 특히 젊은이들 사이에서 나타나고 있다. 해외에서 일본 비즈니스맨의 영업방식은 공격적이고 무자비할 정도이다. 국력이 강해지고 있으면서도 일본은 국가 간이라고까지는 말할 수 없어도 적어도 기업 간, 개인 간에는 점점 더 많은 적(敵)을 만들어 가고 있다. 그런데 적이라는 것은 상대를 쓰러뜨리거나 아니면 자신이 파멸될 수 있을 뿐이란 것이다.

Notes

* 'in fact' → 삽입구의 앞뒤에 콤마(,)를 찍지 않은 문장도 있고 의문사나 관계사 다음에서는 주절이 콤마 없이 삽입되는 경우도 있음.

Words & Idioms

wage war : 전쟁을 수행하다
ever-increasing : 계속 증가하는
militarism : 군국주의(軍國主義)
aggressive : 공격적인, 호전적인
ruthless : 무정한, 무자비한, 인정머리 없는(pitiless), 잔인한
if not ~ : 비록 ~하지 않을지라도

10

The generation gap is a disease of success and city living. The rural poor rarely catch the disease; they have more pressing concerns, and they need families to survive. Only relatively rich young people can afford the luxury of going it alone. The reward they seek is freedom. The potential costs are lonely old people, dispirited adults, teenagers with little or no sense of the past and few ambitious for the future. The severity of the problem, and the responses to it vary widely. Ironically, generation gaps may be most numerous and severe in China, a nation that for 2500 years of Confucian civilization took reverence for elders to the extreme. Chinese authorities, worried that these children will be overindulged, have organized meetings to instruct parents on how to raise an only child.

세대차(世代差)라는 것은 성공과 도시생활이 낳은 병폐이다. 시골의 가난한 사람들은 이런 병폐를 접하게 되는 경우가 드물다. 그들에게는 보다 더 절박한 관심사가 있고 생존을 위해 가정이란 것이 필요하다. 비교적 젊고 부유한 사람들만이 혼자 생활할 수 있는 사치를 누릴 여유를 가진다. 그들이 추구하는 보람이란 자유이다. 늙고 외로운 노인들, 기가 꺾인 성인들, 지난날에 대한 의식이나 미래에 대한 야망도 거의 갖지 못하는 십대들이 잠재적인 희생자이다. 이와 같은 문제에 대한 심각성과 그에 대한 반응은 다양하다. 역설적으로 2500년 동안 극단적인 경로사상을 택했던 유교문화의 중국에서 세대차가 가장 많고 심각할 수 있다는 것이다. 중국 정부 당국은 이런 어린 세대가 제멋대로 행동할 것이 우려되어 독자(獨子)의 양육방법을 가르치기 위한 모임을 구성하였다.

Notes

* Chinese authorities, worried that these children will be ~
→ Chinese authorities, being worried that these children will be ~
→ Chinese authorities, as they are worried that these children will be ~

Words & Idioms

the rural poor : 시골의 가난한 사람들
pressing : 절박한, 긴급한(urgent)
go it alone : 혼자 해나가다
potential costs : 잠재적인 희생자[물]들
dispirited adults : 기가 꺾인[풀죽은] 어른들
Confucian civilization : 유교 문화
reverence : 숭배, 존경, 경의
overindulged : 제멋대로 (행동) 하는

11

We get used to particular newspapers and magazines and often, after a while, come to take their typical content for granted. Some degree of familiarity with a particular paper or magazine is often necessary, if what it has to offer is to come through to us easily. But of course there is a danger, as we get used to the particular way of looking at the world which our favourite paper or magazine embodies, that we shall forget that it is, after all, only one of many possible ways. If we are to be alert and independent, as in a democracy we ought to be, we have to look critically at the content and methods we are used to as well as those which we have decided are not our kind.

우리는 특정 신문이나 잡지에 익숙해져서 시간이 조금 지나면 그 특징 있는 내용을 당연한 것으로 받아들이는 경우가 가끔 있다. 어느 특정 신문이나 잡지가 제공해주는 내용이 우리에게 쉽게 전해질 수 있기 위해서는 그것들에 어느 정도 익숙해질 필요가 있는 경우가 많다. 그러나 우리가 좋아하는 신문과 잡지가 형성하는 특정한 세계관에 익숙해져 감에 따라 그 견해가 결국 수많은 견해 가운데 하나인 것에 지나지 않는다는 사실을 망각해버릴 위험성이 존재한다는 것은 물론이다. 만약 우리가 주의 깊고 또한 주체성을 확립하고자 한다면 – 민주국가에서는 그렇게 하지 않으면 안 되지만 – 우리의 견해와 다르다고 판단되는 내용이나 방법에 대해서와 마찬가지로 익숙한 내용과 방법에 대해서도 비판적인 눈으로 바라보지 않으면 안 된다.

Notes

(a) if what it has to offer is to come through to us easily.
(what it has / to offer is to come ~ : has to가 아님)

(b) But of course there is a danger, as we forget used to ~ embodies, that we shall forget that it is ~ (명사절 'that we shall forget that it is ~'와 'a danger'는 동격)

(c) ~ that we shall forget that it is, after all, only one of many possible ways.
(it = the particular way of looking at the world)

Words & Idioms

after a while : 잠시 후(에), 조금 지나면
typical : 전형적인, 특징이 있는
content : (구체적인) 내용, 알맹이
familiarity : 친밀(함), 친숙, 친교, 친밀한 사이
favourite : 마음에 드는, 좋아하는 ((미) favorite)
embody : (사상 · 감정 · 주의 등을) 구체화하다, 유형화하다, 구현하다
alert : 주의 깊은, 방심하지 않는, 정신을 바짝 차린, 빈틈없는(watchful)
independent : 자주적인, 자활할 수 있는
a democracy : 민주(주의) 국가
critically : 비판적으로

12

The owl can hear a mouse chewing and fly down on it, even though it is hidden from sight under a pile of leaves. For those engaged in designing sensitive mechanical ears for listening to enemy sonar, owl research may indeed have value. Nor is the nose being ignored. Many male creatures find their way to their mates by following an odor given off by the female. To explore mechanical scent detection, the Armour Research Foundation has developed a synthetic nose which can, it is believed, defect scents in vapors at a ratio of one particle to a million. the Foundation thinks that it can be used in early detection of food spoilage, and to warn industrial and military personnel of the presence of poisonous vapors.

올빼미는 비록 생쥐가 나뭇잎 더미 아래 숨어 보이지 않아도 생쥐가 먹이를 씹는 소리만 듣고서도 그것을 덮칠 수가 있다. 적군의 수중음파탐지기 소리를 듣기 위한 기계장치의 귀를 설계하는 사람들에게는 올빼미에 대한 연구는 정말 가치 있는 일이다. 코의 역할도 결코 무시되지 않는다. 수컷 중에는 암컷이 풍기는 냄새를 따라 그 암컷을 찾아갈 수 있는 길을 찾아낸다. 냄새를 추적하기 위해 병기조사연구재단(ARF)에서는 1피피엠(ppm)의 비율로 기화물질 속에서 어떤 냄새도 맡아낼 수 있다고 믿어지는 인조코를 개발하였다. 같은 재단에서는 인조 코가 음식물 변질의 조기 탐색과 산업요원이나 군사요원에게 유독한 기화물질의 발생을 경고하는 데 이용될 수 있다고 생각한다.

Notes

* the Armour Research Foundation has developed a synthetic nose which can, it is believed, detect scents in vapors ~

→ It is believed that the Armour Research Foundation has developed a synthetic nose which can detect scents in vapors ~

Words & Idioms

hidden from sight : 시야에서 가려져 있는
a pile of leaves : 나뭇잎 더미 / sonar : 소나, 수중음파탐지기
find one's way : 길을 찾아가다, 도달하다, 애써 나아가다
mate : 상대, 짝 / odor : 냄새, 향기, 방향(芳香), 악취
give off : (냄새 · 열 · 빛 등을) 내다[발하다, 풍기다]
detection : 발견, 탐지, 발각, 탄로
the Armour Research Foundation : 병기(兵器)조사 연구재단
a synthetic nose : 인조[모조, 가짜, 합성] 코
poisonous vapor : 유독한 증기(蒸氣), 기화(氣化)물질
one particle to a million : ppm [parts per million]
early detection of food spoilage : 식품변질 조기(早期) 탐색기
industrial and military personnel : 산업요원과 군사요원

13

The internal sanction of duty, whatever our standard of duty may be, is one and the same — a feeling in our own mind; a pain, more or less intense, attendant on violation of duty, which in properly cultivated moral natures rises, in the more serious cases, into shrinking from it as an impossibility. This feeling, when disinterested and connecting itself with the pure idea of duty, and not with some particular form of it, or with any of the merely accessory circumstances, is the essence of Conscience.

의무의 기준이 무엇이든 간에 의무의 내적 구속력은 전혀 동일한 것이다. 다시 말해서 우리의 마음속에 내재하는 감정, 즉 적당하게 교양을 쌓은 도덕적 본성을 가진 사람들에게는 의무 불이행에 수반되어 다소 강렬하게 일어나는 고통은 심할 경우 의무 불이행이라고 하는 있을 수 없는 것으로 몸을 사리게 되는 고통인 것이다. 이러한 감정은 사심 없이 어떤 특별한 형식의 의무나 단순한 부수적 상황이 아닌 순수한 의무감과 연관될 때에는 양심의 본질이 되는 것이다.

Notes

(a) The internal sanction of duty, whatever our standard of duty may be, is one and the same ~.
→ Whatever our standard of duty may be, the internal sanction of duty is one and the same ~.

(b) (It is) a pain, (which is) more or less intense (and) (which is) attendant on violation of duty, which in properly cultivated moral natures rises, in the more serious cases, into shrinking from it as an impossibility. (4개의 삽입 구문)

(c) This feeling, when (it is) disinterested and (when) connecting itself ~

Words & Idioms

internal sanction : 내적[도덕적, 사회적] 구속력[제재]
one and the same : 다름 아닌 바로 동일한 것[사람], 전혀 동일물
attendant on violation of duty : 의무 위반에 따르는[수반하는]
cultivated moral natures : 교양을 쌓은 도덕적 본성의 소유자들
shrink from ~ : ~을 꺼리다[피하다], ~에 대해 몸을 사리다
the pure idea of duty : 순수한 의무감
Ⓐ, and not Ⓑ : Ⓑ가 아니라 Ⓐ
accessory circumstances : 부수적 상황
the essence of Conscience : 양심의 본질[정수]

14

No society can survive without justice. Humanity, therefore, has to correct the injustices of the past. Without planning for development, there will be no progress ; without equality, no justice ; and without justice and welfare, no peace. If the human community belongs to men and women, both hae to participate in the efforts towards achieving progress and welfare, in order to enjoy prosperity, freedom and peace.

어떠한 사회도 정의가 없으면 생존할 수가 없다. 따라서 사람들은 지난날의 옳지 못한 여러 문제를 바로잡지 않으면 안 된다. 발전을 위한 계획을 세우지 않는다면 진보는 있을 수 없을 것이다. 평등이 없으면 정의도 없을 것이고, 또한 정의와 복지가 없으면 평화도 존재하지 않을 것이다. 만약 인간 사회가 남자와 여자 모두의 것이라면 번영과 자유와 평화를 누리기 위해 남녀 함께 힘을 합쳐서 진보와 복지를 이루어 나가지 않으면 안 된다.

Notes

* there will be no progress : without equality, (there will be) no justice ; and without justice and welfare, (there wili be) no peace.

Words & Idioms

justice : 정의, 공명정대(fairness)
humanity : 인류, 사람들, 인간성, 인간다움, 인간애, 박애
equality : 평등, 균등, 대등, 동등
welfare : 행복, 복지
prosperity : 번영, 번창, 융성, 성공, 행운, 부유

15

An editor of a newspaper was stubborn and hard headed. "You always you're right," an indignant reporter once said to him. "You know well there have been times when you have been wrong."

"Yes," the editor replied. "There was a time once when I was wrong." "Aha! So you admit it!" the reporter shouted. "When was that?" "It happened a while back," the editor said, "when I thought I was wrong and I wasn't"

어느 신문사의 편집장은 고집이 세고 빈틈없는 사람이었다. "편집장님은 항상 자신이 옳다고 생각하십니다. 편집장께서 틀린 적도 있었다는 사실을 잘 알고 계시죠?"라고 화가 난 어떤 기자가 그에게 이렇게 쏘아붙인 적이 있었다.

"그래, 내가 틀린 적이 딱 한 번 있었지."라고 편집장이 대꾸했다. "아하! 이제야 그걸 인정하시는군요! 그게 언제였나요?" 그 기자가 큰 소리로 되물었다. "얼마 전에 있었던 일이지. 그런데 그게 말이지, 내가 틀렸다고 생각했는데 그렇지가 않았던 걸세."라고 편집장이 말했다.

Notes

* I thought I was wrong and I wasn't (wrong)

Words & Idioms

stubborn : 완고한, 고집 센

hardheaded : 냉정한, 실제적인, 빈틈없는, 완고한

indignant : 분개[노]한, 성난

a while back : 수주[수개월] 전에(는), 앞서(는), 요전에(는), 얼마 전에(는)

16

When asked where his laboratory was, Einstein simply produced a fountain pen and said: "It is here." He might more accurately have tapped his head and made the same comment, for his most significant contributions to science were a product not of the physics laboratory but the result of thought experiments performed entirely in his mind.

실험실이 어디에 있는가?라는 질문을 받았을 때 아인슈타인은 그저 만년필을 꺼내더니 "여기에 있소"라고 대답할 뿐이었다. 만일 그가 자기 머리를 두드리면서 그 같은 말을 했더라면 보다 정확했을지도 모른다. 왜냐하면 그가 과학에 이바지한 가장 중요한 공헌은 물리 실험실에서 나온 산물이 아니라 전적으로 그의 두뇌 속에서 이루어진 실험의 성과였기 때문이다.

Notes

* When (he was) asked where his laboratory was, Einstein simply ~

Words & Idioms

laboratory : 실험실, 연구실[소]
produce : 꺼내다, 제시하다
accurately : 정확하게, 빈틈없이, 신중하게
tap : 가볍게 두드리다, 똑똑 두드리다
significant : 의미 있는, 중요한
contribution : 기여, 공헌
thought experiments : 머리[두뇌] 속에서의 실험

17

There were always several parties given "round Ballingar at Christmas time, but of late years she had not been invited to any, 'partly because many of her neighbours had never spoken to her, partly because they did not think she would want to come, and partly because they would not have known what to do with her if she had. As a matter of fact she loved parties. She liked sitting down to supper in a noisy room, she liked dance music and gossip about which of the girls was pretty and who was in love with them.

크리스마스 무렵이 되면 언제나 발링가 주변에서는 몇 차례의 파티가 열렸지만 근년에 와서 그녀는 어느 파티에도 초대받지 못했다. 그 한 가지 이유는 이웃의 많은 사람이 그녀와 대화를 나눈 적이 전혀 없었기 때문이고 또 다른 이유로는 그녀가 파티에 참석하고 싶어 하지 않을 것이라고 사람들이 생각했기 때문이다. 그리고 또 다른 이유가 있다면 만일 그녀가 참석한다고 해도 그녀를 어떻게 대우해야 할지 몰랐기 때문이었을 것이다. 사실 그녀는 파티를 아주 좋아했다. 떠들썩한 방에 앉아서 저녁 식사를 하는 것도 좋았고, 댄스 음악이나 어떤 여자가 예쁘다거나 누구누구가 여자들과 사랑에 빠졌다거나 하는 남의 가십거리를 좋아했다.

Notes

* because they would not have known what to do with her (even) if she had.

Words & Idioms

of late years → during late years → of late (최근에, 근년에)
do with ~ : ~을 처리하다, ~을 다루다
gossip : 남의 소문 이야기, 험담, 가십, 잡담(chatter), 한담, 세상이야기

18

Goats, sheep, cattle, and pigs were herded early on, but there is no clear evidence that cats were domesticated more than about 4000 years ago. Although cat remains have been found among the ruins of more ancient settlements, they are probably of wild species. Almost all the knowledge we have of the early domestication of the cat comes from Ancient Egypt; the cat may also have been domesticated elsewhere, but there is no evidence that it was. The earliest Egyptian evidence dates from about 2500 BC but is inconclusive. However, paintings and inscriptions from 2000 BC but show cats under conditions that suggest primitive domestication, and thereafter there is plentiful evidence that the Egyptians kept cats.

염소, 양, 소, 돼지는 일찍부터 무리를 지어 사육되었었는데 고양이가 4천 년쯤 이전에 가축화되었다는 명확한 증거는 없다. 고양이의 화석이 고대 이전의 거주지였던 유적에서 발견되었으나 이것은 아마도 야생 고양이었을 것이다. 고양이의 초기 가축화에 대해 알려진 것은 대부분 고대 이집트로부터 나온 것뿐이다. 그 밖의 다른 지역에서도 고양이의 가축화가 이루어졌을지는 모르나 가축화되었다는 증거는 없다. 이집트에서의 최초 증거는 기원전 2500년경으로 소급해 올라가는데 그러나 이 증거가 결정적인 것은 아니다. 그러나 기원전 2천 년 이후의 그림이나 비명(碑銘)에서 초기의 가축화를 추측할 수 있는 고양이가 등장하고 있는 것을 볼 수 있고 그 이래 이집트 사람들이 고양이를 길렀다는 증거도 많이 있다.

Notes

* The cat may also have been domesticated elsewhere, but there is no evidence that it was (domesticated).

Words & Idioms

herd : 무리[떼]를 짓게 하다, 모으다
early on : (상황 · 관계 · 기간 등의) 초기에, 일찍부터
domesticate : (동물이) 사육되어 길든(tame)
remains : 잔존물, 유물, 유적, 화석(fossil remains), 유체, 유해(遺骸)
date from ~ : ~부터 시작되다
inconclusive : 결론에 이르지 못하는, 결론적[결정적]이 아닌, 확정이 안 난, 언제 끝날지 모르는
inscription : 비명(碑銘), 비문(碑文)
primitive domestication : 초기 가축화
thereafter : 그 후, 그 이래, 그로부터

19

The life history of the individual is first and foremost an accommodation to the patterns and standards traditionally handed down in his community. From the moment of his birth the customs into which he is born shape his experience and behaviour. By the time he can talk, he is the little creature of his culture, and by the time he is grown and able to take part in its activities, its habits are his habits, its beliefs his beliefs, its impossibilities his impossibilities. Every child that is born into his group will share this with him, and no child born into one on the opposite side of the globe can achieve the thousandth part.

개인의 생활사는 무엇보다도 먼저 자신이 속해 있는 공동사회에서 전통적으로 전해 내려오는 유형과 기준에 적응하는 것이다. 태어나는 순간부터 태어난 곳의 관습이 개인의 경험과 행동을 형성한다. 말을 할 수 있을 때까지는 자신의 문화로 생성된 작은 피조물이며 성장해서 공동사회의 활동에 참여할 무렵이면 그 공동사회의 관습이 자신의 관습이 되고, 공동사회의 믿음이 자신의 믿음이 되며 공동체의 불가능이 자신의 불가능이 된다. 자신이 속한 집단에서 태어나는 아이들 모두가 자신과 이러한 것을 공유할 것이고 지구의 반대편에서 태어나는 아이는 어떤 아이라도 그 1,000분의 1도 이룰 수가 없을 것이다.

Notes

~, and by the time he is grown and (he is) able to take part in its activities, its habits are his habits, its beliefs (are) his beliefs, its impossibilities (are) his impossibilities.

Words & Idioms

first and foremost : 다른 무엇보다도 더, 맨 먼저
accommodation : 적응, 조화, 수용
hand down : ~을 물려주다, 후세에 남기다
community : 공동사회, 공동체
shape : 구체화하다, 실현하다, 형성하다
the thousandth one : 1,000분의 1

20

Pollution is a "dirty" word. To pollute means to spoil something by introducing impure things which make it unfit or unclean to use. Pollution comes in many forms. We see it, smell it, taste it, and stumble through it. We literally live in and breathe pollution, and, not surprisingly, it is beginning to threaten our health, our happiness, and our very civilization.

오염이란 말은 "불결하다"란 말의 하나이다. 오염된다는 말은 어떤 물질에 불순한 물질이 들어가서 그것을 이용하기에 적당하지 못하거나 불결해져 버리는 것이다. 오염은 여러 형태로 나타난다. 우리는 그것을 보고, 그 냄새를 맡고, 맛을 보고, 마시고, 그 속을 비틀거리며 걷고 있는 것이다. 글자 그대로 우리는 오염 속에 살고 오염된 공기를 호흡하고 있다. 그래서 놀라운 일은 아니지만 오염은 우리의 건강, 행복, 우리의 문명 그 자체를 위협하기 시작하고 있는 것이다.

Notes

(a) We literally live in and breath pollution, and, not surprisingly ~
(live in/breath → 'pollution'에 대한 공통관계)

(b) It is beginning to threaten our health, our happiness, and our very civilization
(our health, our happiness, our civilization → 'threaten'에 대한 공통관계)

Words & Idioms

pollution : 오염, 공해
introduce : 받아들이다, 이입하다
impure : 불순한
unfit : 적당치 못한
stumble : 비틀거리다, 비슬거리다, 쓰러질 듯하다
literally : 글자 그대로, 사실상
threaten : (~을) 위협[협박]하다

21

Modern criminologists regard society itseif as in large part responsible for the crimes committed against it. Poverty poor living conditions, and inadequate education are all causes of crime. Crime is fundamentally the result the result of society's failure to provide a decent life for all the people. It is especially common in times when values are changing, as after a war, or in countries where people with different backgrounds and values are thrown together, as in the United States. Crimes, generally speaking, are fewer in countries where there is a settled way of life and a traditional respect for law.

사회 자체가 사회의 법에 반(反)해서 저지르는 범죄에 대해 상당 부분 책임이 있는 것으로 현대의 범죄학자들은 간주한다. 빈곤과 열악한 생활환경, 충분치 못한 교육은 모두 범죄의 원인이 된다. 근본적으로 범죄는 사회가 모든 사람에게 사람다운 생활 여건을 제공해 주지 못하기 때문에 비롯된 결과이다. 전후(戰後)에 그렇듯이 범죄란 것은 가치관이 달라지는 시기에 특히 많이 발생하거나 미국에서 그렇듯 배경과 가치관이 서로 다른 사람들이 어쩌다가 함께 모여 사는 국가에서 특히 자주 일어난다. 일반적으로 말해 범죄는 생활방식이 안정적이고 전통적으로 법을 존중하는 국가에서는 그 발생빈도가 적은 편이다.

Notes

(a) ~ in large part responsible for the crimes (which are) committed against it.

(b) It is especially common in times when values are changing, as (values are changing) after a war, or (it is especially common) in countries where people with different backgrounds and values are thrown together as (people with different backgrounds and values are thrown together) in the United States.

Words & Idioms

criminologist : 범죄학자, 형사학자
crime : (법률상의) 죄, 범죄
a decent life : 흉하지 않은 생활, 적절한[알맞은] 삶[생활]
be thrown together : 우연히[어쩌다가] 함께[모여] 살다
way of life : 생활 방식

22

Natural fire arising from volcanoes or caused by lightening or friction of branches in a high wind must have been at first a source of terror to man. But he appreciated its warmth and brought it into his service to banish cold, to frighten away wild beasts, and to cook his food. He learned to bank his fires, to keep them alight continuously and, if they did go out, to rekindle them by rubbing together pieces of dry wood or striking a piece of flint with a stone so as to produce a spark.

화산에서 발생하거나 벼락이나 강풍으로 나뭇가지가 마찰되어 일어나는 자연의 불은 처음에 인간에게는 공포의 원천이었음이 틀림없다. 그러나 인간은 그 따뜻함의 가치를 알고 추위를 물리치고 맹수를 쫓아내며 먹을거리를 요리하는데 불의 도움을 받았다. 인간은 불에 재를 덮어서 오래도록 꺼지지 않게 두는 방법을 알게 되었고, 또한 불이 꺼지면 마른 나무토막을 마찰시키거나 불꽃을 내기 위해 돌을 부싯돌에 부딪쳐서 다시 불을 지필 줄도 알았다.

Notes

(a) ~ and brought it into his service to banish cold, to frighten away wild beasts, and to cook his food.
('service'에 대한 to banish, to frighten, to cook의 공통관계)

(b) He learned to bank his fires, to keep them alight continuously and, if they did go out, to rekindle them ~
(to bank, to keep, to rekindle : learned의 공통 목적어)

Words & Idioms

arise from ~ : ~에서 발생하다[일어나다]
lightening : 벼락, 번개
friction : (두 물체의) 마찰
appreciate : 진가(眞價)를 인정하다, 고맙게 생각하다
frighten away : (~을) 겁주어 (~에서) 쫓아내다
banish : 추방하다, 내쫓다
bank : (불을 (죽지 않게 재로) 묻다[덮다]
alight : 불타고(on fire)
rekindle : (~에) 다시 불붙이다, 다시 불타다
rubbing : 마찰, 연마
flint : 부싯돌

23

Most Americans believe that Abraham Lincoln was their best President and a great man. He was the President during the American Civil War when the political system broke down over slavery. Lincoln believed that slavery was wrong and that he must keep the Union together. He believed that the war to hold the United States together was a test of whether a "government of the people, by the people, and for the people" could succeed. His leadership helped win the war, and he hoped for a peace of reconciliation afterwards.

대부분 미국인들은 에이브러햄 링컨을 가장 훌륭한 대통령이고 위대한 인물이었다고 생각한다. 그는 노예제도를 둘러싸고 정치체제가 분열된 남북전쟁 기간에 대통령으로 재임하였다. 링컨은 노예제도는 잘못된 것이라는 신념과 자신이 합중국을 분열되지 않도록 하지 않으면 안 된다고 믿었다. 아메리카 합중국을 통합시키기 위해 이 전쟁은 '국민의, 국민에 의한, 국민을 위한 정부'가 성공할 수 있는가의 시금석(試金石)이라고 그는 생각했다. 그의 지도력이 이 전쟁의 승리에 공헌했고 그는 그 이후로 화해를 통한 평화를 기대하였다.

Notes

(a) when the political system broke down over slavery
→ 남북전쟁의 원인이 된 북부 연방(the Union)으로부터 11개 주의 이탈을 가리킴.

(b) Lincoln believed that slavery was wrong and (Lincoln believed) that he must keep the Union together.

Words & Idioms

political system : 정치체제
break down : 실패하다, 좌절하다, 붕괴하다
slavery : 노예제도
the Union : 아메리카 합중국,
(남북전쟁 당시 연방정부를 지지한) 북부 연방(Federal States)의 속칭
hold Ⓐ together : Ⓐ를 통합시키다, Ⓐ를 결합하다
leadership : 지도력
reconciliation : 화해和解)
afterwards : 그 이후로

24

By a strange paradox, most of the earth's abundant water is not usable for agriculture, industry, or human consumption because of its heavy load of sea salts, and so most of the world's population is either experiencing, or is threatened with, critical shortages. In an age when man has forgotten his origins and is blind to his most essential needs for survival, water along with other resources has become the victim of his indifference. The pollution entering our waterway comes from many sources : radioactive wastes from reactors ; fallout from nuclear explosions ; domestic wastes from cities and towns ; chemical wastes from factories. To these is added a new kind of fallout — chemical sprays applied to croplands and gardens.

묘한 역설로 들리겠지만 지구상에 있는 풍부한 물의 대부분은 농업용수나 공업용수로, 또는 인간이 소비하기에 적당하지 않다. 왜냐하면 바닷물에는 염분이 많이 들어 있기 때문이다. 그리고 세계 인구의 대부분이 이런 물부족 위기를 겪고 있거나 위협을 받고 있다. 인간이 자신의 원천을 망각하고 생존을 위한 가장 긴요한 것에 대한 인식이 부족한 시대에 물은 다른 자원들과 함께 인간의 무관심으로 인한 희생물이 되고 있다. 수로(水路)로 흘러 들어가는 오염물질은 여러 가지 원인으로 생성되는데, 이를 테면 원자로에서 배출되는 방사성 폐기물, 핵폭발로 인한 낙진, 도시나 각 마을에서 나오는 가정 쓰레기, 공장에서 배출되는 화학폐기물 등이다. 이런 것들에 새로운 종류의 낙진이 추가되는데, 이는 다름 아닌 경작지와 정원에 살포되는 약제 등이 그것이다.

Notes

(a) because of its heavy load of sea salts, and so most of the world's population is either experiencing, or is threatened with, critical shortages.
('critical shortages'에 대한 'is experiencing' 'is threatened with'의 공통관계, 상관어구 'either ~ or'로 병치됨)

(b) To these is added a new kind of fallout —
→ A new kind of fallout is added to these —

Words & Idioms

paradox : 역설(逆說), 패러독스
human consumption : 인간이 소비하다
heavy load of ~ : 무거운, ~이 가득 들어 있는
critical shortages : 부족함의 위기 / be blind to ~ : ~을 깨닫지 못하다, ~을 못보다
along with ~ : ~와 함께, ~와 더불어, ~에 따라 / waterway : 수로, 항로, 운하
radioactive waste : 방사성 폐기물 / reactor : 반응로, 원자로
fallout : 방사성 낙진(落塵), '죽음의 재' / chemical sprays : 약제 살포, 화학적 스프레이
applied to ~ : ~에 적용된, ~에 쓰이는 / cropland : 경작지, 농작물 심기에 알맞은 땅

25

Young people may dislike adults for many reasons. One of the reasons is that they think the minds of adults are fixed and limited. Whenever they meet a man or woman who does not always say what they expect, who tells them stories about strange aspects of the world, who can make ordinary like they know to be dull seem interesting, they usually admire him or her. And if this person seems as alive and energetic as they are, he is even more admired.

젊은이들은 여러 가지 이유로 어른들을 싫어할 수 있다. 그 이유 중 하나는 어른들의 사고방식이 유연하지 못하고 편협하다고 생각하는 것이다. 젊은이는 자신들이 기대하고 있는 것에 대해 꼭 말하지 않는 어른, 자기들에게 이 세상의 희한한 측면에 대한 이야기를 들려주는 어른, 자신들이 따분하게 여기고 있는 일상생활을 재미있는 것으로 보이도록 해주는 어른을 만나면 일반적으로 찬사를 보낸다. 게다가 만일 그 어른이 젊은이와 마찬가지로 생기발랄하고 정력적이면 그 사람은 한층 더 찬사를 받는다.

Notes

(a) ~ that they think (that) the minds of adults are fixed and limited.

(b) Whenever they meet a man or woman who does not ~, who tells them ~, who can make ordinary ~
(관계대명사 who가 이끄는 3개의 형용사절 명사(선행사) 'a man or woman'에 대한 공통관계)

(c) And if this person seems as alive and energetic as they are (alive and energetic), he is even more admired.

(d) who can make ordinary life (that) they know to be dull seem ~

Words & Idioms

be fixed and limited : (사고방식이) 고정되고 한정되다
strange aspect of the world : 세상의 별난 측면
alive and energetic : 생기 넘치고 정력적인

26

Language erects as many barriers as bridges. There is a deep-rooted tendency to dislike, to distrust, and to regard as inferior individuals or groups speaking a language different from one's own just as one considers the monkey a lower animal because it has no language at all. Culture now is transmitted largely by language; the greater the language difference, the greater the cultural distance. More powerful groups will often attempt to force their languages on those they conquer. This not only awakens hatred among the conquered but also tends to weaken their native culture long before they can achieve any real understanding of the culture being imposed on them. Possibly, then, language has destroyed as much culture as it has produced.

언어는 가교(架橋)가 되기도 하지만 동시에 장벽(障壁)이 될 수도 있다. 원숭이는 언어를 전혀 갖고 있지 않기 때문에 인간은 원숭이를 하등동물이라고 생각하는 것과 꼭 마찬가지로 자신의 언어와 다른 언어를 사용하는 개인이나 집단을 싫어하고 신뢰하지 못하며 이들을 열등하게 보는 경향이 있다. 오늘날 문화는 주로 언어를 통해 전달된다. 언어의 차이가 클수록 문화적 격차는 더 벌어진다. 더욱 강력한 집단은 그들이 정복한 피정복자에게 자신들의 언어를 사용하도록 강요하는 경우가 적지 않다. 이런 짓을 하면 피정복자에게 증오심을 일으키게 할 뿐 아니라 피정복자가 강요당하고 있는 문화를 제대로 이해하기에 훨씬 앞서 정복자는 자신의 고유문화를 먼저 약화시키는 경향이 나타나게 된다. 그렇다면 언어라는 것은 어쩌면 그 문화를 생성하는 것만큼이나 문화를 파괴해 왔다고 할 수 있다.

Notes

(a) Language erects as many barriers and as (language erects) bridges.

(b) ~ tendency to dislike, to distrust, and to regard as inferior individuals or groups ~ (형용사구 'to dislike' 'to distrust' 'to regard'의 'tendency'에 대한 후치수식 및 'individual or groups'를 목적어로 갖는 공통관계)

Words & Idioms

erect barriers : 장벽을 만들다
deep-rooted tendency : 뿌리 깊은 경향
inferior : 열등한, 하급의
transmit : (지식 · 보도 따위를) 전하다, 전파[보급]시키다
cultural distance : 문화적 거리, 문화적 격차(隔差)
tend to ~ : ~하는 경향이 있다, ~하기 마련이다
native culture : 고유문화 (own culture)
impose on ~ : ~에게 강요[강제]하다

27

Another factor cited by doctors as a major cause for the increase in the cost of medical care is malpractice. Increasingly large awards for malpractice have caused doctors to increase their rates to cover the higher malpractice insurance premiums. Because of the large malpractice awards, doctors are also prescribing more conservative and more extensive — and therefore more costly — treatment for patients as a defense against malpractice claims. Whatever the causes of the wild increases in the cost of medical care, the government needs to take strong action before it is too late for Americans.

의료비 상승의 주된 원인으로 의사들에 의해 제기된 또 하나의 요인은 의료사고이다. 점차 늘어나고 있는 의료사고에 대한 보상, 즉 재정액(裁定額)은 자꾸 상승하는 의료사고 보험료를 보전하기 위해 의사들이 진료비를 올리는 원인이 된다. 높은 의료사고 재정액 때문에 의료사고에 대한 환자들의 보상청구에 대비하여 의사들은 보다 신중하고, 보다 광범위하며, 따라서 비용이 더 많이 드는 치료방법을 처방하고 있다. 의료, 건강관리의 터무니없는 상승 요인이 무엇이든 미국 정부는 국민을 위해 너무 늦기 전에 강력한 조치를 취할 필요가 있다.

Notes

Doctors are also prescribing more conservative and more extensive — and therefore more costly — treatment for patients as a defense against malpractice claims. (형용사구 'more conservative' / 'more extensive' / 'more costly'의 'treatment'에 대한 공통관계)

Words & Idioms

malpractice : (의사의) 부정 치료, 오진(誤診), 의료 과오(過誤)[사고]
awards for malpractice : 의료사고에 대한 재정액(裁定額) [보상]
insurance premium : 보험료
prescribe : (약을) 처방하다, (요법을) 권하다
conservative : 신중한, 온건한, 조심스러운
extensive : 광범위한, 넓은
wild increase : 터무니없는 상승[증가]
medical care : 의료, 건강관리 (health care)
take strong action : 강력한 조치를 취하다

28

Most mothers conscientiously try to build for their husbands the position of authority in the family, and tell their children to ask his permission ; but they often override his decisions, on the ground that he is too severe, or too tolerant, that he doesn't make allowance for children or that he is spoiling them. Most American parents dislike accepting the burden of restricting their children's pleasure and amusement ; and there is a very general tendency for the parents first approached to put the burden of decision on the other. Most children learn this early, and become clever at playing one parent against the other.

대부분의 어머니는 남편을 가정 내에서 그 권위를 세워주기 위해 성의를 다하여 노력하고 또한 아이들에게 아버지의 승낙을 얻어야 한다는 것을 성심껏 말해주려고 애쓴다. 그러나 어머니들은 남편이 지나치게 엄하거나 아니면 지나치게 관대해서 아이들이 배려할 줄 모르거나 너무 버릇없이 된다는 이유로 때로는 남편의 결정을 무시하는 경우도 있다. 미국의 부모들은 자녀의 오락이나 좋아하는 활동을 제약하는 부담을 지려고 하지 않는다. 그래서 대부분 자식으로부터 먼저 제의받은 쪽의 부모는 결정의 책임을 상대편 배우자가 지도록 하는 경향이 있다. 대부분의 자식은 일찌감치 이런 사실을 눈치채고 약삭빠르게 부모를 서로 대결시킴으로써 어부지리를 얻게 되는 것이다.

Notes

(a) ~, on the ground that he is too severe, or too tolerant, that he doesn't make allowance for children or that he is spoiling them.
('the ground'와 동격인 2개의 that 명사절 'that he doesn't make ~' / 'that he is ~')

(b) a very general tendency for the parents (who are) first approached ~

Words & Idioms

conscientiously : 양심적으로, 성실하게
authority : 권위, 권력, 위신
override : 짓밟다, 유린하다
tolerant : 관대한, 아량 있는
make allowance for ~ : ~을 감안[참작]하다
spoil : (성격을) 버리다, (아이들 따위를) 버릇없게 기르다, 어하다
pleasure : (일과는 대조적으로) 재미로[좋아서] 하는 활동
amusement : 재미

29

It is difficult to describe Mother's purity and simplicity of character, and she will find it embarrassing that I speak of her in print. But I must. A great deal of what I am and what I achieved I owe to her. Not once can I recall, from my earliest recollections, hearing Mother lift her voice to us in anger. Even after my father's death, when she was grief-stricken and sorely troubled, she was not short with us.

어머니의 순수하고 순박한 성품을 설명하기는 쉽지 않다. 게다가 내가 어머니에 대한 책을 써낸다면 어머니께서는 당혹해하실 것이다. 그러나 나는 그렇게 하지 않을 수 없다. 지금의 내가 있게 된 것과 내가 이룩한 모든 것의 대부분이 어머니 덕분이다. 아무리 어린 시절의 기억을 되살려 보아도 단 한 번도 어머니가 화를 내면서 큰 소리 치시는 것을 들어본 적이 없다. 심지어 비탄에 빠져 무척이나 고통스러우셨던 아버지가 돌아가신 후에도 어머니는 우리를 상냥하게 대하지 않으신 적이 없다.

Notes

(a) But I must (speak of her).
(b) Not once can I recall, from my earliest recollections
→ I cannot recall once, from my earliest recollections
('not once'의 강조를 위한 도치 구문)

Words & Idioms

purity : 청정, 순수, 청순
simplicity : 순박함, 단순함, 순진함
embarrassing : 당혹[당황]하게 하는, 난처하게 하는, 쩔쩔매게 하는
speak of : (~에) 대해 말하다, (책 등이) ~을 피력하다[기술하다]
in print : (책 등에) 발표된[인쇄된], 출판[인쇄]되어 있는
grief-stricken : 비탄에 빠진, 슬픔에 짓눌린
short : 성마른, 퉁명스러운, 무뚝뚝한, 쌀쌀맞은, 상냥치 못한

30

The crisis in the gulf last fall spawned a messy and much publicized demonstration by women, who dumped their chauffeurs and drove in convoy, defying an informal ban on driving by women. The incident prompted a vicious campaign against them by religious fanatics, with Government acquiescence. Underlying these strains is the question of how much power the religious establishment should have, particularly the religious police, or mutawwa. The rank and file of these guardians of moral virtue are drawn both from older salaried men ad young fanatical volunteers whom the Government wants to monitor. They patrol the streets and shopping malls, telling women to cover their faces and young men to pray.

지난 가을 걸프전의 위기를 겪고 나서 여성들은 혼란스럽고 공공연한 시위를 벌이게 되었다. 그들은 운전사들을 내쫓고 직접 차를 몰면서 대열을 이루어 여성들에게 운전을 못하게 하는 비공식적 금지조치에 저항하였다. 이 사건으로 해서 정부의 묵인 아래 이슬람 광신자들이 여성들의 운전을 반대하는 악의적인 운동을 벌이게 된 도화선이 되었다. 이와 같은 긴장상태의 저변에는 종교적 집단, 특히 종교경찰인 무타와가 어느 정도의 권력을 가져야 하는가 하는 문제가 깔려 있다. 도덕적 가치의 수호자인 일반인들은 정부가 감시하기를 원하는 나이든 봉급자와 젊은 광신적인 자원봉사자 가운데서 선발된 사람들이다. 이들은 여성들에게 얼굴을 가리고 다닐 것과 젊은 남성들에게는 기도하기를 종용하면서 길거리와 쇼핑몰을 순찰한다.

Notes

(a) There are jobs, with the lack of opportunity most acute for women.
('with the lack of opportunity most acute' : 부대상황 구문)

(b) Underlying these strains is the question of how much power the religious establishment should have, particularly the religious police, or mutawwa.
→ The question of how much power the religious establishment should have, particularly the religious police, or mutawwa is underlying these strains.

Words & Idioms

spawn : 낳다, 야기하다, 생기게 하다(bring about)
messy : 어질러진, 더러운, 혼란스러운, 너절한
publicized : 공표된, 광고된, 공공연한
dump : 아무렇게나 내던져버리다, (~에서) 내어 쫓다, 목 자르다
chauffeur : (주로 자가용차의) 운전사
in convoy : 대열을 이루어, 떼 지어

defy : 무시하다, 반항[저항]하다
informal ban on ~ : ~에 대한 비공식적 금지[반대]
prompt : 자극하다, 격려[고무]하다
vicious : 나쁜, 악의 있는
religious fanatic : 종교적인 광신자
acquiescence : 묵인(默認), 묵종, 어쩔 수 없는 동의
underlie ~ : ~의 근저에 있다. ~의 밑에 있다
establishment : 집단, 조직, 설립, 제도, 당국,
the rank and file : 서민, 일반 구성원(everyone), 부사관과 사병
guardian : 감시인, 수호자, 보호자
virtue : 장점, 가치
volunteer : 자원봉사자, 자원해서[자발적으로] 하는 사람
monitor : 감시[조정]하다, 모니터하다

Chapter

X

종합 연습
(General Practice)

01

Learning English is like learning to swim or learning to play ball. We learn to swim by swimming, to play ball by playing ball, and to speak English by speaking English. A good ballplayer spends hours, days, months, and even years practising. The more he practices, the better he plays. He has to learn to meet the situations of the game as they arise, and react to them immediately. When a ball is coming towards the plate, the batter has to decide instantaneously what he is going to do. He cannot hesitate; he has to act and act at once. And so it is when we are talking. Acquiring the ability to use a language automatically is a process of habit formation.

영어를 공부하는 것은 수영을 배우거나 야구를 배우는 것과 마찬가지이다. 수영을 하면서 수영을 배우고, 야구를 하면서 야구를 배우게 되며, 영어를 말함으로써 영어를 말할 수 있게 되는 것이다. 야구를 잘하는 선수는 연습하는데 몇 시간, 몇 날, 몇 달, 심지어는 몇 년의 시간을 보내고 연습을 하면 할수록 능숙해진다. 선수는 시합의 상황에 따라 임기응변으로 즉각 그에 대응하지 않으면 안 된다. 공이 플레이트쪽으로 향해 날아올 때 타자는 어떻게 할 것인가를 순간적으로 결정해야 한다. 망설일 여유가 없다. 행동으로 옮기되 그것도 즉각 해야 한다. 우리가 대화할 때에도 역시 마찬가지이다. 말을 반사적으로 구사할 수 있는 능력을 기르는 것은 습관 형성 과정의 하나이다.

Notes

① learn to ~ : ⓐ ~하는 것을 알게 되다[배우다] ⓑ ~하게 되다
② instantaneously : 동시적으로, 순간적으로, 즉각적으로
③ automatically : 무의식적으로, 반사적으로, 습관적으로, 자동적으로
④ formation : 형성(形成)

02

The steadiness of English society, a necessary consequence of aristocratic institutions and habits, makes the English generally reserved and not easily excitable. The same cause gives stability to their views and inclinations. They are slow to promise, but you can depend upon them, they generally keep their word. It is difficult to get an English friend but he remains a friend for life. The American character is more amiable, frank, anxious to oblige, and ready to make friends. In the fullness of their heart, Americans generally promise more than they keep. Easily excited, they are not seldom deceived by their impressions, which, therefore, ar often only transient.

귀족주의적 제도 및 관습의 필연적인 결과로 영국 사회가 안정적이기 때문에 영국인들은 대체로 감정을 표출하지 않고 쉽사리 흥분도 하지 않는다. 같은 이유로 그들의 사고(思考)나 취향도 견실하다. 영국인들은 약속 같은 것을 잘 하진 않지만 일단 한 번 약속하면 대개 약속을 지킨다고 믿어도 좋다. 그들과 친구가 되기는 쉽지 않지만 한 번 친구가 되고 나면 평생 친구가 된다. 미국인의 성격은 영국인보다 좀 더 상냥하고 솔직하며 가능하면 남의 일을 힘껏 도와주려 하고 또 쉽게 친구가 되기도 한다. 감정이 넘친 나머지 미국인들은 일반적으로 지킬 수 없을 정도로 약속을 잘해버린다. 쉽게 흥분하기 때문에 자신이 받은 감명(感銘)에 속아 넘어가는 경우도 많다. 따라서 그렇게 받은 감명은 일시적인 것에 지나지 않는 경우가 많다.

Notes

① The steadiness of English society, a necessary consequence of aristocratic institutions and habits, makes the English generally reserved and not easily excitable.
→ As English society is steady as a necessary consequences of aristocratic institutions and habits, the English are generally reserved and not easily excited.
② steadiness : 견실함, 착실함, 안정됨
③ a necessary consequence of aristocratic institution and habits : 귀족주의적 제도와 관습의 필연적 결과
④ reserved : 말없는, 내성적인, 수줍은, 겸양하는, 속을 터놓지 않는
⑤ excitable : 격하기[흥분하기] 쉬운
⑥ inclination : 경향(傾向), 성향, 성벽
⑦ stability : 안정(성), 착실(성)
⑧ keep one's word : 약속을 지키다
⑨ for life : 일생, 평생
⑩ amiable : 호감을 주는, 붙임성 있는, 상냥한
⑪ be anxious to oblige (somebody) : (남의 일을) 열심히 도와주다
⑫ in the fullness of one's heart : 감정이 넘친 나머지
⑬ transient : 일시적인(passing), 순간적인, 덧없는, 무상한

03

Fear is the principle reason why men are so unwilling to admit facts and so anxious to wrap themselves round in a warm garment of myth. But the thorns tear the warm garment and the cold blasts penetrate through the rents, and the man who has become accustomed to its warmth suffers far more from these blasts than a man who has hardened himself to them from the first. Moreover, those who deceive themselves generally know at bottom that they are doing so, and live in a state of apprehension lest some untoward event should force unwelcome realizations upon them.

사람들이 그토록 사실의 인정을 꺼리고 허구의 따뜻한 옷으로 자신을 감싸려고 하는 주된 이유는 공포심이다. 그러나 가시가 그 따뜻한 옷을 찢고 한줄기의 강한 바람이 그 틈새로 스며든다. 그 허구의 옷에 익숙해져 있는 사람은 처음부터 찬바람에 무감각해진 사람보다 그 바람으로 훨씬 더 심한 고통을 받는다. 더욱이 자신을 속이고 있는 사람들은 본질적으로 자신을 속이고 있다는 사실을 알고 있으며, 어떤 불운한 사건으로 해서 달갑지 않게 자신에 대해 자각하게 되지나 않을까 하여 불안한 상태로 살고 있다.

Notes

① the principal reason : 그 주된 이유
② garment : 의복 (한 벌), 옷차림
③ myth : (근거가 희박한) 사회적 통념[믿음], 꾸며낸 이야기, 신화
④ thorn : 가시, 고통의 원인
⑤ tear : 찢다, 째다 (pull apart by force)
⑥ blast : 한바탕의 바람, 돌풍 (a strong sudden rush of wind or air)
⑦ penetrate : 꿰뚫다, 관통하다, 침투[침입]하다, 스며들다
⑧ rent : 째진 틈, 해진 곳 (a torn place, a split)
⑨ harden : 굳(히)다, 경화되다, 무감각하게 하다 (make insensitive)
⑩ at bottom : 실제는, 마음속은, 본질적으로는 (fundamentally, actually)
⑪ deceive oneself : 자신을 속이다, 잘못 생각하다
⑫ apprehension : 염려, 우려, 불안, 이해(력)
⑬ untoward : 운이 나쁜, 성가신, 귀찮은, 부적합한
⑭ unwelcome : 반갑지 않은

04

Based in large part of the work of his predecessors, Sir Newton deduced three laws of dynamics which he pushed in 1687 in his famous principia. Prior to Newton, Aristotle had established that the natural state of a body was a state of rest, and that unless a force acted upon it to maintain motion, a moving body would come to rest. Galileo had succeeded in correctly describing the behavior of falling objects and in recording that no force was required to maintain a body in motion. He noted that the effect of force was to change motion. Huygens recognized that a change in speed, and further, that the action of a force was required. Kepler deduced the laws describing the motion of planets around the sun. It was primarily from Galileo and Kepler that Newton borrowed.

아이작 뉴턴 경(卿)은 선배 학자들의 업적에 주로 그 기초를 두고 1687년에 출간한 그의 유명한 저서 「프린시피아(Principia)」에서 역학(力學)의 3가지 법칙을 추론하였다. 뉴턴에 앞서 아리스토텔레스는 물체의 자연적 상태란 정지상태에 있는 것을 말하는 것으로 만일 어떤 힘이 그 움직임을 지속시키기 위해 물체에 어떤 힘을 가하지 않는다면 움직이는 물체는 정지하게 될 것이라는 사실을 입증하였다. 갈릴레오는 낙하물체의 성질을 정확히 설명함과 아울러 물체의 운동을 지속시키는 데 어떠한 힘도 필요하지 않다는 사실을 설명하는 데 성공하였다. 그는 힘의 효과가 운동에 변화를 줄 수 있다는 데 주목하였다. 하위헌스(Huygens)는 속도의 변화와 마찬가지로 운동의 방향 변화에도 가속이 따른다는 것과 더 나아가 어떤 힘의 작용이 필요하다는 사실을 알아냈다. 케플러는 태양 주위 행성들의 운동을 설명하는 법칙을 추론했다. 뉴턴이 인용한 것은 주로 갈릴레오와 케플러의 이론이었다.

Notes

① predecessor : 전임자, 선배, 선행자 ↔ successor
② deduce : (결론 · 진리 등을) 연역(演繹)하다, 추론하다(infer) cf. (OPP.) induce
③ dynamics : 역학, 동역학, (원)동력, 힘, 활력
④ Principia : 〈Philosphiae Naturalis Principia〉 시간 · 공간 · 질량의 정의, 만유인력, 운동법칙 등을 다룬 뉴턴의 저서
⑤ prior to : (전치사적으로) ~에 앞서, 먼저
⑥ establish : (사실 · 이론 등을) 확증[입증]하다
⑦ behavior : (물체 · 물질이 나타내는) 성질, 작용, 반응
⑧ body in motion : 운동 중의 물체
⑨ the effect of force : 힘의 효과[영향, 효력]
⑩ recognize : 알아내다, 생각해내다
⑪ acceleration : 가속, 촉진
⑫ A change in the direction of motion involved acceleration, just as did a change in speed (involved acceleration).
⑬ planet : 행성(行星)

05

Barbers contain in their ranks every variety of human nature. I have known barbers who were angels; I have known barbers who were devils. Some of them have a touch as light as a falling feather; others wield a razor like a weapon of the stone age, and are not content unless they are allowed to flay as well as to shave you. The latter, I confess, are rare in the more expensive hairdressers' shops; but if your are economical and go into one of those little shops in which before the War a shave used to cost three-halfpence, you will in the course of time discover a kind of shaving which makes you feel as if a mob were rushing over your face in hobnailed boots.

이발사라는 직업을 가진 사람들 가운데는 갖가지 인간성을 가진 사람들이 있다. 내가 알고 있는 이발사 중에는 천사 같은 마음씨를 가진 사람이 있는가 하면, 악마 같은 사람도 있다. 하늘하늘 떨어지는 깃털처럼 가벼운 터치로 면도를 해주는 사람이 있는가 하면, 마치 석기시대의 무기처럼 면도칼을 휘두르며 수염을 깎으면서 피부까지도 베지 않으면 직성이 풀리지 않는 사람도 있다. 후자의 이발사는 솔직히 말해서 비교적 이발료가 비싼 이발소에서는 보기 드물지만 만약 당신이 검약한 사람이라서 전전(戰前)에 면도 요금을 보통 1펜스 반 정도 받았던 작은 이발소에 가보면 얼마 지나지 않아서 구두창에 징이 박힌 부츠를 신은 폭도들이 당신의 얼굴을 마구 짓밟고 있는 듯한 생각이 들 정도로 면도질을 하는 것을 알게 될 것이다.

Notes

① rank : 지위, 신분, 계급
② every variety of human natures : 갖가지의 인간성
③ some of them have ~ ; others wield ~ (some Ⓐ, others Ⓑ : Ⓐ라는 것[경우 · 사람]도 있고, 또 Ⓑ인 것[경우 · 사람]도 있다)
④ wield : 휘두르다, 사용하다
⑤ flay : (나무 · 짐승 따위의) 껍질[가죽]을 벗기다
⑥ hairdresser : 미용사, 이발사
⑦ three-halfpence : 1펜스 반(半)
⑧ economical : 절약하는, 검약한
⑨ in the course of time : 그러는 동안에, 머지않아, 이윽고, 마침내
⑩ mob : 오합지졸, 폭도, 야유하는 무리
⑪ hobnailed : (구두창에) 징을 박은

06

There are persons who cannot make friends. Who are they? Those who cannot be friends. It is not the want of understanding or good-nature, or entertaining of useful qualities, that you complain of: on the contrary, they have probably many points of attraction; but they have one that neutralizes all these — they care nothing about you, and are neither the better nor worse for what you think of them. They manifest no joy at your approach; and when you leave them, it is with a feeling that they can do just as well without you. This is not sullenness, nor indifference, nor absence of mind; but they are intent solely on their own thoughts, and you are merely one of the subjects they exercise them upon.

친구를 잘 사귀지 못하는 사람들이 있다. 어떤 사람들인가? 누구와도 친구가 될 수 없는 사람들이다. 이들에 대해 불만을 말하는 것은 이해력이나 좋은 성품 또는 재미있고 유용한 자질 같은 것이 부족하기 때문이 아니다. 그와 반대로 그들은 매력 포인트를 많이 가지고 있지만 이들을 모두 쓸모없게 만들어버리는 좋지 않은 점이 있다는 것이다. 이를테면 상대방의 사정에 대해서 전혀 아랑곳하지 않는다는 것으로, 남들이 자기에 대해 어떻게 생각하든 좋을 것도 나쁠 것도 없다는 것이며, 상대방이 자기에게 가까이 다가와도 전혀 기쁜 내색을 나타내지 않고 자기 곁을 떠나더라도 아무 상관 없다는 감정을 가진 것이다. 이와 같은 감정은 기분이 별로라거나 무관심하다거나 방심한다는 것이 아니라 이들은 오로지 자기 생각에만 몰두하고 있어서 상대방은 단지 자신이 생각하고 있는 여러 주제 가운데 하나일 뿐이라는 것이다.

Notes

① on the contrary : 그와는 반대로, 그렇기는커녕
② points of attraction : 미점(美點), 매력 있는 포인트
③ neutralize : 무효[무력]하게 하다, 쓸모없이 만들다
④ care nothing about : (~에) 전혀 개의치 않다
⑤ manifest : 명백히 하다, 명시하다, 제시하다, (감정을) 나타내다, 보이다
⑥ It is (done) with a feeling that they ~
⑦ can do just as well ~ : ~이라도 아무런 상관이 없다(do = get along)
⑧ sullenness : 찌무룩한, 무뚝뚝[부루퉁, 실쭉, 시무룩]한
⑨ absence of mind : 방심, 망연자실
⑩ intent on ~ : ~에 열중하고 있는, ~에 정신이 팔려 있는

07

Man differs from the lower animals because he preserves his past experiences. What happened in the past is lived again in memory. About what goes on today hangs a cloud of thoughts concerning similar things undergone in bygone days. With the animals, an experience perishes as it happens, and each new doing or suffering stands alone. But man lives in a world where each occurrence is charged with echoes and reminiscences of what has gone before, where each event is a reminder of other things.

인간은 지난날의 경험을 간직하고 있기 때문에 하등동물과는 다르다. 과거에 일어났던 일은 기억 속에서 다시 체험된다. 오늘 일어나는 일에 지난날 체험한 것과 유사한 일에 대한 생각들이 구름처럼 뭉게뭉게 피어오르는 것이다. 동물에 경험이란 그것이 일어나기 바쁘게 사라져버리고 각각의 새로운 행위나 고통은 별개의 것으로 된다. 그러나 인간은 사건들마다 지난날 일어난 사건의 잔향(殘響)과 추억으로 가득 차 있어서 각각의 사건들이 다른 사건들을 생각나게 하는 세상에 살고 있다.

Notes

① '추상적 어구'가 여러 가지로 표현된 경우 : his past experiences / What happened in the past / similar things undergone in bygone days
② differ from ~ : ~와 다르다
③ the lower animals : 하등동물
④ preserve his past experience : 과거의 경험이 있다[보존하다]
⑤ is lived : 체험되다
⑥ undergone in bygone days : 과거에 체험된
⑦ stand alone : 독립하다, 분리되다
⑧ occurrence : 사건, 생긴 일
⑨ be charged with ~ : ~로 가득 차 있다
⑩ echoes and reminiscence : 반향[잔향]과 추억[회상, 기억]
⑪ reminder : 생각나게 하는 것[사람]

08

The bulk of them were civilians who had been called to the colours, easy-going citizens, who seemed bent down by the weight of their rifles, or undersized conscripts of the last line, quick of apprehension, as prone to panic as to enthusiasm, as ready for attack as flight. And now, a deep calm, an atmosphere of shuddering, silent apprehension brooded over the city. Many a plump citizen, whose manhood had been sapped by commerce, anxiously awaited the conquerors, in dread lest his spits and his big kitchen knives should be regarded as weapons. Life seemed at a standstill. The shops were closed ; the streets silent. Here and there a stray citizens, awed by the silence, hurried along, keeping close to the wall. Such was the agony of suspense that the arrival of the enemy was looked forward to as relief.

그들 대부분은 군대에 소집된 민간인들로서 낙천적인 시민들이었으나 지금은 메고 있는 소총의 무게로 인해 몸이 굽은 것처럼 보였다. 또한 이들은 마지막 전선에 투입된 소규모 신병들로서 걱정도 쉽게 하는가 하면, 전의(戰意)에 불타는 것만큼이나 쉽사리 공포에 빠져들기도 했으며, 언제든지 달아날 준비가 되어 있는 것만큼이나 공격할 태세도 갖추고 있었다. 깊은 정적(靜寂)과 으스스한 분위기가 감도는 속에 불안스런 침묵이 도시를 내리덮었다. 수많은 시민은 장사가 되지 않아 무기력해져 갔으며 고기 구울 때 사용하는 불꼬챙이나 부엌칼 같은 것들이 무기로 간주되지 않을까?하는 두려움 속에 마음 졸이며 정복자들을 기다렸다. 삶이 정지된 것 같았다. 상점들은 문을 닫았고 거리는 적막이 흘렀다. 이리저리 헤매고 다니는 시민들은 그런 적막에 두려움을 느끼고 벽쪽으로 몸을 바짝 붙이면서 서둘러 지나갔다. 지속적인 불안감이 주는 고통은 너무 커서 차라리 적군이 도착하는 것이 안도가 될 정도로 기다려졌다.

Notes

① The bulk of them : 그들 대부분
② easy-going citizens : 느긋한[태평스러운/낙천적인] 시민들
③ bent down : (몸이) 굽은[구부러진]
④ undersized conscripts : 소규모의 신병[징집병]들
⑤ quick of apprehension : 빨리[쉽게] 걱정하다
⑥ prone to ~ : ~하는 경향이 있는, ~하기 쉬운, ~을 잘하는
⑦ brood over : (구름 · 밤 · 어둠이) 내리덮다, 고요히 뒤덮다, 골똘히 생각하다
⑧ in dread lest his spits and his big kitchen knives should be ~
(his → many a plump citizen's/lest ~ should : ~하지 않을까 두려워서)
⑨ at a standstill : 정지하여, 정돈(停頓) 상태에
⑩ suspense : 지속적인 불안감, 긴장감, 미결정
⑪ Such was the agony of suspense that the arrival of was ~
→ The agony of suspense was such that the arrival of was ~

09

To begin with, we should remember, I think, that most people cannot choose their careers. They simply have their jobs forced upon them. This may be because they live in a place where there is a limited choice of occupations, or because their fathers and grandfathers have always followed a certain profession. The Indian born of peasant parents in a country village has, for example, few opportunities of becoming anything but a peasant.

대부분의 사람들은 자신의 직업을 자신이 선택할 수 없다는 사실을 먼저 염두에 두어야 할 것으로 생각한다. 오로지 자신들에게 일이 강요될 뿐이라는 것이다. 이는 다른 어떠한 일에 필요한 훈련이 부족하기 때문일 수도 있고 직업선택의 범위가 제한적인 지역에 살고 있기 때문일 수도 있다. 또한 그들의 아버지나 조부가 예부터 어떤 직업을 가업으로 이어오고 있기 때문일지도 모른다. 이를테면, 어느 시골 마을에서 농부를 양친으로 두고 태어난 인도인은 농부 이외의 어떤 직업도 가질 기회가 거의 없는 것이다.

Notes

① To begin[start] with : 우선, 첫째로
② have their jobs forced : 무리하게 억지로[강제로] 일을 하게 되다 [직업을 갖게 되다]
③ born of ~ : ~에서 태어나다 ↔ born from ~ : ~출신이다
④ anything but ~ : ~이외에는 무엇이든, ~이 결코 아니다, ~이기는커녕

10

It was Schopenhauer who first said that all arts aspire to the condition of music ; that remark has often been repeated, and has been the cause of a good deal of misunderstanding, but it does express an important truth. Schopenhauer was thinking of the abstract qualities of music ; in music, and almost in music alone, it is possible for the artist to appeal to his audience directly, without the intervention of a medium of communication in common use for other purposes. Only the composer of music is perfectly free to create a work of art of his own consciousness, and with no other aim than to please.

모든 예술은 음악의 여건을 동경한다는 것을 최초로 설파한 사람은 다름 아닌 쇼펜하우어였다. 이 말은 지금까지 자주 회자(膾炙)되어 왔고 많은 오해의 원인이 되기도 했지만 하나의 중요한 진실이 있다. 쇼펜하우어는 음악의 추상적 속성을 고려하고 있었다. 음악에서는, 거의 음악의 경우만 그 예술가, 즉 음악가는 다른 목적을 위해 일반적으로 사용되는 전달 수단을 통하지 않고 직접 청중에게 어필할 수 있다는 것이다. 오로지 작곡가만이 완전히 자유롭게 자기의식 속의 작품을 청중을 즐겁게 한다는 목적만으로 창조할 수 있다.

Notes

① the condition of music : 음악의 상황[여건, 상태]
② a good deal of ~ : 많은[다량의] ~
③ medium of communication : 전달 수단
④ be free to ~ : 자유로이[마음대로] ~하다
⑤ consciousness : 의식, 지각, 자각

11

Certainly Lincoln is the national hero, the reasons for this can perhaps be found in the fact that Lincoln had many of the qualities of the hero as conceived by Americans. First of all, Lincoln's career fits a popular American belief that every boy can dream of becoming President. In other words, no matter how humble a person's beginning, there is no class system that previous him from becoming a leader in industry, government, or any of the professions if he has ambition, brains, and a willingness to work. Americans admire the self-made man — the man who, with neither money nor family influence, fights his way to the top. He had little opportunity for schooling. Most of his early study was done by himself at night. He did hard manual labor through the day. But as he grew older he studied law in his spare time, and set up a practice. He was a good speaker and a student of political philosophy. His ability finally made a name for him, and eventually he became President of the United States.

링컨은 분명히 국민적 영웅이다. 그가 미국 국민의 마음속에 품고 있는 것과 같은 영웅의 품성을 많이 가졌던 점에서 그 이유를 찾을 수 있다. 다른 무엇보다도 링컨의 생애는, 소년들은 누구나 대통령이 될 수 있다는 꿈을 가질 수 있다는 보편적인 미국인의 믿음에 부합된다는 것이다. 다른 말로 하자면 사람의 일생이 아무리 비천하게 출발하더라도 야망을 가지고, 좋은 두뇌와 무엇을 하겠다는 의지만 있다면 산업계, 정치계를 비롯한 어떤 전문직 분야에서도 리더가 되지 못하도록 하는 신분제도는 없다는 것이다. 미국인들은 재력이나 집안의 영향력 등의 배경 없이 혼자 힘으로 정상에 오른 사람을 존경한다. 링컨은 학교교육을 받을 기회가 별로 없었고, 어릴 적에는 대개 밤에 독학으로 공부하였다. 그러나 나이가 들면서 시간이 나는 대로 법률을 공부하여 변호사 사무실을 개업하게 되었다. 그는 달변가(達辯家)였고 정치철학을 연구하였으며, 결국 자신의 뛰어난 능력으로 이름을 떨쳤고 마침내 미국의 대통령이 되었다.

Notes

① Lincoln had many of qualities of the hero as conceived by Americans.
→ Lincoln had many of qualities of the hero that[which] were conceived by Americans.
② self-made man[woman] : 자수성가한 사람
③ fight one's way to top : 노력하여[투쟁하여] 정상에 오르다
④ But as he grew older he studied law ~ (as = according to)
⑤ set up a[enter, go into] practice : (의사 · 변호사 등이) 개업하다
⑥ make a name (for oneself) : 이름을 떨치다, 유명해지다

12

Now — she leant out of her window — all was light, order, and serenity. She heard the far-away cry of the night watchman — "Just twelve o'clock on a frosty morning." No sooner had the words left his lips than the first stroke of midnight sounded. Orlando then for the first time noticed a small cloud gathered behind the dome of St. Paul's. As the strokes sounded, the cloud increased, and she saw it darken and spread with extraordinary speed. At the same time a light breeze rose and by the time the sixth stroke of midnight had struck the whole of the eastern sky was covered with an irregular moving darkness.

그녀는 창밖으로 몸을 내밀었다. 이제는 주위가 온통 불빛으로 밝게 빛나면서 정연하고 평온한 분위기가 감돌았다. 멀리서 야경꾼의 외치는 소리가 들려왔다. "서리가 내리는 밤 12시 정각입니다." 야경꾼의 입에서 이 소리가 들리자마자 한밤중임을 알리는 최초의 종소리가 울려왔다. 그때 비로소 처음으로 세인트 폴 사원의 둥근 지붕 뒤쪽 하늘에 작은 구름이 뭉게뭉게 피어오르는 것이 올란도의 눈에 들어 왔다. 종소리가 울려 퍼짐에 따라 구름도 점점 커져갔다. 그리고 그녀는 구름이 놀랄 만치 빠른 속도로 검은빛을 띠며 널리 퍼져 나가는 것을 보았다. 동시에 가벼운 바람이 일면서 밤 12시의 6번째 종소리가 울릴 즈음에는 동쪽 하늘이 온통 불규칙하게 움직이는 검은 구름으로 뒤덮였다.

Notes

① lean out of a window : 창밖으로 몸을 내밀다
② — all was light, order, and serenity.
→ everything was full of light, order, and serenity.
③ serenity : (자연 · 바다 · 하늘 등의) 고요함, 평온, 청명, 화창함
④ No sooner had the words left his lips than the first stroke of ~
→ As soon as the words left his lips, the first stroke of ~
⑤ a light breeze : 남실바람, 가벼운 바람
⑥ ~ and by the time (when) the sixth stroke of midnight ~

13

Nothing is more difficult than to assist those who want to write so badly; because writing must come from within, and there is only one way to improve and that is to keep at it. Writing is fed by writing. The trouble with Amabel was that her impulse came without. She did not want to write because she had anything that must be said, but because the world was already too full of books. When I had last seen Amabel, she was full of ambition because a girl she was at school with, quite an ordinary kind of girl too — in fact she had been something of a laughing stock — told her, when they had met by chance at a theater, that she was making quite a nice little income by contributing short stories to magazines. 'If she can,' said Amabel, who was full of false logic, 'why can't I?'

글쓰기를 간절히 원하는 사람을 도와주는 것만큼 어려운 일도 없다. 왜냐하면 글쓰기는 마음속으로부터 우러나오지 않으면 안 되기 때문이다. 그리고 글쓰기 능력을 향상시키는 유일한 방법은 꾸준히 계속해서 글을 써야 한다는 것이다. 글쓰기 능력은 글을 써봄으로써 증진되는 것이다. 아마벨의 경우 어려운 점이라고 하면 그녀의 글쓰기 충동이 외부로부터 왔다는 것이다. 아마벨은 사람들에게 꼭 들려줄 무엇이 있어서 글을 쓰려는 것이 아니라 이 세상에 책이 너무 많이 나와 있다는 이유로 글을 쓰고 싶어 하는 것이다. 지난번 내가 아마벨을 만났을 때 그녀는 야망이 넘쳐나고 있었다. 그 이유는 그녀와 같은 학교에 다녔던 어느 여성을 우연히 극장에서 만났을 때 그 친구가 그녀에게 자기는 어느 잡지에 단편 소설을 기고하여 그리 많지는 않지만 꽤 짭짤하게 수입을 올리고 있다고 말했기 때문이다. 사실 학창시절 그 친구는 매우 평범한 학생으로 사실 약간의 웃음거리 대상이었다. '그런 사람이 할 수 있는 일이라면' 하고 그럴듯한 논리에 빠진 아마벨은 '난들 왜 못할까보냐?'라고 말했다.

Notes

① badly : (want, need 등과 함께) 대단히, 몹시(greatly)
② within : 내부, 마음속 ↔ without : 외부
③ keep at : 꾸준히 힘쓰다, 열심히 하다, 굽히지 않고 하다
④ be fed by ~ : ~에 의해 양육되다, ~로 길러지다
⑤ quite a nice little income : 많지는 않지만 상당한 수입
⑥ laughing stock : 웃음거리, 웃기는 일
⑦ contribute : (글 · 기사를) 기고하다
⑧ false[specious, spurious] logic : 그럴듯한[진짜 같은] 논리

14

The present universal fear has been the result of a forward surge in our knowledge and manipulation of certain dangerous factors in the physical world. It is true that other phases of understanding have not yet caught up with this great step, but there is no reason to presume that they can not or will not draw abreast. Indeed, it is a part of the writer's responsibility to make sure that they do. With humanity's long proud history of standing firm against all of its natural enemies, sometimes in the face of almost certain defeat and extinction, we would be cowardly and stupid to leave the field on the eve of our greatest potential victory.

오늘날 전 세계적으로 만연된 공포는 물질세계의 어떤 위험요소에 대한 우리의 지식과 이런 요소들을 잘 다룬 기술의 괄목할만한 진전의 결과이다. 다른 국면에서의 이해가 아직은 이 거대한 발걸음을 따라 잡지 못하고 있는 것은 사실이다. 그러나 그 국면들이 더불어 나아갈 수 없거나 나아가지 않을 것이라고 생각할 아무런 이유도 없다. 사실, 이들이 반드시 어깨를 나란히 하도록 하는 것이 작가가 가져야 할 책무의 일부분이다. 때로는 그 패배가 거의 확실하고 절멸(絕滅)에 직면해서도 모든 천적에 굳건히 맞서온 인류의 자랑스러운 오랜 역사를 가지고 있으면서 쟁취할 수 있는 가장 위대한 승리를 목전에 두고 싸움터에서 물러선다면 우리는 비겁하고 어리석은 사람이 될 것이다.

Notes

① universal fear : 전 세계적인 공포
② surge : 큰 파도, 놀, (감정 따위의) 동요, 격동
③ manipulation : 교묘히 다루기, 솜씨 있는 다루기
④ catch up with : 따라 잡다, (문제가) 결국 ~의 발목을 잡다
⑤ presume : 추정하다, 상상하다 (suppose)
⑥ draw abreast : 나란히 나아가다
⑦ make sure (of something/that) : 반드시 (~하도록) 하다, (~을) 확실히 하다
⑧ humanity : 인류, 인간, 인간성, 인류임
⑨ natural enemy : 천적(天敵)
⑩ in the face of ~ : (문제, 어려움 같은) ~에도 불구하고 ~에 직면하여
⑪ extinction : 사멸(死滅), 절멸
⑫ cowardly : 겁 많은, 소심한, 비겁한
⑬ on the eve of ~ : ~의 직전에
⑭ potential victory : 가능한 승리

15

Privacy is one of the necessities of human life, and to lose one's privacy makes life difficult to bear. This is the reason why people who have had the misfortune to be born royal sometimes make frantic efforts to break their way out into private life. To be born royal means being condemned in advance to live one's life in public, and this is an almost intolerable servitude. One may incur this servitude through the accident of birth, or one may incur it through force of circumstances. America has incurred her present servitude in the second of these ways, and this makes it all the more irksome. If one has been born a slave, one may become more ore less conditioned to slavery before one has become conscious of the painfulness of one's position. If one is enslaved later on in life, it is more difficult to become reconciled to this cruel change for the worse in one's circumstances.

프라이버시는 인간생활에 있어 없어서는 안 될 것이며, 또한 사생활을 잃으면 삶은 견디기 힘들어진다. 이런 이유로 불행히도 왕족으로 태어난 사람들은 자신의 기존 생활의 틀을 벗어나 개인적인 삶을 갖기 위해 엄청난 노력을 쏟는 경우가 간혹 있다. 왕족으로 태어난다는 것은 대중이 보는 가운데 자신의 삶을 드러내놓고 살아야 한다는 사전선고받은 것을 의미하며, 이것은 거의 참을 수 없는 노예상태와 다름없는 삶이 된다. 사람은 태어나는 우연한 일로 노예상태를 초래하기도 하고, 환경의 힘에 의해 노예상태가 초래되기도 한다. 미국에 지금과 같은 노예상태가 초래된 것은 이들 방식 중 두 번째 방식인 환경에 의한 것인데, 이로 인해 미국은 보다 더 끔찍한 곳이 되어가고 있다. 아예 사람이 태어나기를 노예로 태어났다면 자신의 처지가 고통스럽다는 것을 의식하기도 전에 어느 정도 노예상태에 적응될 수도 있다. 그렇지만 나이가 든 후에 노예가 된다면 참혹한 환경변화의 악화를 감내하기 더욱 어려워진다.

Notes

① privacy : 사적[개인적] 자유, 사생활, 프라이버시
② necessities : 필요불가결한 것, 필요한 것, 필수품
③ ~ people who have had the misfortune to be born royal ~
→ ~ people who have unfortunately been born royal ~
④ frantic effort : 대단한[미친 듯한] 노력
⑤ break one's way out into private life : 자신의 기존 생활양식을 깨뜨리고 사생활을 갖다
⑥ be condemned to ~ : ~ 하도록 선고받다
⑦ in public : (특히 자기가 모르는) 사람들 앞에서, 사람들이 보는 가운데
⑧ intolerable servitude : 참을 수 없는 노예상태[노역, 강제노동]
⑨ incur : (분노 · 비난 · 위험 · 손해 등을) 초래하다
⑩ all the more irksome (for) : ~이니까 더욱더 진절머리[싫증]나다
⑪ conditioned to ~ : ~에 적응된, ~에 익숙한
⑫ be enslaved : 노예가 되다, 사로잡히다
⑬ become reconciled to ~ : ~하는 것이 두려워지지 않다, 감수하다

16

Finally he got so close to the flower that he could make out its silvery petals distinctly in the moonlight. But at the same moment he felt as if he had been caught in a net; the smooth lily stems swayed and wrapped themselves round his naked limbs. The mysterious waters lay so blackly around him, behind him he heard a fish jump: suddenly he felt so uncanny in the strange element that he fought his way free from the grip of the plants and swam to the shore in breathless haste. When he looked back at the lake from the bank the lily was lying, as before, far away and solitary on the dark waters.

마침내 그는 그 꽃 쪽으로 아주 가까이 다가갔기 때문에 달빛 속에 은빛으로 빛나는 꽃잎을 확실히 분별할 수 있었다. 그러나 동시에 그는 그물에 걸린 것 같은 느낌을 받았다. 매끄러운 수련의 줄기가 한들거리면서 그의 팔다리의 맨살에 휘감겨왔기 때문이다. 신비스러운 호수의 물이 그의 주위로 새까맣게 둘러싸고 있었다. 등 뒤쪽에서 물고기가 뛰어오르는 소리가 들려왔다. 갑자기 그런 신비스런 물속에 있다는 사실이 너무 무서워져 수련에 휘감겨 있는 상태로부터 벗어나려 필사적으로 숨 쉴 틈도 없을 만큼 서둘러 물가를 향해 헤엄쳐 나갔다. 제방에 올라 호수를 뒤돌아보니 전과 다름없이 그 수련은 어두운 수면 저 멀리에 호젓한 자태로 떠있었다.

Notes

① make out : 분별하다
② petal : 꽃잎
③ the lily : 수련(water lily)
④ sway : 흔들리다, 흔들흔들하다, 동요하다
⑤ limb : 수족, 손발, 팔다리
⑥ uncanny : 어쩐지 기분 나쁜, 까닭 모르게 무서운, 신비스러운
⑦ the grip of the plants : 백합에 휘감겨 있는 상태
⑧ fight one's way : 싸우며 나아가다, 곤란을 무릅쓰고 나아가다(forward)
⑨ solitary : 호젓한, 외딴, 외진, 혼자의

17

What we all understand, better than anything else, about friendship is that, when things go wrong, the results hurt more than any other experience we know. To be wounded in friendship is to be caught in a desert where we cannot shield ourselves from the blinding high-noon sun of betrayal and disappointment. We ache and thirst and can only wait for the pain to wear off and go away. The corruption or loss of friendship is the hell on earth every person dreads. This is the world's open secret about friendship, and everyday — no exceptions — knows about it from personal experience.

우리가 우정에 대해 그 무엇보다도 잘 알고 있는 사실은 사태가 잘못될 경우 그 결과는 우리가 알고 있는 그 어떤 경험보다도 가장 마음에 상처를 준다는 것이다. 우정에 상처를 입는 것은 그 배신과 실망이 눈을 뜰 수 없을 정도의 한낮 태양으로부터 몸을 보호할 수 없는 사막에서 꼼짝할 수 없는 경우와 마찬가지이다. 우리는 아파하고 목말라하면서 그저 그 아픔이 가셔서 사라져버릴 때를 기다릴 수밖에 없다. 우정에 금이 가거나 우정을 상실한다는 것은 누구에게나 두렵기만 한 이 세상의 지옥인 것이다. 이는 우정에 대한 공공연한 비밀이며, 누구에게나 예외 없이 개인적 경험으로부터 알고 있는 사실이다.

Notes

① things : (복수형으로) 사태
② more than any other experience (that) we know.
(more than any other ~(단수명사) : 다른 어떤 ~ 보다도)
③ shield Ⓐ from Ⓑ : Ⓐ를 Ⓑ로부터 보호하다
④ blinding : 눈이 부신, 눈을 뜰 수 없을 정도인
⑤ high-noon : 한낮의
⑥ betrayal : 배반(행위), 폭로
⑦ wear off : 사라지다, 없어지다
⑧ corruption : (우정의) 금, 변질
⑨ dread : (대단히) 두려워하다, 무서워하다

18

Specialized study is thought necessary in order that graduates may know enough on leaving the university to take up posts in the professions, in the public services, and in industry and commerce. They need to be experts, and the vastness of modern knowledge prevents them from being experts in more than one or two subjects. Again, the intensive study of a limited field is believed to be the best way, some would say the only way of training the mind. But specialization should come only after some acquaintance with what a philosopher has called 'the system of vital ideas which every age possesses and by which it lives,' a sense at least of the whole range of human achievement. The greater the need of specialization the greater the need to give it a solid basis of general culture. And only with experience of different subjects can anyone make an intelligent choice of specialization in the first place, let alone be able to see his subjects in any kind of perspective.

대학 졸업생이 졸업하면서 전문직, 공직(公職), 산업계나 상업 방면에서 자리를 차지하는데 충분한 지식을 갖추기 위해 전문적인 공부가 필요하다고 생각되고 있다. 졸업생은 전문가가 될 것이 요구되는데 현대의 지식 세계는 너무 광범위하기 때문에 한두 가지 이상의 분야에서 전문가가 되기란 쉽지 않다. 또한 일부 학자들이 유일한 방법이라고 주장하는 바와 같이 한정된 분야에 대한 철저한 공부가 지력을 단련시키는 최선의 방법으로 믿어지고 있다. 그러나 전문화라는 것은 어느 철학자가 말했듯이 '모든 시대가 갖고 있으면서 그것에 의해서 살아가는 중요한 관념 체계'라는 점을 어느 정도 알고 난 후, 즉 인류가 이룩한 업적의 모든 분야에 대해 적어도 어느 정도 알고 난 후에야 비로소 이루어져야 하는 것이다. 전문화의 요구가 크면 클수록 전반적인 교양의 견고한 기초가 전문화에 필요한 정도는 그만큼 더 커진다. 그리고 먼저 다른 다양한 과목을 경험한 후에라야만 전문 분야의 선택을 잘할 수 있는 것이다. 더욱이 자기가 공부한 여러 가지 학과를 균형적인 시각으로 바라볼 수 있다는 것은 말할 필요도 없다.

Notes

① specialized study : 전문적인 연구[공부]
② take up : (시간 · 공간을) 차지하다
③ public service[office, post] : 공직(公職)
④ an intensive study : 자세한 연구, 철저한 연구
⑤ let alone ~ : ~은 말할 것도 없이
⑥ perspective : 전망, 시각, 견지

19

I am sorry to tell you that my husband and I have decided to take Phyllis away from school, and I therefore have to give notice that she will be leaving you at the end of next term. I hope you won't regard our action in any way as a reflection upon you or your school, but Phyllis's conduct and progress seem so unsatisfactory that we feel we should like to have her under our own observation for a time, and are going to employ a private governess for the present. I should like to thank you for the kindness and attention you have always shown.

유감스럽게도 저희 부부는 필리스를 학교에 보내지 않기로 결정했습니다. 그래서 다음 학기말에 학교를 그만두게 됨을 신고하지 않을 수 없습니다. 이런 저희의 조치에 대해 결코 선생님이나 학교의 잘못으로 인한 비난으로 생각하지 말아 주시길 바랍니다. 그러나 필리스의 품행과 학업 진척 상태가 만족스럽지 못하기 때문에 당분간은 우리의 감독아래 가정교사를 두어 가르치려고 합니다. 언제나 친절하게 마음써 주셔서 감사드립니다.

Notes

① not ~ in any way : 결코 ~하지 않다
② reflection upon ~ : ~에 대한 비난
③ should like to ~ : ~하고 싶다 (would like to)
④ observation : 감시, 관찰
⑤ for a time : 당분간(은), 잠시, 임시로
⑥ governess : 여가정교사
⑦ for the present : 현재로서는, 당장은, 당분간은

20

Art is not rare, remote, precious, restricted to old pictures in museums or symphonies in concert halls. Art is intimately, essentially interwoven with every thread of daily life — in the neckties, scarves, clothes we wear ; in the design of our chairs, rugs and kitchens ; in the style of the homes we build and the autos we buy ; in the shows we enjoy on stage, screen, and TV ; in the melodies we whistle or sing or dance to. A life deprived of the treasures and pleasures that Art affords us would be no life at all — at least not on the human level. Man is man, significantly more than a dumb beast, because man as man has always been a creative artist and still is. Man's creativity is what makes progress possible, and what makes the human adventure continuously exciting.

예술이란 보기 드문 것이거나 크게 다른 것이거나 대단한 것이 아니며, 박물관에 있는 오래된 그림이나 콘서트홀에서 연주되는 심포니 같은 것에만 국한되는 것도 아니다. 예술은 일상생활이라는 모든 실(絲)과 긴밀하고 본질적으로 섞여서 짜여 있다. 이를테면 우리가 메고 있는 넥타이나 스카프, 입는 의복 같은 것에도 예술은 있고 의자, 양탄자, 부엌의 디자인에도 우리가 즐기는 무대나 스크린, TV쇼에도 있으며, 맞춰서 부는 휘파람과 노래, 춤의 멜로디에도 예술은 있다. 예술이 주는 소중한 보물과 즐거움을 빼앗긴 삶은 결코 삶이라고 할 수 없고, 적어도 인간적 수준에서의 삶이라고는 결코 말하지 못할 것이다. 인간은 어디까지나 인간이다. 말 못하는 짐승보다는 훨씬 더 중요한 존재이다. 왜냐하면 인류로서의 인간은 언제나 창조적 예술가였고, 지금도 여전히 그러함에는 변함이 없다. 인간은 창조의 힘을 가졌기 때문에 진보를 가능케 하며 끊임없이 모험을 감행함으로써 활기차게 되는 것이다.

Notes

① remote : 먼, 관계가 적은, 크게 다른
② Art is not rare, remote, precious, restricted to old ~
→ Art is not rare, remote, precious, and it is not restricted to old ~
③ interwoven with ~ : ~와 뒤섞인, (실 · 털실 등을) 섞어 짠, 혼직(混織)의
④ dance to ~ : ~에 맞춰서 춤추다
⑤ A life (which is) deprived of the treasures and the pleasures ~
⑥ be deprived of ~ : ~을 빼앗기다
⑦ at least (it would) not (be a life at all) on the human level
⑧ Man is man. (is에 강세를 주어 '인간은 어디까지나 인간이다)
⑨ because man as man has always been a creative artist and still is (a creative artist).

21

Walking has become a very popular mode of exercise. As a result, the manufacturers have flooded the market with more than a hundred different types of shoes. The sheer multitude of choices would boggle a customer's mind to ask, "Is specially designed walking shoe necessary? Any athletic shoe will probably suffice for an occasional walk, even a long one. But for regular walkers, specially designed shoes are more comfortable, durable and effective in preventing injuries.

걷는 것은 매우 인기 있는 운동 방법이 되었다. 그 결과 신발 제조업자들은 100종류 이상의 다양한 신발류를 시장에 넘치도록 내놓았다. 수많은 선택 앞에서 고객들은 놀라움으로 멈칫하면서 특별히 고안된 워킹화[도보용 운동화]가 필요한 것인가?라고 묻는다. 어떤 종류의 운동화라도 가끔씩 걷는 데는 대부분 충분한 내구력이 있을 것이고 장거리를 걷는다 해도 잘 견딜 것이다. 그러나 정례적으로 걷는 사람들에게는 특별히 고안된 신발이 더욱 편하고 오래 신을 수 있으며, 부상을 예방하는데도 효과적이다.

Notes

① mode of exercise : 운동 방식[유형]
② flood Ⓐ with Ⓑ : Ⓐ를 Ⓑ로 가득 채우다
③ sheer : 순수한, 진짜, 섞이지 않은, 순전한, 완전한
④ multitude of ~ : 다수의 ~, 수많은 ~
⑤ boggle : 멈칫[움찔]하다, 놀라서 펄쩍 뛰다, 뒷걸음질치다
⑥ Any athletic shoe will probably suffice ~ walk, even a long one.
(긍정문의 부정대명사/형용사 any는 '양보'의 뜻. one = walk)
⑦ athletic shoe : 운동화
⑧ suffice for ~ : (문어) ~에 족하다, ~에 충분하다
⑨ regular walker : 정기적[규칙적]으로 걷는 사람
⑩ durable : 튼튼한, 내구력이 있는, 영속성이 있는

22

Being a good student is learning to be aware of the state of one's own mind and the degree of one's understanding. The good student may be one who often says that he does not understand, simply because he keeps a constant check on his understanding. The poor student, who does not, so to speak, watch himself trying to understand, does not know most of the time whether he understands or not. Thus the problem is to make them aware of the difference between what they know and what they don't.

공부를 잘하는 학생이 된다는 것은 자기 자신의 마음 상태와 자기 자신의 이해도가 어느 정도 되는지를 알 수 있게 된다는 것이다. 공부 잘하는 학생은 끊임없이 자신의 이해도를 확인하고 있기 때문에 흔히 자신은 잘 모른다고 생각하는 학생일 수도 있다. 공부를 잘하지 못하는 학생, 말하자면 주의 깊게 이해하려고 하지 않는 학생은 대개의 경우 자신이 이해하고 있는지 어떤지를 모른다. 따라서 문제는 알고 있는 것과 모르는 것의 차이점을 그들이 깨닫도록 해야 한다.

Notes

① the good student : 훌륭한[공부를 잘하는] 학생
② learning to be aware of ~ : ~을 알게[깨닫게] 되다
③ keep a constant check on ~ : ~을 끊임없이 점검하다
④ the poor student : 공부를 잘 못하는 학생

23

Nowadays everybody realizes the important part played in his life by economic factors because the war, and the problems left by the war, have upset the ordinary routine to which we had become accustomed. There was a time when we took it for granted that the shops should be full of things we wanted to buy, and our only concern was in wondering how we could get enough money to allow us to choose from among the quantity and variety of goods offered to us. As long as we had a job which brought in a reasonable income per week we assumed that there would be the things to buy and, unless prices altered very rapidly, we didn't usually bother our heads much to inquire why a loaf of bread cost three pence and a packet of cigarettes cost six pence. Since the war, however, we have been brought up sharply against the complexities of the economic world; and the scarcity of hundreds of the articles on which we had come to rely has made us realize the extent to which we are dependent on the four corners of the world for the goods we use in our daily life.

오늘날에는 전쟁과 그 전쟁으로 남겨진 여러 문제점으로 인해 이미 익숙해져 있던 일상생활이 혼란스러워짐으로써 경제적 요소가 생활에 중요한 역할을 한다는 사실에 대해 모두가 자각하고 있다. 상점에는 사고 싶은 물건이 당연히 가득 차 있어야 하고, 다양한 상품 가운데 선택해서 구매할 수 있는 돈버는 방법만을 생각하면 되는 시대가 있었다. 매주 상당한 수입이 가능한 일자리만 있으면 살 수 있는 물건은 당연히 있는 것으로 생각했고, 물가가 갑자기 변동하지 않는다면 빵 한 덩어리가 3펜스이고 담배 한 갑이 6펜스나 되는가 하는 문제 따위에 골머리를 썩이는 일은 대체로 없었다. 그러나 전쟁이 발발한 이후로 우리는 경제적 측면에서의 복잡성이라는 엄연한 현실에 직면하게 된 것이다. 전쟁 전에 의존해왔던 수많은 상품이 부족해졌기 때문에 일상 생활용품을 조달하기 위해 세계 여러 나라에 크게 의존해 왔었다는 사실을 깨닫게 된 것이다.

Notes

① ordinary routine : 일상생활, 평소 일과
② take it for granted that ~ : ~을 당연한 것으로 생각하다
③ a quantity[quantities] of ~ : 많은, 다량[다수]의 ~
④ assume : 당연한 것으로 여기다, 당연하다고 생각하다 (take for granted)
⑤ bother one's head : 골치 아프게 하다(worry)
⑥ brought up sharply against ~ : ~에 당면[봉착]하여
⑦ bother one's head : 걱정하다, 괴로워하다
⑧ the extent to which we are dependent → how much we are dependent
⑨ (the) four corners of the world[earth] : 세계 구석구석[방방곡곡, 도처]

24

Annie would eat uneasily, watching Ralph's impassive face. Did she prepare the dish correctly? Did she season it properly? She followed the recipe, but she added some spices of her own. Was that a mistake? Yes, it must have been! She would feel her heart sink, he whole body tighten with misery. No, Ralph doesn't like it. Isn't his lip twisting in the beginning of a sneer? Ralph, living the same soap opera, would look and for a long moment keep his face inscrutable while Annie would die a thousand deaths, and then he would smile his approval. And suddenly, miraculously, Annie's entire being would sing with happiness.

애니는 랄프의 무표정한 얼굴을 바라보면서 불안한 마음으로 식사하곤 했다. 요리는 괜찮게 한 것일까? 간은 제대로 맞췄을까? 조리법대로 만들었지만 나름대로 양념도 조금 첨가해 보았다. 그게 좋지 않았던 것일까? 그렇다, 틀림없이 그랬나보다. 그녀는 가슴이 철렁하면서 불안한 마음으로 온몸이 오그라드는 것 같았다. 그렇다, 요리가 랄프의 입맛에 맞지 않은 것이다. 냉소를 지으려고 그의 입술이 일그러지고 있지나 않은가? 랄프는 동일한 멜로드라마 속의 세상에 살고 있기 때문에 애니가 몇 번씩이나 죽으려고 했을 때 오랫동안 어떤 생각을 하고 있는지 헤아리기 힘든 얼굴 표정을 줄곧 지어 왔던 것이다. 그러고는 맛있다는 뜻을 미소로 지어 보였다. 그러면 신기하게도 애니의 모든 존재가 갑자기 기쁨으로 넘쳐나서 노래가 나올 지경이 되었다.

Notes

① Annie would eat ~ 등의 'would'는 과거의 습관을 나타내는 조동사
② impassive face : 무표정한[냉정한] 얼굴
③ season : (~에) 맛을 내다, 간을 맞추다, 조미(調味)하다
④ recipe : (요리의) 조리법, 비법
⑤ spice : 양념(류), 향신료(香辛料)
⑥ It must have been (a mistake)!
⑦ soap opera : 멜로드라마
⑧ Ralph, living the same soap opera, ~
→ Ralph, as he lived the same soap opera, ~
⑨ inscrutable : 측량할 수 없는, 불가사의한, 수수께끼 같은(mysterious)
⑩ approval : 승인, 찬성, 시인
⑪ miraculously : 기적적으로, 불가사의하게, 신기하게
⑫ being : 존재, 생존, 생명

25

Memory-training courses are much in vogue nowadays, and it seems to be taken for granted that the more things we remember the happier we are. The pleasures of memory must certainly be estimated high, but I am sure forgetfulness also plays a part in making human beings happy. Macbeth and Lady Macbeth would have given a good deal to be able to forget the murder of Duncan, and many a politician has longed to be allowed to forget his election.

요즈음 기억력 양성 강좌가 대단히 유행하고 있다. 그래서 기억을 더 많이 하면 할수록 행복해진다는 것이 당연하게 생각되는 것처럼 보인다. 무엇을 기억한다는 즐거움은 분명히 높이 평가해야 하지만 무엇을 잊는다는 것 또한 사람을 행복하게 하는데 하나의 역할을 한다고 확신한다. 맥베스 부부가 던컨 살해를 잊을 수 있다면 많은 돈을 대가로 지불했을 것이고, 또한 선거 때 자신이 약속한 공약을 잊어 주었으면 하고 간절히 바라고 있는 정치가도 많다.

Notes

① Memory-training courses : 기억력 양성강좌
② be in vogue : 유행하고 있다 (be in fashion)
③ take for granted ~ : ~를 당연시하다, ~를 당연하게 여기다
④ forgetfulness : 건망증, 부주의, 태만
⑤ play a part : 역(할)을 하다, 맡다
⑥ a good deal : 다량(多量), 다액(多額)
⑦ long (to do/for) : 간절히 바라다, 열망하다, 그리워하다, 사모하다
⑧ be allowed to ~ : ~하는 것이 허용되다

26

In history there is, strictly speaking, no end and no beginning. Each event is the product of an infinite series of causes, the starting point of an infinite series of effects. Language and thought, government and manners, transform themselves by imperceptible degrees; with the result that every age is an age of transition, not fully intelligible unless regarded as the child of a past and the parent of a future. Even so the species of the animal and vegetable kingdoms shade off one into another until, if we only observe the marginal cases, we are inclined to doubt whether the species is more than a figment of the mind.

엄밀히 말해서 역사에는 시작도 끝도 없다. 사건이란 어느 것이나 끝이 없는 일련의 원인이 있는 산물이고 무한정 계속되는 일련의 결과에 대한 출발점이기도 하다. 언어와 사상, 정치와 관습 등은 감지할 수 없을 정도로 느린 속도로 변모해간다. 그 결과 모든 시대는 과도기로 어떤 과거의 자식으로, 어떤 미래의 어버이로 간주되지 않는다면 충분히 이해할 수 없는 것이 된다. 그렇기는 하지만 동식물계의 종(種)은 하나의 종에서 차츰 변해가서 다른 종이 되고, 경계의 경우를 관찰해보면 결국 종이라는 것이 상상 속에서 만들어낸 허구 이상의 것인지 아닌지에 의구심을 갖게 되는 경향이 있다.

Notes

① imperceptible : 감지할 수 없는, 알아차릴 수 없을 만큼이, 미세한
② manners : 풍습, 관습, 관례
③ with the result that : 그 결과로
④ age of transition : 과도기(過渡期)
⑤ intelligible : 이해하기[알기] 쉬운, 명료한
⑥ ~ intelligible unless (every age is) regarded as ~
⑦ even so : 그렇기는 하지만
⑧ vegetable kingdoms : 식물계(植物界)
⑨ shade off : 차차[서서히] 변화하다[꺼져버리다]
⑩ marginal case : 경계의 경우
⑪ be inclined to ~ : ~하고 싶어지다, ~ 경향이 있다
⑫ figment : 허구(虛構), 꾸며낸 이야기[일]

27

According to a survey recently conducted, although 95 per cent of the parents insist that discipline is very important in rearing children, their kids don't think it's much in evidence. One child in six says that his parents seldom or never enforce family rules. More than half say they are allowed to watch television whenever they wish, and fully 69 per cent of the children say their parents never prohibit them from playing with any of their friends. Overall, the survey reflects a long-term shift in parental goals — from teaching children the right way to live to encouraging them to make up their minds for themselves. By a margin of 55 to 45 per cent, parents said they were trying to teach independent judgment. But by a margin of 85 to 15, they said their own parents emphasized rightness of actions.

최근에 실시된 조사에 따르면 부모의 95%는 훈육(訓育)이 아이들을 키우는데 극히 중요한 일이라고 주장하고 있지만 아이들은 부모들만큼 그것을 대단치 않게 생각한다는 것이다. 여섯 중 한 아이는 자기 부모는 결코 가정의 규율을 강제하지 않는다고 한다. 과반수의 아이들은 원하면 언제든지 TV를 볼 수 있다고 하며 무려 69%나 되는 아이들은 부모가 어떤 친구들과 놀아도 결코 금하는 법이 없다는 것이다. 종합적으로 볼 때 이 조사에서는 오랜 세월이 흐르면서 부모가 아이를 양육할 때의 목표가 변했다는 사실, 즉 아이들에게 올바른 생활방식을 가르치던 것으로부터 무슨 일이라도 아이들 자신의 판단에 따라 결심을 하도록 장려하는 방향으로 변해간다는 사실을 반영하고 있다. 55% 대 45%의 차이로 부모들은 자기 아이들에게는 자주적인 판단을 하도록 가르치는 데 힘을 쓴다고 답변한 데 반해, 85% 대 15%의 차이로 그 부모 자신들의 부모들은 자기들에게 올바르게 행동하기를 강조했다고 대답했다.

Notes

① According to a survey (which has) recently (been) conducted, ~
② discipline : 규율, 훈육, 예의범절을 가르침
③ rear : 기르다, 사육[재배]하다, 육성하다(bring up)
④ (be) in evidence : 두드러지게[분명히] 보이는(plainly visible)
⑤ seldom or never ~ : 좀처럼 ~않다, 전혀 ~않다
⑥ enforce : 강제[강요]하다, 억지로 시키다, 강행하다
⑦ More than half (the children) say they are ~
⑧ prohibit Ⓐ from ~ing : Ⓐ가 ~하는 것을 금하다
⑨ for themselves : 독력으로 → 자신의 판단으로
⑩ fully : (수사 앞에서) 꼬박 ~, 무려 ~
⑪ overall : 전체적[일반적, 종합적]으로 (보면) (on the whole)
⑫ reflect : 반영하다, 비치다

28

As a very small child I used to imagine that I was, for instance, Robin Hood, and picture myself as the hero of thrilling adventures, but quite soon my "story" became more and more a mere description of what I was doing and the things I saw. For minutes at a time this kind of thing would be running through my head: "He pushed the door open and entered the room. A yellow beam of sunlight, through the muslin curtains, slanted on to the table, where a matchbox, half open, lay beside the inkpot. With his right hand in his pocket he moved across to the window. Down in the street a yellowish brown cat was chasing a dead leaf," etc,. etc. This habit continued till I was about twenty-five, right through my non-literary years.

아주 어렸을 적에 나는 내 자신을 예컨대 로빈 후드라고 상정하고는 스릴에 넘치는 모험의 영웅으로 자신을 그려보곤 했다. 그러나 곧바로 내 '이야기'는 점점 자신이 하는 일이나 자신이 본 것을 단순히 그려내고 있는 것이 되어버렸다. 한 번에 몇 분씩 다음과 같은 생각이 내 머리 속을 떠나지 않았다. '그는 문을 밀어서 열고는 그 방으로 들어갔다. 모슬린 커튼을 통해 황색의 태양광선이 비스듬히 책상 위로 비쳐들고 책상 위에는 반쯤 열린 성냥갑이 잉크병 옆에 놓여 있었다. 오른손을 호주머니에 찔러 넣은 채 그는 창가로 발걸음을 옮겼다. 아래쪽 길거리에는 노란색을 띤 갈색 고양이 한 마리가 마른 나뭇잎 하나를 따라가고 있었다.' 등등 이런 습관은 내가 25살이 될 무렵까지, 말하자면 작가로서 아직 생계를 꾸려가지 못하고 있을 동안 줄곧 계속되었다.

Notes

① As a very small child I used to imagine that I was, ~
→ When I was a very small child, I used to imagine that I was, ~
② picture ~ : ~을 마음속에 그리다
③ at a time : 따로따로, 한 번에
④ thing : 생각, 관념, 의견
⑤ muslin : 모슬린 천, 옥양목
⑥ slant : 기울다, 경사지다
⑦ inkpot : 잉크병(inkwell)
⑧ yellowish : 누르스름한, 황색을 띤

29

Those who are conscious of their lack of education are discontented, if they cherish ambitions to excel in occupation for which they are not qualified ; they are sometimes discontented, simply because they have been given to understand that more education would have made them happier. On the other hand, to be educated above the level of those whose social habits and tastes one has inherited, may cause a division within a man which interferes with happiness ; even though, when the individual is of superior intellect, it may bring him a fuller and more useful life. And to be trained, taught or instructed above the level of one's abilities and strength may be disastrous ; for education is a strain, and can impose greater burdens upon a mind than that mind can bear. Too much education, like too little education, can produce unhappiness.

자신의 교육이 부족하다고 의식하는 사람이 자격이 없는 직업에 종사하면서 남보다 뛰어나게 더 잘하고 싶은 야망을 가지는 경우 때때로 그는 불만을 느낀다. 이런 사람들은 좀 더 교육을 받았더라면 보다 행복했을 것이라는 말만 들어도 불만을 느낄 때가 있다. 한편, 자신이 물려받은 것과 같은 사회적 관습과 취향을 가진 사람들의 수준 이상으로 교육을 받게 되면 내면적으로 일종의 분열이 일어나 행복에 방해가 될 수도 있다. 그러나 비록 뛰어난 지성을 가진 사람의 경우라 할지라도 그들 수준 이상으로 교육을 받음으로써 보다 충실하고 유용한 생활의 영위가 가능할 수도 있다. 또한 자신의 능력이나 힘 이상으로 훈련 및 교육을 받거나 기술을 배운다는 것은 재앙이 될 수도 있다. 왜냐하면 교육은 일종의 긴장상태이므로 견뎌낼 수 없을 정도로 정신적으로 큰 부담이 될 수 있기 때문이다. 지나친 교육은 교육이 지나치게 부족한 경우와 마찬가지로 불행을 낳을 수도 있다.

Notes

① be conscious of ~ : ~을 자각하다, ~을 알고 있다, ~을 의식하다
② ~ be conscious of their lack of education are discontented, ~
→ ~ be conscious that they lack education are discontented, ~
③ cherish ambition : 야망을 가지다, 야심을 품다
④ excel ~ : (남을) 능가하다, ~보다 낫다, ~보다 탁월하다
⑤ that more education would have made them happier.
→ that if they had received more education, they would have become happier.
⑥ given to understand = informed/told
⑦ cause a division : 일종의 분열이[불화가] 일어나다
⑧ instruct : (실용적인 기술을) 가르치다
⑨ disastrous : 비참한, 재난의
⑩ strain : 압박 · 중압(감), 긴장(상태)

30

The United States is a huge nation, the fourth largest in the world. Within its borders, there are vast regional differences in climates, geography, and historical experience. Each section of the United States is often thought to have its own customs and attitudes, and stereotypes have developed about the people of each region. For example, the Englander is described as stern and self-reliant, the Southerner as gracious and leisurely, and the Westerner as casual and friendly. Most regional distinctions, however, have been erased by modern transportation, communication, and mass production.

미합중국은 세계에서 네 번째로 큰 광대한 나라이다. 그 국경 내에서는 기후나 지세(地勢), 역사적 경험 측면에서 지역적으로 큰 차이를 보인다. 합중국의 각 지역에는 나름대로의 독특한 관습과 사고방식이 있다고 생각되는 경우가 많다. 그래서 각 지역 사람들에 대한 고정관념이 만들어져 왔다. 예를 들면, 뉴잉글랜드 사람은 엄격한 독립독행하는 스타일이고, 남부 사람은 친절하고 느긋하며, 서부 사람은 싹싹하고 붙임성 있는 사람으로 묘사되고 있다. 그러나 이러한 지역 간 차이는 현대적 수송·통신 수단과 대량생산에 의해 대부분 사라지고 있다.

Notes

① stereotype : 고정 관념, 판에 박힌 문구, 상투 수단
② stern : 엄격한, 단호한, 근엄한, 준엄한
③ self-reliant : 자기를 믿는, 독립독행(獨立獨行)의
④ the Southerner (is described) as gracious, ~, and the Westerner (is described) as casual and friendly.
⑤ gracious : (아랫사람에게) 호의적인, 상냥한, 친절한, 정중한, 은근한
⑥ leisurely : 느긋한, 유유한, 여유 있는
⑦ casual : (태도·분위기가) 격식을 차리지 않는, 싹싹한
⑧ friendly : 친절한, 상냥한, 붙임성 있는

31

We need extensive information to manage a rational and humane society — to make judgments about individuals, programs, and policies. The computer cannot be stuffed back in the bottle of undiscovered technology, nor should we have to do so to preserve civil liberties. What is needed is a ban by law on any computerized data banks that are so dangerous per se that they should not be allowed, Among other possible responses, we might convene hearings before legislatures and regulatory commissions so that government agencies and interstate organizations may present their plans for computerized systems and demonstrate necessary safeguards before they are allowed to computerize sensitive files containing personal information. Within the computerized systems, we can reexamine existing rules, such as those which pertain to the confidential nature of data.

합리적이고 인간적인 사회를 관리해 나가기 위해, 즉 각 개인이나 프로그램, 정책들에 대한 판단을 내리기 위해서는 광범위한 정보가 필요하다. 컴퓨터를 아직 발견하지 못한 기술이라는 병 속에 채워 넣어둘 수는 없는 노릇이며, 시민의 자유를 보전하기 위해서라도 그렇게 해서는 안 될 것이다. 필요한 것은 그 자체가 위험성이 크므로 사용을 허용해서는 안 되는 컴퓨터로 처리된 데이터 뱅크를 법으로 금하는 것이다. 다른 가능한 여러 대응책 가운데서 정부기관과 둘 이상의 주(州)가 관여하는 기관이 개인에 관한 정보가 들어 있는 민감한 서류들을 컴퓨터처리하기 전에 컴퓨터처리제도에 대한 계획안과 필요한 보호정책을 제시할 수 있도록 각 입법기관 및 조정위원회에 앞서 청문회를 소집할 수도 있다. 또한 컴퓨터화된 시스템 아래서 자료의 기밀성과 관련된 규칙과 같은 현행 규칙에 대해서도 재검토할 수 있다.

Notes

① a rational and humane society : 합리적이고 인간적인 사회
② stuff : (~에) 채우다, 채워 넣다
③ per se : (라틴어에서) 그 자체가, 그 자체로는
④ convene : 모으다, (회의 등을) 소집하다, 소환하다
⑤ hearing : 심리(審理), 청문회
⑥ legislature : 입법부, 입법기관
⑦ regulatory : 조절[조정]하는, 규제[단속]력을 지닌
⑧ safeguard : 보호, 호위, 안전장치, 방위(수단)
⑨ pertain to~ : (~에) 속하다, 관계하다, 적합하다
⑩ confidential : 은밀한, 내밀한(secret), 기밀의

32

This is the hardest letter I ever wrote, but I have decided what I must do, and there isn't going to be any turning back. It is very sweet and generous and dear of you to wish to send me to Europe this summer — for the moment I was intoxicated by the idea ; but sober second thoughts said no. It would be rather illogical of me to refuse to take your money for college, and then use it instead just for amusement! You mustn't get me used to too may luxuries. One doesn't miss what one has never had ; but it's awfully hard going without things after one has commenced thinking they are his — hers (English language needs another pronounce) by natural right.

이런 편지를 쓰는 것처럼 괴로운 일도 없지만 아무래도 쓰지 않으면 안 되겠다고 결심을 했기 때문에 이젠 되돌릴 수도 없소. 이번 여름에 당신이 나를 유럽에 보내주겠다는 것은 정말로 정이 많고 너그럽고 멋있는 일이라 생각하면서 잠시 나는 '이번 여름에 유럽에 갈 수 있다는' 생각에 온통 정신을 빼앗기고 말았소. 그러나 차분히 다시 생각해보니 당신의 제안을 사양하지 않을 수가 없소. 당신의 돈으로 대학에 가는 것을 사양한 내가 대신 그 돈을 내 즐거움을 위해 쓴다는 것은 이치에 맞지 않다고 생각되는 것이오. 당신은 나를 여러 가지 사치스런 일에 지나치게 길들게 해서는 안 되오. 인간은 가져보지 못했던 것은 없어도 불편하다고 생각하지 않지만 어떤 것이라도 당연히 자기 것 — 이 경우 영어에서는 his(그의 것) 이외에도 hers(그녀의 것)라는 또 하나의 대명사가 필요하지만 — 이라고 생각하기 시작하게 되고 나면 그것들 없이 지내기가 엄청나게 괴로운 일이 되는 것이오.

Notes

① turning back : 되돌림
② sweet : 상냥한, 다정한, 친절한
③ dear : 멋진(attractive)
④ for the moment : 잠깐 동안은, 잠시
⑤ intoxicate : 흥분[도취]시키다, 취하게 하다
⑥ sober : 착실한, 침착한, 차분한
⑦ illogical : 비논리적인, 이치가 닿지 않는, 불합리한
⑧ amusement : 즐거움, 재미, 오락, 놀이
⑨ miss : ~을 할 수 없어서 아쉽다, ~이 없어서 적적[서운 · 허전]하다, ~가 없어서 불편하게 생각하다(suffer from the lack of ~)
⑩ commence : 시작하다, 개시하다(begin)
⑪ by natural right : 당연히

33

How complex and subtle a writer's mind must be, to penetrate the entire meaning of another writer, working in a foreign language, and then to transfer that meaning into his own tongue! The process is hard enough when the two writers are contemporaries, working in neighbouring languages, like English and French. But it becomes far harder when the languages are remote from each other in French and classical Greek. Thought and speech are not two different things which are casually connected, like a motorcar and its driver. They are closely linked together like cause and effect, like form and substance, so that a thought expressed in two different ways is practically two different thoughts. The translator, somehow to re-think the thoughts of the original, in order to express them in his own tongue.

외국어로 작품을 쓰는 작가가 말하는 의미를 완전히 간파하고 난 후에 그 의미를 자신의 모국어로 옮기기 위해서는 번역자의 마음은 매우 복잡하고 미묘할 것임에 틀림없다. 이 두 작가가 영어와 프랑스어처럼 가까운 언어로 작업하고 있는 동시대의 사람들인 경우에도 번역의 과정은 매우 어렵다. 그러나 그 언어가 영어와 중국어 또는 현대 프랑스어와 고대 그리스어와 같이 그 구조와 배경이 크게 다른 언어인 경우에는 훨씬 더 어려워진다. 사상과 언어는 자동차와 운전자의 관계처럼 우연히 결합된 서로 다른 두 가지가 아니다. 사상과 언어는 원인과 결과, 형식과 내용처럼 긴밀한 관계를 맺고 있는 것이다. 그래서 두 개의 다른 형식으로 표현된 생각은 실질적으로 두 개의 다른 사고(思考)이다. 따라서 번역자는 서로 관계가 적은 언어를 번역할 때는 모국어로 표현하기 위해서 어떻게든지 원어의 사상을 되짚어 보지 않으면 안 된다.

Notes

① subtle : 미묘한, 포착하기 힘든, 난해한
② penetrate : (남의 마음 · 진의 · 진상 · 위장 따위를) 간파하다, 통찰하다
③ contemporary : 동시대[동 연대]의 사람
④ structure and background : 구조와 배경
⑤ casually : 우연히, 어쩌다가
⑥ cause and effect : 원인과 결과
⑦ form and substance : 형식과 내용
⑧ remote language : 크게 다른[관계가 적은] 언어
⑨ re-think : 재고하다, 고쳐 생각하다
⑩ ~ the thoughts of the original (language), in order to ~

34

The automobile has made it possible for father to work a considerable commuting time away from home so that he often rises before the children do and sees them only for a brief period on his return from work and during the weekends. The principal parental figure, therefore, is the mother. In earlier times father worked nearer home, was often home for lunch, and in the evenings saw a good deal of his children. He was a presence ; today he is more nearly an "absence." The presence is mother ; it is she whom the children see most of and whom they hear most from. It is she who is principally responsible for bringing up the children, and she is their chief discipliner.

자동차 덕분에 아버지는 집으로부터 통근시간이 꽤 걸리는 직장에서도 일할 수 있게 되셨다. 그래서 아버지는 아이들이 일어나기 전에 일어나시고 근무지에서 돌아오실 때라든가 주말의 불과 얼마 되지 않는 시간에만 아이들과 얼굴을 대할 때가 많았다. 따라서 부모로서의 모습은 주로 어머니에게 있었다. 이전에는 아버지가 집에서 훨씬 가까운 곳에서 일하셨기 때문에 점심 때도 가끔 집으로 오셨고 밤에는 아이들과 오랜 시간을 보낼 수 있었다. 그 당시 아버지는 아이들에게 가까운 존재였지만 지금은 거의 '부재자'와 다름없다. 따라서 진정한 존재자는 어머니인 것이다. 아이들이 가장 자주 그 모습을 보고 또 이야기를 들어주는 쪽은 다름 아닌 어머니이다. 아이들의 양육을 주로 책임지고 있는 사람은 어머니이며 어머니야말로 아이들의 주된 훈육 담당자인 것이다.

Notes

① commute : (열차 등으로) 통근[통학]하다
② on his return = when he returns
③ figure : 사람의 모습, 사람의 그림자
④ in earlier times : 이전에는(in earlier days)
⑤ a presence : 존재자, 동석자
⑥ an absence : 부재자, 결석자
⑦ see most of ~ : ~을 가장 자주 보다
⑧ bring up : (아이를) 양육하다
⑨ discipliner : 훈육자(訓育者), 예의범절을 가르치는 사람

35

The newspaper has discovered that most people most of the time are interested in some form of catastrophe : a plane crash, a railroad wreck, a murder, a flood, a scandal, a fight of some sort. It is an old story that the planes that fly safely, the trains that reach their destination, the individuals who live together without murdering each other, the rivers that flow between their banks, and the men and nations that transact their affairs and resolve their differences without fighting are not news.

대부분의 경우 사람들은 비행기의 추락이나 철도사고, 살인, 홍수, 스캔들, 어떤 종류의 싸움 같은 대참사(大慘事) 형태로 나타나는 사건에 관심을 가진다는 사실을 신문을 통해 알게 되었다. 안전하게 비행하는 비행기, 목적지에 도착하는 기차, 서로 살인하지 않고 더불어 살아가는 사람들, 제방과 제방 사이를 흐르는 강이나 다툼 없이 분쟁을 해결하고 사태를 처리하는 인간이나 국가는 뉴스거리가 되지 못한다는 것은 옛날부터 잘 알려져 온 이야기이다.

Notes

① catastrophe : 대참사, 대실패, 파멸
② crash : (비행기의) 추락, 불시 착륙
③ wreck : (열차 등의) 충돌, (배의) 난파
④ destination : (여행 등의) 목적지, 행선지, 도착지
⑤ transact : (업무 등을) 집행하다, (안건 등을) 처리하다
⑥ differences : 의견의 차이, 불화, 다툼, (국제간의) 분쟁

36

For a strictly human invention, a city can be a harsh place for people. To walk along many urban streets is to brave a gauntlet of noise, smog, and the danger of being struck by a motor vehicle. If poorly planned, city landscapes may offer few glimpses of nature and little relief from relentless concrete and asphalt. Although nearly every city has its own lively districts filled with character and local colour, large expanses are devoid of such urban charms. Neighbourhoods often have no inviting places for friends to meet or children to play. Veering far from the model of the Greek Polis, many cities fail to create vibrant public spaces or to include people in the decisions that will shape their own communities. Making urban areas more humane includes planning the use of street space. In cities all over the world, automobile traffic needs to be held in check.

순전히 인간이 고안해낸 도시라는 것이 사람들에게 혹독한 곳이 될 수도 있다. 도시의 수많은 거리들을 걸어 다닌다는 것은 소음과 스모그, 자동차에 치일 수 있다는 위험한 도전에 용감히 맞서지 않으면 안 된다는 것이다. 도시의 경관은 잘못 계획될 경우에 자연을 거의 볼 수 없게 만들고 삭막한 콘크리트와 아스팔트로부터 벗어나게 하는 휴식을 거의 취할 수 없게 한다. 대부분의 도시는 그 나름의 특색과 지방색으로 가득차고 활기찬 구역을 갖고 있지만 광활한 여러 구역이 그러한 도시의 미관을 갖추고 있지 못하다는 것이다. 인근에 친구를 만나거나 아이들이 놀 수 있는 매력적인 장소가 없는 경우가 많다. 고대 그리스의 도시국가 모델과는 아주 다르게 많은 도시는 활기 넘치는 공공장소를 조성하지 못하거나 자신들의 공동체 형성 결정에 주민들을 참여시키지 못하고 있다. 도시지역을 보다 인간적으로 만드는 데는 거리의 공간을 활용하는 계획도 포함된다. 전 세계 여러 도시에서는 자동차 교통을 억제할 필요가 있다.

Notes

① strictly : 순전히, 엄밀히, 절대적으로
② harsh place : 혹독한[거친] 곳
③ gauntlet : 태형(笞刑), 시련
④ landscape : 풍경, 경치, 조망, 경관(景觀)
⑤ relief : 안심, 위안, 휴식
⑥ relentless : 가차 없는, 혹독한, 잔인한
⑦ devoid of ~ : ~이 없는
⑧ expanse : 광활한 공간, 넓디넓은 장소[구역]
⑨ charms : 아름다운 점, 미관
⑩ veer ~ : ~의 방향[방침]을 바꾸다
⑪ glimpse : 일별(一瞥), 잠깐 봄, 짧은 접촉[경험]
⑫ inviting place : 매혹적인 곳(attractive place)
⑬ the Greek polis : 그리스의 도시국가
⑭ vibrant : 활발한, 생기[활기] 넘치는, 기운찬
⑮ humane : 인도적인, 자비로운, 인간적인, 인정 있는, 친절한
⑯ hold in check : 억제하다, 방지하다

37

At this point, I think it would be useful to digress for a while on that extraordinary Japanese phenomenon, the tea ceremony; its importance cannot be overestimated in any discussion of Japanese ceramics and of Korean influence on them. Tea was first introduced to Japan from China as early as the eighth century but was regarded as a medicinal beverage, and its use even as such seems to have been restricted to the nobility and the monasteries.

여기에서 여러분이 잘 알고 계시다시피 지극히 일본적인 현상인 다도(茶道)에 대해 잠시 언급해보는 것이 좋겠다고 생각합니다. 다도의 중요성은 일본의 도자기류와 더불어 이들에 끼친 한국의 영향에 대해 말할 경우 아무리 높이 평가해도 지나치지 않습니다. 차는 일찍이 8세기에 처음 중국으로부터 일본에 들어 왔지만 약용음료로 간주되었고, 약용으로 마시는 것조차 귀족이나 승려들에게 한정되었던 것 같습니다.

Notes

① digress : (이야기 · 의제가) 옆길로 빗나가다, 본제를 벗어나다
② phenomenon : 현상, 사상(事象), 사건
③ tea ceremony : 다도(茶道)
④ its importance cannot be overestimated in any discussion ~
→ its importance cannot be too estimated in any discussion ~
⑤ ceramics : 도자기류
⑥ as early as the eighth century : 일찍이 8세기에
⑦ medicinal beverage : 약용음료(藥用飮料)
⑧ its use even as such : 약용으로 마실 수 있는 것조차
⑨ the nobility and the monastery : 귀족과 승려들

38

The river, though it flowed so slowly, had still a sense of movement and it gave one a melancholy feeling of the transitoriness of things. Everything passed, and what trace of its passage remained? It seemed to Kitty that they were all, the human race, like the drops of water in that river and they flowed on, each so close to the other and yet so far apart, a nameless flood, to the sea. When all things lasted so short a time and nothing mattered very much, it seemed pitiful that men, attaching an absurd importance to trivial objects, should make themselves and one another so unhappy.

강물은 매우 천천히 흘러갔지만 여전히 물길의 움직임이 느껴졌고 어쩐지 울적해지면서 제행무상(諸行無常)이라는 감정 속으로 젖어들게 하였다. 모든 것은 지나가고 그 지나간 후에 남은 흔적은 아무 것도 없었다. 인류는 누구나 그 강물의 물방울과 같은 것으로 서로 가까이 붙거나 멀리 떨어지거나 하면서 이름도 없이 큰물을 이루어 바다로 흘러들어가 버리는 것 같은 것이라고 키티는 생각하였다. 모든 것은 순간적인 존재로 그 무엇도 대단한 의미가 있는 것도 아닌데 우습게도 인간은 아무 하잘 것 없는 것을 소중하게 여겨 스스로 불행해지거나 서로를 불행하게 만들어버린다는 사실이 한심하게 생각되었다.

Notes

① a sense of movement : 유동감각(流動感覺)
② melancholy : 우울한, 울적한, 슬픈
③ transitoriness : 덧없음, 무상(無常)함
④ the transitoriness of things → all things lasted so short a time
⑤ matter : 중요하다, 문제가 되다, 중대한 관계가 있다
⑥ pitiful : 측은한, 가련한, 한심한
⑦ attach importance to ~ : ~을 중시하다
⑧ absurd : 터무니없는, 우스꽝스러운, 엉터리없는, 불합리한
⑨ trivial : 하찮은, 대단치 않은, 하잘것없는

39

Individual success was part cause, part result of national success. Englishmen had good reason to view their achievement with pride and satisfaction, and natural, if not good, reason to view it, by moments, with a complacent and too positive air of self-congratulation. Macaulay talked of his countrymen as "the greatest and most highly civilized people that ever the world saw," and boasted of their carrying "the means of locomotion and correspondence, every mechanical art, every manufacture, everything that promotes the convenience of life, to a perfection which our ancestors would have thought magical." Here we notice the identification of civilization with material power.

개인의 성공은 부분적으로는 국가 성공의 원인이 되며, 또 한편으로는 국가 성공의 결과이기도 하였다. 영국인들에게는 자신들이 이룩한 업적을 자랑과 만족감으로 바라볼 만한 타당한 이유가 있었고, 때로는 득의만만하면서도 너무도 자축(自祝)의 자신 있는 태도로 이를 바라볼만한 비록 충분하진 않지만 당연한 이유가 있었다. 매콜리는 자기 나라 사람들을 '세계가 일찍이 보아 온 중에서 가장 위대하고 가장 문명화된 국민'이라고 말하면서 그들이 '교통과 통신기관, 생활의 편익을 증진시키는 모든 기계적 기술, 모든 제조공업, 모든 물건을 그들의 조상이 보았더라면 마술과 같다고 생각했을 완전할 정도의 수준까지' 자기들이 이루어낸 것에 대해 자랑스러워했다. 여기서 문명이 물질적인 힘과 동일시되고 있음을 우리는 알게 된다.

Notes

① ~, (even) if (they had) not good, ~
② by moments : 때때로, 가끔
③ complacent : 만족한, 자기만족의, 마음속으로 즐거워하는, 득의의
④ boast of ~ : ~을 뽐내다, ~을 자랑하다
⑤ means of locomotion : 교통[여행] 기관
⑥ correspondence : 통신, 교신
⑦ mechanical : 기계(상)의, 공구의, 기계로 조작하는
⑧ to a perfection which ~ : ~할 정도로 완전하게
⑨ identification of Ⓐ with Ⓑ : Ⓐ와 Ⓑ를 동일시(同一視)하다

40

You may say that this business of marking books is going to slow up your reading. It probably will. That's one of the reasons for doing it. Most of us have been taken in by the notion that speed of reading is a measure of our intelligence. There is no such thing as the right speed for intelligent reading. Some things should be read quickly and effortlessly, and some should be read slowly and even laboriously. The sign of intelligence in reading is the ability to read different things differently according to their worth.

이처럼 책에 표지(標識)를 써넣는 일을 하면 독서의 속도를 떨어뜨릴 것이라고 생각할지 모른다. 어쩌면 속도를 떨어뜨릴 수도 있을 것이다. 그러나 그렇기 때문에 써넣기를 하는 것이다. 대부분의 사람은 독서의 속도는 지능의 척도라는 잘못된 관념에 사로잡혀 있다. 지적인 독서를 위해 적절한 독서의 속도 따위는 있을 수 없다. 책 가운데는 빨리 쉽게 읽을 수 있는 것도 있고 천천히 정성을 들여서 읽어야 할 것도 있다. 현명한 독서의 표시는 여러 가지 책을 그 책의 가치에 따라 다양한 방법으로 읽는 능력이다.

Notes

① marking book : 책에 표시 · 기호 따위를 써넣기
② slow up : 속도를 늦추다(slow down)
③ It probably will (slow up your reading).
④ take in ~ : ~을 속이다(cheat, trick)
⑤ intelligence : 이해력, 사고력, 지능
⑥ effortlessly : 손쉽게, 힘들이지 않고
⑦ laboriously : 애써서, 고생하여, 정성들여

41

I have been catching trains all my life, and all my life I have been afraid I shouldn't catch them. Familiarity with the habits of trains cannot get rid of a secret conviction that their aim is to give me the slip if it can be done. No faith in my own watch can affect my doubts as to the reliability of the watch of the guard or the station clock. Moreover, I am oppressed with the possibilities of the delay on the road to the station. There may be a block in the streets, the bus may break down, the taxi-driver may be drunk and take me round the squares, or — in fact, anything may happen, and it sis never until I am safely inside that I feel really happy.

나는 지금까지 기차 시간에 늦어본 적이 없다. 그리고 언제나 기차 시간에 늦지 않을까 하는 걱정을 해왔다. 아무리 기차의 습성에 익숙해져 있다 해도 할 수만 있다면 내 눈을 교묘히 따돌리고 달아나려는 것이 기차의 노림수라고 내 마음속에 깔려 있는 확신을 떨쳐버릴 수 없다. 내가 내 시계를 아무리 믿고 있다 해도 열차 차장의 시계나 역에 있는 시계에 대한 신뢰성에 의심이 가는 기분은 어찌할 수가 없다. 게다가 역으로 가는 도중에 늦지나 않을까 하는 생각에도 마음이 무거워진다. 이를테면 길이 막혀서 통행할 수 없게 되거나 버스가 고장이 난다거나 택시 기사가 술에 취해 공원 주위를 빙빙 돈다거나, 아니면… 사실 어떤 일이 일어날지도 모를 일이다. 그래서 무사히 객차 안에 자리잡고 나서야 비로소 정말 마음이 놓이는 것이다.

Notes

① Familiarity with the habits of trains cannot get rid of ~
→ Though I am familiar with the habits of trains, I cannot get rid of ~
② get rid of ~ : (~을) 처리하다, 없애다
③ give Ⓐ the slip : Ⓐ를 속이고 달아나다, Ⓐ를 따돌리다
④ reliability : 신빙성, 신뢰성, 확실성
⑤ guard : 차장(車掌) (미국 : conductor)
⑥ be oppressed with ~ : ~로 마음이 무겁다
⑦ break down : 고장나다

42

Anxiety prevails when a person is at odds with himself or herself. It results in a persistent, distressful psychological state arising from inner conflict. The distress may take many forms, including fear, anger, restlessness, irritability, and depression. The inner conflict springs from incompatible impulses, desires, or values. Thus there is a clash. Such a conflict is exemplified by the individual who is eager to be popular but has strong scruples against doing what is necessary to become popular. Neither impulse results in positive feelings. The conflict creates anxiety. The anxiety exists as a conscious state when the anxious person is aware of both the nature of the inner conflict and the ways in which the conflict affects feelings and behaviors. But there are times when the person is not aware.

사람이 자신과의 싸움을 하는 경우 불안감이 널리 나타난다. 그 불안은 내적 갈등으로부터 일어나는 끊임없는 고통의 심리상태라는 결과를 가져온다. 이런 고통은 공포와 분노를 느끼고 침착성을 잃거나 과민한 반응을 보이기도 하며 의기소침해지는 등의 여러 형태로 나타날 수 있다. 내적 갈등은 양립할 수 없는 충동이나 욕구 또는 가치관으로부터 일어난다. 따라서 충돌이란 것이 존재하는 것이다. 인기를 얻고자 갈망하지만 인기를 얻기 위해 필요한 행동을 취하는 것에는 크게 망설이는 사람이 그러한 갈등의 좋은 예가 된다. 어떠한 충동도 긍정적인 감정으로 귀결되진 않는다. 이러한 갈등은 불안감을 조장한다. 불안한 사람이 내적 갈등의 본질과 그 갈등이 감정과 행동에 영향을 주는 방식까지도 인식하고 있을 때 불안감은 의식적인 상태로 존재하게 된다. 그렇지만 때로는 그것을 인식하지 못하는 경우도 있다.

Notes

① anxiety : 걱정, 근심, 불안(misgiving), 걱정거리
② prevail : 널리 보급되다, 유행하다, 효과가 나타나다
③ be at odds (with something) : (같아야 할 두 개가) 상충하다, 싸우다
④ persistent : 고집하는, 끈덕진, 완고한, 영속하는, 끊임없는
⑤ distressful : 고민이 많은, 비참한, 고통스러운, 곤궁에 처한
⑥ psychological state : 심리상태
⑦ inner conflict : 내적 갈등
⑧ distress : 비탄(grief), 고민, 걱정(worry), 걱정거리
⑨ restlessness : 안절부절(중), 침착지 못함
⑩ irritability : 화를 잘 냄, 성급함, 과민성, 민감
⑪ depression : 의기소침, 침울, 우울
⑫ incompatible : (성미 · 생각) 맞지 않는, 양립하지 않는, 공존[양립]할 수 없는
⑬ exemplify : (~의) 좋은 예가 되다, 예증[예시]하다, (~의) 모범이 되다
⑭ scruples : 망설임, 주저(hesitancy), 사양, 양심의 가책, 거리낌, 불안한 마음

43

The salmon and trout fishing in Great Britain ends in September. The best salmon fishing begins again in March. In my opinion the very best of all is to be had in March and April. In October I used to find myself looking forward to salmon fishing in the nest March and beginning to spend my spare time thinking about it. I lay awake in bed fishing in imagination the pools which I was not going to see before March at the earliest, till I felt I was spending too much time, not in actual fishing but in sheer looking forward to it. I made a rule, therefore, that I would not fish poos in imagination before the first of January, so that I might spend more than two months of spare time in anticipation alone.

영국에서 연어와 송어 낚시는 9월에 끝나고 가장 좋은 연어의 낚시는 3월에 다시 시작된다. 내가 보기에 가장 양질의 연어는 3월과 4월에 잡힌다. 10월이 되면 다음 해 3월의 연어 낚시를 손꼽아 기다리게 되고 틈만 나면 늘 그 낚시 생각에 시간을 보내기 시작하곤 했다. 아무리 빨라도 3월이 될 때까지는 볼 수도 없을 물가에서 낚시를 즐기는 모습을 머릿속에 그리며 눈을 뜬 채로 침대에 누워 있다가, 마침내 실제로 낚시를 하는 것이 아니라 순전히 그것을 고대하는 데 너무 많은 시간을 허비하고 있다는 사실을 깨닫게 되었다. 그래서 그것을 간절히 기다리는 데만 두 달이 넘는 여가시간을 허송하지 않기 위해 1월 1일까지는 낚시에 대한 이런저런 생각은 하지 않기로 하였다.

Notes

① salmon and trout : 연어와 송어
② ~ is to be had in March → ~ can be obtained in March
③ find oneself : (정신을 차리고 보니) 자기가 ~임을 깨닫다
④ ~ and (find myself) beginning to spend ~
⑤ spare time : 여가(시간), 짬
⑥ pool : 깊은 늪, (강의) 깊은 곳, 저수지, 웅덩이
⑦ at the earliest : 빨라도, 일러도
⑧ ~, till I felt ~ → ~ and at last I felt ~
⑨ not in Ⓐ but in Ⓑ : Ⓐ하는 데가 아니라 Ⓑ하는 데 (쓰다)
⑩ in sheer : 순전히, 완전히, 전혀, 단지
⑪ so that Ⓐ might[may] ~ : Ⓐ가 ~하기 위해[하도록, 하려고]
⑫ in anticipation alone : 그것만을 기대하고[예기하고]

44

Psychologists have now discovered that personality can be developed by training, just as the mind can. Its development depends on learning to do an increasing number of things with and for other people. By personality we mean the extent to which one is able to interest and serve other people. This ability is made up of habits and skills acquired by practice. As our personality expands, our happiness also expands. Emerson said : "Happiness is perfume you cannot pour on others without getting a few drops on yourself." Happiness is not a gift or an accident ; it is something we create. Both personality and happiness can be raised by effort and practice, but only on one condition : the things we do must be such as to help and please others, even though we have to sacrifice our own desires in the act! These efforts cannot be made on a cash-register basis. Only as we use our ingenuity and energies to give happiness to others regardless of reward may we achieve happiness ourselves.

오늘날 심리학자들은 인격도 지력과 마찬가지로 훈련에 의해 발전시킬 수 있다는 사실을 발견하였다. 인격의 발달은 타인과 더불어, 또한 타인을 위해 더욱 많은 일을 하는데 달려 있다. 인격이라는 것은 사람이 타인의 관심을 불러일으킬 수 있고 타인을 위하여 봉사할 수 있는 정도를 의미한다. 이 능력은 연습에 의해 얻어지는 습관과 숙련으로 구성된다. 인격의 폭이 넓어져 감에 따라 행복의 폭 또한 넓어진다. '행복이란 것은 타인에게 뿌리면 반드시 자신에게도 몇 방울이 떨어지게 되는 향수와 같은 것이다.'라고 에머슨은 말했다. 행복이란 거저 주어지는 것도 우연히 얻어지는 것도 아니고 스스로가 만들어내는 것이다. 인격도 행복과 마찬가지로 노력과 연습을 통해서 높일 수 있지만 그러나 여기에는 한 가지 조건이 따른다. 우리가 하는 일들이 비록 그 일을 함으로써 우리 자신의 욕구를 희생시키지 않으면 안 된다 할지라도 타인을 돕고 기쁘게 해주는 것이 되어야 한다는 것이다. 이런 노력은 금전적인 것을 근거로 해서는 이루어질 수가 없다. 대가와는 상관없이 타인에게 행복을 주기 위해 자신의 창의력과 정력을 사용할 때만이 비로소 자신의 행복을 맛볼 수 있다.

Notes

① personality : 인격, 개성
② mind : 지성(知性), 지력(知力), 지능, 머리(intellect)
③ extent : (크기 · 중요성 · 심각성 등의) 정도[규모]
④ cannot Ⓐ without Ⓑ : Ⓐ하면 반드시 Ⓑ하다
⑤ on a ~ basis : ~을 근거[토대]로 하여
⑥ only as ~ : ~할 경우에만
⑦ ingenuity : 창의력, 발명의 재주, 재간
⑧ regardless of ~ : ~에 상관없이, ~에 구애받지 않고

45

We cannot get rid of noise in any case, so that we may as well learn to enjoy it. In order to think well of noise, indeed, one has only to imagine what a modern city would be if all noises were totally abolished — if soundless motor-cars sped through silent streets, if our feet made no sound on the pavements as we walked, if nothing that moved made a sound, and men, horses and birds went about their business as silent as moths. After a week of it we should weep tears of joy if all the dogs suddenly began to bark again and all the sirens in the factories to make a hidden hooting.

어차피 소음이란 것은 제거할 수 없으므로 소음을 즐기도록 하는 편이 좋다. 소음을 나쁘게 생각하지 않기 위해서는 만일 모든 소음이 완전히 없어진다면, 즉 소리가 나지 않는 자동차가 조용히 도로를 통행한다거나 포장도로를 걸어 다녀도 아무런 발소리도 들리지 않는다거나 움직이는 것에서 아무런 소리가 나지 않고 나방처럼 소리 없이 인간이나 말과 새가 바삐 돌아다닌다면 현대 도시가 어떻게 될 것인가는 상상만 해도 알 수 있다. 소리 없이 1주일이 지난 후에 모든 개가 갑자기 다시 짖어대기 시작하고 공장에 있는 모든 사이렌이 무시무시한 소리를 내기 시작한다면 우리는 틀림없이 기쁨의 눈물을 흘리게 될 것이다.

Notes

① in any case : 어떤 일이 있어도, 어쨌든
② may as well ~ : 오히려 ~하는 편이 좋을 것이다
(= have no strong reason not to ~)
③ have only to ~ : ~하기만 하면 된다
④ think well of ~ : ~을 좋게 생각하다
⑤ pavement : 포장도로
⑥ go about ~ : 계속 ~을 (바삐)하다, 싸다니다, ~으로 바쁘다
⑦ moth : 나방
⑧ hideous : 무시무시한, 소름끼치는, 섬뜩한(frightful)
⑨ hoot : (기적(汽笛) · 경적(警笛) 등이) 울리다

46

There is tantalizing resemblance between the worlds 1992 and 1918. The great isms of the century seem to have left few traces in our consciousness. The western world is again preoccupied, as in 1918, with democracy, nationality and self-determination. They all go together. Democracy, nationality and self-determination reinforce one another nicely. But hard experience demonstrates that all are vulnerable to violent men like Iraq's Saddam Hussein and Serbia's Slobodan Milosevic. For this reason, many governments have been trying harder to control aggression through international cooperation within multilateral frameworks. But nothing is going as hoped. So now question are being raised about collective security. Is it an unachievable dream?

1992년의 세계와 1918년의 세계는 흥미로운 유사성을 가지고 있다. 금세기의 위대한 여러 형태의 주의(主義)는 그다지 우리의 의식 속에 어떤 영향을 미치지 못하였다. 서구사회는 또다시 1918년의 그때처럼 민주주의, 민족주의, 민족자결에 열중하고 있다. 이들이 모두 한데 어우러져 진행되고 있다. 민주주의, 민족주의, 민족자결이 상호 잘 연계되어 한층 더 효과를 발휘하고 있다. 그러나 지난날의 쓰라린 경험에 비추어보면 이들은 모두 이라크의 사담 후세인이나 세르비아의 슬로보단 밀로셰비치 같은 광포한 인간들에게는 취약하다는 것이다. 이런 이유로 많은 정부는 다국적 체제 안에서 국제적으로 협력함으로써 침략을 저지하려고 더 많은 노력을 해왔다. 그러나 어느 것도 바라던 대로 되어가고 있지 않다. 그래서 오늘날에 와서는 집단 안전보장에 대한 의문마저 제기되고 있는 형편이다. 집단 안전보장이란 이루어질 수 없는 꿈인가?

Notes

① tantalize : (보여주거나 헛된 기대를 갖게 하여) 감질나게 하다
② resemblance : 유사성[점], 닮음
③ ism : 주의, 학설, 이즘(doctrine)
④ traces : 자취, 흔적, 영향, 결과
⑤ consciousness : 의식(意識), 자각(自覺)
⑥ preoccupy : 마음을 빼앗다, 열중케 하다
⑦ self-determination : 민족[개인의] 자결권
⑧ reinforce : 강화하다, 한층 효과적으로 하다(strengthen)
⑨ vulnerable : 약점이 있는, (유혹 · 설득 따위에) 약한, 상처입기 쉬운
⑩ multilateral : 다변(多邊)의, 3개국 이상이 관계[참가]하고 있는
⑪ framework : 구성, 체제
⑫ But nothing is going as (they are) hoped.
⑬ collective security : (국제간의) 집단 안전 보장

47

What have I got of life? What am I likely to get out of life? In a word, what's it worth? If a man can ask himself a question more momentous, radical, and critical than these questions, I would like to know what it is. Innumerable philosophers have tried to answer these questions in a general way for the average individual, and possibly they have succeeded pretty well. Possibly I might derive benefit from a perusal of their answers. But do you suppose I am going to read them? Not I! Do you suppose that I can recall the wisdom that I happen already to have read? Not I! My mind is a perfect blank at this moment in regard to the wisdom of others on the essential question. Strange, is it not? But quite a common experience, I believe. Besides, I don't actually care what any other philosopher has replied to my question. In this, each man must be his own philosopher. There is an instinct in the profound egoism of human nature which prevents us from accepting such ready-made answers. What is it to us, what Plato thoughts? Nothing. And thus the question remains ever new, and ever unanswered, and ever of dramatic interest.

나는 인생에서 무엇을 얻었는가? 나는 인생에서 무엇을 얻을 수 있는가? 한마디로 인생은 어떤 가치를 가지고 있는가? 만약 어떤 사람이 이러한 물음 이상으로 중요하고 근본적이며 비판적인 질문을 자기 자신에게 던질 수 있다면 나는 그것이 어떤 것인지 알고 싶다. 수많은 철학자가 일반인들을 위해 대체로 그러한 질문에 대답하려고 노력해왔으며, 아마도 지금까지 훌륭할 정도로 성공을 거두었다고 생각한다. 그들의 답변을 읽어보면 아마도 이득을 얻을 수도 있을 것이다. 하지만 내가 그것들을 읽을 것이라고 생각하는가? 천만의 말씀이다! 내가 어쩌다가 벌써 읽어본 그 지혜들을 생각해 낼 수 있으리라고 생각하는가? 천만의 말씀이다! 내 머릿속은 그런 본질적 문제에 대한 다른 사람의 지혜에 관해서는 지금 이 순간 완전히 백지상태이다. 이상하다, 그렇지 않은가? 이런 일은 아주 흔히 겪는 경험이라고 나는 생각한다. 게다가 내 질문에 대해 다른 철학자가 어떻게 대답했더라도 사실 나는 개의치 않는다. 이런 점에서 각자는 자기 자신이 철학자가 되지 않으면 안 된다. 인간 본성의 깊은 이기주의 속에는 그런 진부한 대답을 못하게 하는 본능이 숨어 있다. 플라톤이 사색한 것이 우리에게 도대체 무엇이란 말인가? 아무것도 아니다. 따라서 그런 질문은 늘 새롭고, 늘 답이 없는 채로, 늘 극적인 흥미를 가지고 있다.

Notes

① momentous : 중대한, 중요한, 쉽지 않은
② radical : 근본적인, 철저한, 기본적인
③ critical : 비판적인, 결정적인
④ innumerable : 헤아릴 수 없는, 무수한, 대단히 많은
⑤ average individual : 일반적인 사람, 보통 사람
⑥ possibly : 어쩌면, 혹은, 아마(perhaps, maybe)
⑦ perusal : 읽음, 숙독(熟讀), 정독(精讀)
⑧ instinct : 본능(natural impulse), 직관, 직감, 육감
⑨ egoism : 이기주의, 자기본위, 자기중심적[이기적]인 성향
⑩ ready-made : 이미 주어진, 진부한, 개성이 없는

48

Did you ever meet, or was he before your day, that old gentleman — I forget his name — who used to enliven conversation, especially at breakfast when the post came in, by saying that the art of letter-writing is dead? The penny post, the old gentleman used to say, has killed the art of letter-writing. Nobody, he continued, examining an envelope through his eye-glasses, has the time even to cross their t's. We rush, he went on, spreading his toast with marmalade, to the telephone. We commit our half-formed thoughts in ungrammatical phrases to the post card. Gray is dead, he continued; Horace Walpole is dead; Madame de Sévigné — she is dead too, I suppose he was about to add, but a fit of choking cut him short, and he had to leave the room before he had time to condemn all the arts, as his pleasure was, to the cemetery. But when the post came in this morning and I opened your letter stuffed with little blue sheets written all over, I replied after all these years to that elderly necrophilist — Nonsense.

그 노신사를 만나본 적이 있었소? 아니면 당신이 철이 들기 전이었던가, 그 이름은 잊었지만 특히 아침 식사 때 우편물이 오거나 하면 서간문 예술은 죽었다라고 말하면서 활기차게 대화를 이끄시던 그분 말이요. 그분은 언제나 이렇게 말씀하셨지요. 싸구려 우편제도가 생겨나서 서간문 예술이 죽어버렸다는 것이오. 그러고는 안경을 쓰시고는 편지봉투를 꼼꼼히 살펴보면서 요즘 사람들은 t자의 가로획도 쓸 시간이 없는 것 같다는 것이오. 걸핏하면 바로 전화로 달려간다는 것이오. 그는 토스트에 마멀레이드를 바르면서 계속 말을 이어갔소. 오늘날 인간들은 제대로 정리되지 않은 생각을 어법을 무시한 문장으로 엽서에 대충 써버린다는 것이오. 그레이는 죽었고 호레스 월폴도 죽었고, 세뷔녜 여사도 죽었다는 말도 아마 덧붙이고 싶었겠지요. 예술이란 예술은 죽어서 모두 공동묘지로 가버렸다고 말하는 것이 그분의 즐거움이었지만 그 말을 할 여유가 없었다오. 갑작스러운 기침으로 숨이 막혀 말을 끊고 방을 나갈 수밖에 없었던 것이오. 그런데 오늘 아침 우편물이 도착해서 작고 파란색의 편지지에 깨알같이 잔뜩 써놓은 당신의 편지를 펴보았을 때 세월은 많이 흘렀지만 나는 죽었다, 죽었다라고 말하기를 즐겨하던 그 노인에게 이렇게 답을 보냈다오. '터무니없는 말씀을 하셨습니다.'라고.

Notes

① before your day : 당신이 철이 들기 전에
② enliven : (광경 · 담화 따위를) 활기차게 하다, 기운을 돋우다, 생기를 주다
③ the penny post : 페니 우편제도 (19세기 초에 1페니의 요금으로 편지나 소포 어느 것이나 영국 전역에 배달되던 제도)
④ to cross their t's : t자의 가로획을 잊지 않고 긋다, 세심한 주의를 다해서 일을 처리하다
⑤ Gray Thomas(시인), Horace Walpole(정치가), Madame de Sévigné(프랑스 여류작가) : 모두 17, 8세기의 서간문의 대가들임
⑥ a fit of choking : 갑작스러운 기침으로 숨쉬기가 힘들어지는 것
⑦ as his pleasure was : 그것이 그의 즐거움이었지만
⑧ that elderly necrophilist : 죽었다, 죽었다라고 말하기를 좋아하는 노인

49

Once, in the course of an ill-spent life, It was my fate to go to the theatre some two hundred and fifty times in one year. On business, I need not add ; one would hardly do that sort of thing for pleasure. I was paid to go. By the end of the year — and, for that matter, long before our planet had completed its orbit round the sun — I had come to the conclusion that I was not paid enough ; that, indeed, I could never be paid enough for this particular job. I gave it up ; and nothing would now induce me to resume it. Since then, my attendances at the theatre have averaged perhaps three per annum. And yet there are people who go to every first night, not because they have to, not because the griping belly must be filled, but because they like it. They are not paid to go ; they pay, as though for a privilege. The ways of men are indeed strange. Concerning this mystery, I used often to speculate — abstracting myself as completely as I could from the environing horrors — during the most excruciating passages of the plays which I had to attend.

한 때, 후회가 많이 남는 생활을 하던 시절의 일이지만 한 해 동안 250편이나 되는 연극을 보러 가는 것이 내 운명이었던 적이 있다. 그게 직업으로 보러 다녔다는 것은 두말할 필요도 없다. 그런 일을 즐거워서 하는 사람은 없으리라. 나는 그렇게 해서 돈을 벌고 있었다. 연말까지는 — 즉 이 지구가 태양 주위의 궤도를 완전히 한 바퀴 돌기 훨씬 전에는 — 내 보수가 충분치 않다고 하는 결론에 이르고 있었다. 사실, 이런 특이한 일에는 아무리 돈을 벌어도 충분하지 않다고 생각하게 되었다. 나는 그 일을 집어치웠다. 지금으로서는 무슨 일이 있어도 두 번 다시 그런 일은 하고 싶지 않다. 그 이후로 내가 연극을 보러 가는 일은 1년에 평균적으로 세 번 정도에 불과했다. 그런데 이 세상에는 언제나 연극 첫날에 반드시 그것을 보러 가는 사람들이 있다. 의무적으로 가는 것도 아니고, 보지 않고는 도저히 견딜 수 없을 정도여서도 아니라 그저 좋아하기 때문에 가는 것이다. 그들은 돈을 벌기 위해 가는 것이 아니라 마치 특권이라도 사는 것처럼 돈을 내고 가는 것이다. 인간의 성벽(性癖)이란 참으로 불가사의한 것이다. 그 불가사의에 대해 나는 어쩔 수 없이 보러간 연극이 도무지 참을 수 없을 지경으로 진행 중일 때, 될 수 있는 대로 나 자신을 주위의 그런 소름이 끼치도록 싫은 인간들과 완전히 분리하면서 곰곰이 생각해본 적이 한두 번이 아니었다.

Notes

① an ill-spent life : 잘못 보낸 삶, 후회가 많이 남는 생활
② for that matter : 그 일이라면, 그 문제라면, 그 일에 관한 한
③ long before ~ : ~보다 훨씬 이전에
④ nothing would induce me to resume : 어떤 일이 있어도 나는 두 번 다시 하지 않을 것이다
⑤ every first night: 첫날에는 빠뜨림 없이
⑥ griping : 돈 욕심이 많은, 비루하고 탐욕스러운(avaricious)
⑦ the griping belly : 먹을 거라면 무엇이나 게걸스레 먹어치울 정도로 굶주린 상태를 표현한 것으로 '하고 싶어 참을 수 없을 정도'를 나타냄
⑧ abstract : 제거하다, 분리하다, 감하다
⑨ abstracting myself as completely as I could : 가능한 한 완전히 자신을 분리하다, 될 수 있는 대로 주위에 휩쓸리지 않다
⑩ the environing horrors : 주위의 진저리나는[불쾌한] 사람들
⑪ excruciating : 몹시 고통스러운, 참기 어려운, 몹시 괴롭히는
⑫ during the most excruciating passages of the plays : 도무지 참기 어려운 연극이 진행되는 동안

50

The fact that what we read that does not concern merely something called our literary taste, but that it affects directly, though only among many other influences, the whole of what we are, is best elicited, I think, by a conscientious examination of the history of our literary education. Consider the adolescent reading of any person with some literary sensibility. Everyone, I believe, who is at all sensible to the seductions of poetry, can remember some moment in youth when he or she was completely carried away by the work of one poet. Very likely he was carried away by several poets, one after the other. The reason for this passing infatuation is not merely that our sensibility to poetry is keener in adolescence than in maturity. What happens is a kind of inundation, of invasion of the undeveloped personality, the empty (swept and garnished) room, by the stronger personality of the poet. The same thing may happen at a later age to persons who have not done much reading. One author takes complete possession of us for a time ; then another ; and finally they begin to affect each other in our mind. We weigh one against another ; we see that each has qualities absent from others, and qualities incompatible with the qualities absent from others : we begin to be, in fact, critical ; and it is our growing critical power which protects us from excessive possession by any one literary personality. The good critic — and we should all try to be critics, and not leave criticism to the fellows who write reviews in the papers — is the man who, to a keen and abiding sensibility, joins wide and increasingly discriminating reading. Wide reading is not valuable as a kind of hoarding, an accumulation of knowledge, or what sometimes is meant by the term 'a well-stocked mind.' It is valuable because in the process of being affected by one powerful personality after another, we cease to be dominated by any one, by any small number. The very different views of life, cohabiting in our minds, affect each other, and our own personality asserts itself and gives each a place in some arrangement peculiar to ourself.

우리의 독서가 단지 우리의 '문학 취향'이라고 일컬어지는 어떤 것과 관계될 뿐 아니라 많은 영향 중의 하나이지만 우리의 존재 전체에도 영향을 준다는 사실을 분명히 하는 데는 우리 개개인의 문학교육 역사를 양심적으로 검토해 보는 것이 무엇보다도 좋을 것이라고 생각한다. 일단 문학적 감수성을 가지고 있는 사람이라면 누구라도 상관없지만 그 사람의 청년기 독서성향에 대해 살펴보는 것이 좋다. 시(詩)의 매력에 조금이라도 민감한 사람이라면 청년시대에 어떤 시인 한 사람의 작품에 완전히 열중했던 시기가 있었다는 사실을 떠올릴 수 있을 것이다. 아니, 오히려 여러 사람의 시인에게 차례차례 빠져들었던 경우가 더 많았을지도 모른다. 이처럼 일시적으로 열중하게 되는 이유가 단순히 우리의 감수성이 성인이 되고 난 뒤보다 청년기에 더 민감하기 때문만은 아니다. 거기에 일어나는 현상은 이른바 '말끔히 청소되고 곱게 장식된' 빈 방과 마찬가지로 아직 충분히 발달하지 못한 개성에 시인의 강력한 개성이 넘쳐나고 침투해 들어가는 것이다. 이와 같은 현상은 독서 경험이 그렇게 많지 않은 사람에게는 훨씬 뒤늦게 일어난다는 사실도 생각할 수 있다. 한 사람의 작가가 잠깐 우리를 완전히 사로잡고, 그런 연후에 또 다른 작가가 우리를 사로잡는다. 그러고는 마지막으로 그 작가들이 우리 마음속에서 영향을 미치기 시작한다. 우리는 그 작가 한 사람

한 사람을 비교 검토한다. 작가 한 사람 한 사람이 다른 작가들이 가지고 있지 않은 특성을 가지고 있다는 것을 알고 그 특성이 다른 작가들의 특성과 양립할 수 없다는 사실을 알게 된다. 실제로 우리는 비평을 시작할 수 있게 되는 것이다. 작가 한 사람의 개성에 지나치게 사로잡히는 것을 막아줄 수 있는 것은 우리의 이러한 비평할 수 있는 능력이 향상되는 것이다. 훌륭한 비평가란 – 우리는 누구라도 비평가가 될 수 있도록 노력하여 신문 등에 평론을 쓰는 사람들에게 비평을 맡겨 두어서는 안 된다고 생각한다 – 예민하고 영속적인 감수성으로 폭넓고 부단하게 식별력을 증대시켜 주는 독서생활에 힘이 되어주는 사람이다. 폭넓은 독서는 일종의 축적, 즉 지식이 쌓여가는 것이거나 때로는 '박식함'이라는 말을 뜻한다고 해서 가치 있는 것은 아니다. 그것이 소중한 이유는 강력한 개성에 차례로 영향을 받는 가운데 우리가 어떠한 개성이나 어떠한 소수의 개성에 의해서도 압도적으로 지배되지 않기 때문이다. 매우 다른 인생관들이 우리 마음속에 더불어 살면서 서로 영향을 주어 우리 자신의 개성이 발휘되기 시작하고, 그 인생관 하나하나를 우리가 독자적인 방식으로 배열하는 것이다.

Notes

① among many other influence → as one of many influences
② elicited → brought to light
③ the adolescent reading : 청년기의 독서
④ this passing infatuation : 이러한 일시적인 열중
⑤ inundation : 범람, 침수, 밀어닥침
⑥ invasion of the undeveloped personality : 발달이 덜 된 개성이 침입을 받는 것
⑦ swept and garnished : 말끔히 청소되고 곱게 장식된
(마태복음 12장 44절 / 누가복음 11장 25절(KJV)에서 인용)
⑧ weigh one against another : 비교 검토하다
⑨ excessive possession : 지나치게 사로잡히다
⑩ abiding : 영속성이 있는
⑪ join : 협력하다, 손을 맞잡다
⑫ hoarding : 축적(蓄積), 저장
⑬ a well-stocked mind : 박식한 사람
⑭ increasingly discriminating reading : 식별력을 증대시키는 독서
⑮ cease to : 그만두다(desist), (하던 일을) 하지 않게 되다, 끝내다
⑯ cohabit : 동거생활하다, 함께 서식하다
⑰ assert itself : 발휘[행사]되기 시작하다

TCT 번역영어 연습

2014년 2월 20일 1판 1쇄 인쇄
2014년 2월 25일 1판 1쇄 발행

저　　자 조 일 준
발 행 인 전 혜 자
발 행 처 예 학 사
주　　소 서울시 성동구 무학봉26길 15
(행당동 286-29)
전　　화 02) 2296-9333(代)~4
팩　　스 02) 2296-9335
출판등록 1994. 4. 2 (4-254)
I S B N 978-89-89668-62-6 93740

정　　가 18,000원

〈검인생략〉